军队高等教育自学考试船舶工程技术（专科）专业指定教材

舰艇修造工艺

王　中　彭　飞　主　编

黄祥兵　主　审

华中科技大学出版社

中国·武汉

内 容 简 介

本书是按照军队高等教育自学考试船舶工程技术专业的要求,依据船舶工程技术专业课程标准的要求编写的一本专业教材。本书系统阐述了舰艇建造与维修工艺的相关知识。

全书共分 7 章:第 1 章绪论;第 2 章造船生产准备与船体放样;第 3 章船体钢料加工;第 4 章舰船船体装配;第 5 章舰船下水;第 6 章试验、试航与交船;第 7 章船体修理。系统地介绍了舰船建造工艺流程、造船生产准备、船体放样与号料、船体钢料加工、船体预装焊工艺装备、船体部件装焊、船体分(总)段装焊、船舶总装、舰船下水、船舶试验与交船、船舶修理工艺等内容。内容的选取和工艺方法的引用以先进性、通用性和实用性为主,大、中、小型船舶兼顾,论述清楚、内容全面、系统性强、重点突出,便于理解和自学。

本书为军队高等教育自学考试的专业教材,亦可供造船相关专业人员学习参考。

图书在版编目(CIP)数据

舰艇修造工艺/王中,彭飞主编. —武汉:华中科技大学出版社,2019.6(2023.8重印)
军队高等教育自学考试船舶工程技术(专科)专业指定教材
ISBN 978-7-5680-5215-3

Ⅰ.①舰… Ⅱ.①王… ②彭… Ⅲ.①军用船-船舶修理-军队院校-教材 Ⅳ.①U674.7

中国版本图书馆 CIP 数据核字(2019)第 126657 号

舰艇修造工艺 王 中 彭 飞 主编
Jianting Xiuzao Gongyi

策划编辑:张少奇 宋 超
责任编辑:刘 飞
封面设计:刘 婷
责任监印:周治超
出版发行:华中科技大学出版社(中国·武汉) 电话:(027)81321913
　　　　　武汉市东湖新技术开发区华工科技园 邮编:430223
录　　排:华中科技大学惠友文印中心
印　　刷:武汉邮科印务有限公司
开　　本:787mm×1092mm 1/16
印　　张:14
字　　数:364 千字
版　　次:2023 年 8 月第 1 版第 2 次印刷
定　　价:49.80 元

序　言

军队高等教育自学考试(下称军队自学考试)作为军事职业教育的重要组成部分,兼顾军队建设需要和官兵职业发展需求,是体现官兵终身教育和学习型军队特点的教育形式,是提升官兵科学文化水平和岗位履职能力的重要途径,对于大规模培养高素质军事人才、推进学习型军队和学习型军营建设具有重要意义。军队自学考试自1989年开办以来培养了大批人才,为军队建设做出了积极贡献。

根据调整改革后院校发展定位和主体任务,中央军委训练管理部改建和新增军兵种部队建设急需、培训需求较大的专业,并遴选专业特色优势明显的军队院校承担相应自学考试专业主考任务,充分依托军队院校优质学历教育资源发展军队自学考试。改革后的军队自学考试专业有30个,其中本科专业15个、专科专业15个。按照"专业名称军地通用化、专业课程军队特色化"的原则,海军工程大学承担船舶与海洋工程(本科)、船舶工程技术(专科)两个自学考试专业课程的建设工作。

当改革后的军队自学考试遇上蓬勃发展的网络在线学习,新的助学模式应运而生。为了更好地帮助报考该专业的考生学习和备考,我校教员在开展本职教学科研工作的同时,将所学知识和技术,按照自学考试教学的要求,以在线课程的方式通过网络共享,并出版了该专业系列课程配套的专业教材,让优质教学资源得以更广泛地传播利用。

本套教材根据军队自学考试船舶与海洋工程、船舶工程技术两个专业考生学习的实际需求编写,《舰艇总体技术》《舰艇静力学与快速性》《舰船结构与强度》《舰船原理》《舰艇结构》《舰艇修造工艺》《舰船概论》《舰艇电气设备》《舰艇动力装置》九本教材涵盖舰艇基础知识、专业知识、操作使用、维护保养等各方面内容,同时还增加了《舰船海洋环境概论》和《军事管理基础》两本专业基础课教材,使得丛书更加符合考生的认知规律,富有启发性,便于考生学习。教材充分吸纳新理论和新技术,具有一定学术性;文字表达简明流畅、深入浅出、逻辑严密,章节编排考虑到了教学对象的基础,由浅入深,由简单装置逐步延伸到复杂系统,基本满足了军队自学考试船舶与海洋工程、船舶工程技术两个专业考生的学习需求,也为所有船海相关专业学习者和从业者提供了优质的学习资源。

鉴于此,我们精心推出的系列教材和即将上线的配套慕课课程,必将为翻开此书的你加油续航,助你早日实现知识的积累和自身的蜕变!也就此机会,谨向付出了艰辛劳动的全体编写人员致以敬意,向本套教材的出版单位和慕课制作人员表示感谢。

编写组

2019年4月

前　言

　　本教材根据军队高等教育自学考试船舶工程技术专业教学大纲的要求,结合军队高等教育自学考试的特点,本着充分发挥军队高等教育自学考试在军事人才培养方面的功能作用,积极推进学习型军队、学习型军营建设的目标编写而成。主要用作军队高等教育自学考试船舶工程技术专业学员的自学教材,也可供相关专业的工程技术人员学习参考。

　　教材编写过程中参考了《船舶建造工艺》等国内外同专业的多种教材,并结合军队高等教育自学考试的特点,在教材内容的组织上力求做到与军队职业教育改革精神相适应,与现代造船技术的发展相适应。

　　本书由海军工程大学王中、彭飞担任主编,全书由王中统稿。第1章、第5章由朱志洁编写;第2章由彭飞编写;第3章、第4章由王中编写;第6章由孟庆旭编写;第7章由闵少松编写。全书由黄祥兵副教授主审,韩玉超、丰寅帅在文字校对方面提供了帮助。

　　在此,向以上各位专家及同仁表示衷心的感谢,并向为本书描图、印刷及组织出版的各位同志表示深切的谢意。

　　囿于水平和经验,加之编写时间紧,在教材内容的选择和编排上会存在诸多不足,恳请各位指正。

编　者

2019 年 3 月

前 言

考 试 大 纲

I 课程性质与设置目的

舰艇修造工艺是船舶工程技术专业的专业教育课,在该专业中占有重要地位。

设置本课程的目的是使自学者系统地掌握舰艇修造主要流程及关键工艺技术,为从事舰艇维修保障工作奠定基础。

通过本课程的学习,应达到以下要求:

(1) 了解造船工程的组成、特点;理解造船工艺的概念及研究内容;了解造船模式的发展及内涵。

(2) 了解造船准备的内容,掌握船体放样的基本概念、方法步骤。

(3) 熟悉钢材预处理的基本流程,熟悉船体构件边缘加工和成形加工的基本方法,理解气割和水火弯板原理。

(4) 熟悉船体装配常用工装设备、过程及特点,理解船体装配工艺的基本方法和定位原理,了解船体装配检验的常见方法。

(5) 了解舰艇下水的方法和设施,掌握纵向涂油滑道下水过程分析。

(6) 掌握舰艇建造过程中的各项试验、试航包含的内容,了解舰艇建造完成后的交船验收流程。

(7) 了解海军舰船维修的基本制度;了解修船准备内容;理解墩木布置的基本原则及布墩方法,了解舰艇进(出)坞、上(下)排的基本过程。

(8) 掌握船体损耗的基本知识;掌握船体修前勘验方法;掌握船体结构腐蚀与变形程度的确定方法,理解修换标准;掌握船体渗漏、裂缝、变形、破洞与折断的常规修理工艺。

其中重点是钢料加工、船体装配和船体修理工艺。

本课程的先修课程是舰船概论、舰船原理、舰艇结构。

II 考 核 目 标

本大纲在考核目标中,按照识记、领会、简单应用和综合应用四个层次规定应达到的能力层次要求。四个能力层次是递升的关系,后者建立在前者的基础上。各能力层次的含义是:

识记(I)。要求考生能够识别和记忆本课程中有关概念及规律的主要内容(如定义、表达式、公式、定理、结论、方法的步骤、特点、性质及应用范围等),并能够根据考核的不同要求,作出正确表达、选择和判断。

领会(Ⅱ)。要求考生能够领悟和理解本课程中的概念及规律的内涵及外延,理解它们的确切含义,能够鉴别关于它们的似是而非的说法;理解它们与相关知识的区别和联系,并能够根据考核的不同要求作出正确的判断、解释和说明。

简单应用(Ⅲ)。要求考生能够根据已知的条件,运用本课程中少量的知识点,分析和解决一般应用问题,如简单计算、绘图和分析、论证等。

综合应用(Ⅳ)。要求考生能够运用本课程中较多的知识点,分析和解决较复杂的应用问题,如计算、绘图、分析和论证等。

Ⅲ　课程内容与考核要求

第1章　绪论

一、课程内容

- 舰船建造概论
- 舰船建造工艺流程
- 现代造船工程

二、学习目的与要求

绪论部分简要介绍船舶建造和修理的基本概念。

学习要求:

(1) 了解造船工程的基本概念、组成及其关键技术;理解造船特点;理解造船工艺的概念和任务。

(2) 掌握船体建造的基本流程。

(3) 了解造船模式的发展过程;理解现代造船模式的内涵。

本章重点是船体建造的基本流程。

三、考核内容与考核要求

1. 舰船建造概论

识记:造船工程的定义;造船工程的组成;造船工艺的概念和任务。

领会:造船工程的特点。

2. 舰船建造工艺流程

识记:舰船建造工艺流程。

3. 现代造船工程

识记:造船模式的定义;现代造船模式的内涵。

领会:造船模式的演变;造船模式的作用。

第 2 章　造船生产准备与船体放样

一、课程内容

- 生产技术准备
- 船体放样
- 样板与号料

二、学习目的与要求

造船生产准备和船体放样是造船过程开始的重要内容。通过本章的学习要了解造船准备的基本内容,掌握船体放样的流程和方法。

学习要求:

(1) 了解造船生产准备的基本内容。

(2) 熟悉船体放样的基本概念、目的及意义;理解船体理论型线放样的方法步骤;理解船体结构线放样的基本原理和方法;理解船体构件展开的基本原理。

(3) 了解船体样板的种类和用途;了解船体号料的概念。

本章重点是船体放样的流程和方法。

三、考核内容与考核要求

1. 生产技术准备

识记:造船生产准备的内容。

2. 船体放样

识记:船体放样的定义;船体放样的目的;船体放样的方法;船体放样的过程;结构线放样的内容;板缝线布置原则。

领会:船体型线放样中的光顺要求。

简单应用:基本形状展开及平面尺寸计算。

3. 样板与号料

识记:样板的种类;样板的用途;号料的方法。

领会:样板与草图的异同。

第 3 章　船体钢料加工

一、课程内容

- 钢材预处理
- 船体构件的边缘加工
- 板材的成形加工
- 型材的成形加工

二、学习目的与要求

通过学习了解船体钢料加工的基本概念,掌握钢材预处理、边缘加工和成形加工设备及方法等内容。

学习要求:

(1) 了解船体钢料加工的基本概念以及钢材预处理的基本流程。

(2) 理解船体构件边缘和成形加工的基本方法和成形原理。

(3) 了解船体构件加工质量检验的常用方法。

本章重点是钢板切割及成形加工的方法及原理。

三、考核内容与考核要求

1. 钢材预处理

识记:钢料加工的概念;钢板矫平方法;钢材表面清理方法;钢材预处理流水线的组成。

领会:钢材预处理流水线与型材预处理流水线的异同。

2. 船体构件的边缘加工

识记:切割的方法及分类;高效能物理切割方法及特点;焊接坡口形式。

领会:氧-乙炔焰气割的条件。

3. 板材的成形加工

识记:船体板辊弯成形的方法和设备;船体板压弯成形的方法和设备。

领会:水火弯板原理及成形效果的影响因素。

4. 型材的成形加工

识记:型材成形加工方法分类;型材成形加工检验方法。

领会:逆直线法成形检验的原理。

第 4 章 舰船船体装配

一、课程内容

- 船体结构与装配常用的工装设备
- 船体结构预装焊工艺
- 船台装配
- 船体装配检验
- 潜艇艇体装配

二、学习目的与要求

通过学习了解船体装配常用工装设备,熟悉船体装配的流程和方法。

学习要求:

(1) 了解水面舰船船体的装配过程及特点。

(2) 了解船体结构装配常用的工装设备。

(3) 理解船体结构预装配和船台装配工艺的基本方法和定位原理。

（4）了解船体装配检验的常用方法。

本章重点是船体装配过程和方法。

三、考核内容与考核要求

1. 船体结构与装配常用的工装设备

识记：船体装配的定义；船体装配流程；平台的概念、分类及用途；胎架的概念、分类及用途。

2. 船体结构预装焊工艺

识记：预装焊的定义；船体分段的分类；船体分段装配方法。

3. 船台装配

识记：船台的定义；船台装配常用工艺装备；船台装配基本形式及特点。

领会：船台装配的主要工作；船台装配的工艺过程。

4. 船体装配检验

识记：尺寸检验方法及特点；密性检验方法及特点。

5. 潜艇艇体装配

识记：潜艇艇体装配特点；潜艇艇体装配特殊装备；潜艇艇体装配流程。

第 5 章　舰 船 下 水

一、课程内容

- 舰船下水的方法和设施
- 纵向涂油滑道下水分析

二、学习目的与要求

通过学习了解舰船下水的方法和设施、纵向涂油滑道下水。

学习要求：

（1）掌握舰船下水的常用方法和设施。

（2）掌握纵向涂油滑道下水的过程分析。

本章重点是舰船下水的常用方法和设施，纵向涂油滑道下水过程。

三、考核内容与考核要求

1. 舰船下水的方法和设施

识记：舰船下水方法分类；舰船下水的基本设施。

2. 纵向涂油滑道下水分析

简单应用：纵向涂油滑道下水过程阶段划分，每个阶段可能会出现的问题及应对措施。

第 6 章　试验、试航与交船

一、课程内容

- 系泊试验
- 航行试验
- 交船

二、学习目的与要求

通过学习了解舰船试验、试航的主要内容。

学习要求：

(1) 熟悉舰艇建造过程中的各项试验、试航包含的内容。

(2) 了解舰艇建造完成后的交船验收流程。

本章重点是系泊试验及航行试验内容。

三、考核内容与考核要求

1. 系泊试验

识记：系泊试验的定义；系泊试验的主要内容。

2. 航行试验

识记：航行试验的定义；航行试验的内容。

3. 交船

识记：交船一般流程。

第 7 章　船 体 修 理

一、课程内容

- 舰船修理概述
- 舰艇的进出坞与上下排
- 船体损耗及勘验
- 船体腐蚀与变形程度的确定及修换标准
- 船体修理工艺
- 船体变形的预防与测量

二、学习目的与要求

通过学习了解舰船修理制度、修船准备、船体损伤勘验及具体修理工艺。

学习要求：

(1) 了解舰船修理制度；理解墩木布置的基本原则及排墩方法，了解舰艇进(出)坞、上(下)排的基本过程。

（2）掌握船体勘验方法和形式；掌握船体结构腐蚀与变形程度的确定方法，了解修换标准。

（3）了解船体损伤的基本形式，掌握船体渗漏、裂缝、变形、破洞与折断的修理工艺。

本章重点是墩木布置的基本原则及排墩方法、船体勘验方法及船体典型损坏形式修理工艺。

三、考核内容与考核要求

1. 舰船修理概述

识记：舰船维修分类；计划修理类别。

领会：舰船修理的一般过程。

2. 舰艇的进出坞与上下排

识记：舰艇进坞准备工作。

领会：墩木布置要求及方法；舰艇进坞过程；舰艇出坞过程；舰艇上下排过程。

3. 船体损耗及勘验

识记：船体损耗的原因；船体损耗的类型。

领会：船体勘验方法。

4. 船体腐蚀与变形程度的确定及修换标准

领会：船体钢板腐蚀程度的确定。

简单应用：根据勘验结果确定船体构件修换方案。

5. 船体修理工艺

识记：船体主要修理方式；船体修理常用工艺符号。

领会：渗漏修理工艺；变形修理工艺；裂缝修理工艺；腐蚀修理工艺。

综合应用：破洞修理工艺；折断修理工艺。

Ⅳ 关于大纲的说明与考核实施要求

一、自学考试大纲的目的和作用

自学考试大纲是根据专业自学考试计划的要求，结合自学考试的特点制定的。其目的是对个人自学、社会助学和课程考试命题进行指导和规定。

自学考试大纲明确了课程自学内容及其深度和广度，规定了课程自学考试的范围和标准，是编写自学考试教材的依据，是社会助学和个人自学的依据，也是进行自学考试命题的依据。

二、关于自学教材

自学教材：《舰艇修造工艺》，王中、彭飞主编，华中科技大学出版社2019年版。

三、关于考核内容及考核要求的说明

（1）课程中各章的内容均由若干知识点组成，在自学考试命题中知识点就是考核点。因此，自学考试大纲中规定的考核内容是以分解为知识点的形式给出的。因各知识点在课程中

的重要程度、作用以及知识自身的特点不同,自学考试将对各知识点分别按四个认知(或能力)层次确定其考核要求(认知层次的具体描述请参看"Ⅱ　考核目标")。

(2)按照重要性程度不同,考核内容分为重点内容和一般内容。为有效地指导个人自学和社会助学,本大纲已指明了课程的重点和难点,在各章的"学习目的与要求"中一般也指明了本章内容的重点和难点。在本课程试卷中重点内容所占分值一般不少于60%。

(3)课程分为七个部分,分别为:绪论,造船生产准备与船体放样,船体钢料加工,舰船船体装配,舰船下水,试验、试航与交船,船体修理。各部分在考试试卷中所占的比例大致为:10%、10%、20%、20%、15%、5%、20%。

本课程共6学分。

四、自学方法指导

舰艇修造工艺是一门实践性很强的应用学科,主要内容是舰船建造和修理过程及方法。掌握它主要是多看多思考。在学习时请注意下面几个问题:

(1)在开始学习某一章时,应先阅读考试大纲的相关章节,了解该章各知识点的考核要求,做到心中有数。

(2)学完一章后,应对照大纲检查是否达到了大纲所规定的要求。

(3)由于舰艇修造工艺是按照造船流程的先后顺序来组织各部分内容的,前面的知识是学习后面知识的基础,只有掌握了一个章节内容后才能进行下一个章节的学习。

五、考试指导

1. 有计划地学习是考试成功的必要条件

很好的计划和组织是你学习成功的法宝。如果你正在接受培训,一定要紧跟课程进度并完成作业。若有不理解的内容或不会做的题,要及时请教教师。若有缺课需及时补上。如果你是自学者,要做切实可行的学习计划,定出学习计划表,并按计划学习。遇到不理解的问题可向学过的人请教或利用网络等工具解决。

2. 如何考试

卷面整洁非常重要。书写工整,段落与间距合理,卷面赏心悦目有助于教师评分,教师只能为他看得懂的内容打分。对于选择题,可先把明显错误的或不合理的选项排除,再考虑余下的选项。做题时,一般是先做简单的题。做题时要看清题目要求,理清解题思路再做题,注意不要漏题。

3. 如何处理紧张情绪

正确处理紧张情绪,以积极的心态面对考试。如果可能,请教已经通过该考试科目的人,问他们一些问题。考试前膳食合理,保持冷静和旺盛的精力。在考试中,若看到试卷后出现心跳加快、慌张失措等现象,这时不要忙于动笔,先强迫自己冷静下来,做深呼吸放松,这有助于头脑清醒,缓解紧张情绪。

4. 如何克服心理障碍

这是一个普遍问题!如果你在考试中出现这种情况,试试下列方法:考试前根据考试大纲的要求将课程内容总结为"记忆线索",当你阅读试卷时一旦有思路就快速记下。按自己的步骤进行答卷,为每个考题合理分配时间,并按照时间安排进行答卷。

六、对社会助学的要求

（1）要熟悉考试大纲对本课程总的要求和各章的知识点，准确理解各知识点要求的认知层次和考核要求，并在辅助过程中帮助考生掌握这些要求，不要随意增删内容和要求。

（2）要结合经典例题，讲清楚基本概念，方法步骤，重点和难点更要讲透，引导考生注意基本理论的学习；更要十分重视基本的计算方法和计算技巧的讲解，帮助考生真正达到考核要求，并培养良好的学风，提高自学能力。

（3）要使考生认识到辅导课只能起到"领进门"的作用，听懂不等于真懂，关键还在于自己学习，应要求考生课后抓紧复习，认真做题。

（4）助学单位在安排本课程辅导时，授课时间建议不少于 40 小时。

七、关于考试命题的若干规定

（1）考试时间为 120 min，闭卷考试，允许携带计算器。

（2）本大纲各章所做的基本要求、知识点都属于考核的内容。考试命题既要覆盖到章，又要避免面面俱到。要注意突出课程的重点，加大重点内容的覆盖度。

（3）不应命制超过大纲考核知识点范围的题目，考核目标不得高于大纲中所规定的最高能力层次要求。命题应看重自学者对基本概念、基本知识和基本理论是否了解或掌握，对基本方法是否会用。不应命制与基本要求不符的偏题或怪题。

（4）本课程在试卷中对不同能力或层次要求的分数比例大致为：识记占 30%，领会占 30%，简单应用占 30%，综合应用占 10%。

（5）要合理安排考试的难易程度，考试试题的难度可分为：易、较易、较难和难四个等级。每份试卷中不同难度试题的分数比例一般为：2∶5∶2∶1，即易的占 20%，较易的占 50%，较难的占 20%，难的占 10%。

必须注意试卷中试题的难易程度与能力层次有一定的联系，但二者不是同等的概念，在各个能力层次都有不同难度的试题。

（6）课程考试命题的主要题型一般有判断题、单项选择题、简答题等。

Ⅴ 题型举例

一、判断题

1. 数控等离子切割属于物理切割。 （ ）
2. 墩木布置数量越多越好，这样可以减少每个墩木承受的重量。 （ ）

二、单项选择题

1. 下列切割方法中属于化学切割的是（ ）。

A. 激光切割   B. 数控等离子切割

C. 氧-乙炔气割   D. 水射流切割

2. 水火弯板成形效果最好的加热速度是（　　）。

A. 慢速加热　　　　　　　　　B. 快速加热

C. 时快时慢加热　　　　　　　D. 适中速度加热

三、简答题

1. 纵向涂油滑道下水过程可以分为哪几个阶段？每个阶段可能会出现什么问题？如何应对？

2. 采用氧乙炔气割方式进行切割的金属需要满足哪些条件？

目　　录

第1章 绪　　论

1.1　舰船建造概论

舰船就技术而言,是一个在水中作业的极其复杂的工程建筑物,涉及众多的专业领域,它综合体现国家现代工业和科技发展的整体水平。造船工业的发展与整个国家的经济、贸易、科技、国防及航运有着紧密的联系,且有着深远的战略意义。

舰船建造是研究舰船焊接船体的制造方法与工艺过程的一门应用学科,它是在综合采用各种先进技术和现代科学管理的前提下的施工过程,即如何把设计阶段经过试验和计算并按照规范设计绘制的舰船图样转变成实船,同时要满足舰船在正常技术指标的控制下确保其使用性能。

1. 舰船建造特点

舰船建造是一个兼容制造和建造的复杂的系统工程,具有以下特点:

1) 舰船属于定货型产品

舰船由于其一次性投资大,使用寿命长,且制造技术复杂,生产周期较长,通常军方会根据军队作战需求、舰船的使用和性能要求提出造船订单,因而舰船的品种和批量具有不确定性,使得舰船的建造采用多品种、单件或小批的方式组织生产。

2) 造船企业属于装配型工业

现代修造船厂实际上是一个总装厂,主要承担船体的建造及船上成套设备(动力、电气、通信、导航、武器装备等)的安装和调试,而其成套设备主要依靠相关配套工业企业完成生产,因而对配套工业的依赖性较强,解决好材料和设备的采购供应也是舰船建造生产中的主要问题。

3) 船体结构设计的特点

现代舰船的船体是由大量具有多重曲度的复杂外形的金属结构组成的大型结构物,在舰船设计中通常采用小比例的三面投影图来表达其复杂的结构组成,因此具有下列特点:

(1) 描述船体外形的三维空间曲面只能采用型值表来描述船体曲面;

(2) 表示船型的船体理论型线图只能概略地表示一些尺度小的曲面(如首、尾部),船体外板及其构件的尺寸则无法精确表示;

(3) 型值表自身存在着各种无法避免的误差,不能直接作为施工依据;

(4) 具有复杂空间形状的船体构件必须展开成简洁的平面后,才能在平直的原材料上下料加工。

以上特点使得船体建造必须有其独特的放样工序。

4) 船体建造的施工特点

由于船体零件及其半成品(部件、分段等)的尺寸和质量大、形状和结构复杂,使得零件成形加工工艺复杂,且装配和焊接具有作业面积大、环境变化大和全方位施工等特殊性,导致一些施工作业(如板材成型加工、质量检测等)仍停留在手工操作阶段。此外,受舰船产品主尺度大、船体形状和结构复杂多样的影响,造成建造施工作业的环境复杂多变,给船体装焊机械化、自动化作业带来一定的难度。

5) 舰船舾装的施工特点

在舰船复杂多样的系统设备中,除了管系、轴系、木作和部分附属件由船厂加工制作外,绝大多数是由船厂外购后,直接在施工现场进行修整和安装的。其特点在于舾装作业都是在船体和上层建筑中进行,作业位置和状态是全方位的,存在大量的高空仰视和狭窄空间的安装作业,同时在同一空间位置上还要进行管、线、绝缘敷设及涂装等多专业工种的并行作业,导致舾装作业十分复杂,给机械化、自动化安装生产带来许多困难。

2. 舰船建造的基本任务

合理的价格、优良的建造质量和适宜的建造周期是舰船建造的基本任务,也是从事海军装备监造与管理人员责无旁贷的使命。价格、质量和交船期也是反映造船工业竞争能力的三个基本要素。

造船价格包括造船成本和利润两部分。造船成本通常由人工成本、材料成本和管理费三项组成。民船的材料费约占55%,人工费约占25%,管理费约占20%。军船由于舾装工作量大而使人工成本增加,因此成本中的各项比例为:材料费约占40%,人工费约占30%,管理费约占30%。造船成本一般占舰船造价的85%~95%,其余为造船利润。表1-1-1为潜艇建造的成本组成和分类原则。

表 1-1-1　舰船建造的成本组成

组成	详 细 清 单
原材料	板材、型材、非铁金属、钢管、合金管、铜管、铝管、钢丝绳、丝材、石棉制品、金属制品、焊材、化工原料、橡胶制品、紧固件、绳索帆缆、电缆、辅助材料、电缆附件、小五金、木材、油料、隔热材料、油漆涂料、玻璃钢、阻尼材料及其他
设备	指挥控制系统设备、鱼雷武器系统设备、导弹武器系统设备、导航系统设备、通信系统设备、声呐系统设备、水声对抗系统设备、动力系统设备、操艇系统设备、保障系统设备、雷达设备、减振降噪系统设备
备品属具	机械设备备件清单、电器设备备件清单、观通导航设备备件清单、海军供应品清单、工厂供应品清单
人工	工时总量及费用
专用费	船台费、下水费、码头费、拖船费、吊运费、消磁费、进坞费、试验交船费、保修费、保计费、放样费、工装费、艇员培训费、系统联调费及其他

3. 造船工程的组成

现代造船工程主要由船体建造、船舶舾装和船舶涂装三大部分组成。

船体建造就是将材料加工制作成船体构件,再将它们组装焊接成中间产品(部件、分段、总段),然后吊运至船台上(或船坞内)总装成船体的工艺过程。船体用材料多为钢材,其作业内容一般包括船体号料、船体构件加工、分总段制造和船台总装等。船体建造在整个舰船制造中占据着十分重要的地位,占舰船制造总工程量的30%~40%。

船舶舾装作业是将机电装置、武器装备(简称武备)等系统及其相关的管路、动力和控制装置、生活设施、各种属具和舱室装饰等安装到船上的工艺过程。它不仅使用钢材,还使用铝、铜等非铁金属及其合金,以及木材、工程塑料、水泥、陶瓷、橡胶和玻璃等非金属材料。舾装作业涉及装配工、焊工、木工、铜工、钳工、电工等多达十多个工种。船舶舾装按专业内容可分为机械舾装、电气舾装、管系舾装、船体铁舾装、木舾装等;按舾装作业阶段可分为舾装件制作(外购)、舾装托盘、分段舾装、总段舾装、船台舾装等;若按区域舾装法可分为机舱舾装、甲板舾装、住舱舾装和电气舾装等。舾装作业面广,工程量大,占舰船制造总工程量的 50%~60%。

船舶涂装作业是在船体内外表面和舾装件上,按照技术要求进行除锈和涂敷各种涂料的工艺过程。涂装可使金属表面与腐蚀介质隔开,达到防腐蚀的目的。按作业顺序一般包括钢材预处理、分段涂装、总段涂装、船台涂装和码头涂装等几个阶段。作为造船技术的三大支柱工艺之一,涂装直接影响舰船的外观质量,更与日后舰船的使用寿命和维修费用有着密切的关系,因此尽管其工程成本仅占总船价的 8%~10%(国外为 5%~6%),却日益受到使用方的重视,要求也越来越高。

4. 造船工艺

造船工艺是在综合采用先进制造技术和现代科学管理的条件下研究舰船建造过程及其方法的一门应用学科。随着科学技术和现代制造技术的不断发展,造船生产水平也不断提高。

造船工艺学科通常指船体建造工艺、舾装工艺(不包括主辅机、电气、通信、导航等设备的制造)和涂装工艺,其主要任务是:

(1)分析研究造船方法,制订舰船建造方案,拟订船体放样、号料、加工、船体装焊、舾装、造船公差与技术测量、舰船下水、试验试航及交船验收等工艺规程。

(2)分析研究和编制各种造船工艺计划文件,如舰船建造工艺进度表、工艺项目明细表、工艺路线表以及设备材料订货清单等。

(3)分析研究造船生产过程中完成各道工序所必需的工艺操作,制定合理的操作程序,设计和选择相应的工装设备和设施,不断提高舰船建造的机械化、自动化水平。

(4)研究制定各项施工精度标准及其相应的技术测量方法。

(5)研究新的造船方法,建立最佳造船生产的工艺系统,如船厂最佳工艺流程的布置方案,改进造船生产的工艺布局,拟订先进的生产流水线设计方案等。

(6)最大限度地研究、应用现代科技成果,不断革新造船工艺及工装设备。

总之,造船工艺的主要任务:一方面根据现有的技术条件,为造船生产制定合理的工艺措施;另一方面研究和发展应用新工艺、新技术,不断提高舰船建造工艺水平。

1.2 舰船建造工艺流程

通常一艘舰船的诞生过程必须包括设计阶段、施工准备、船体建造、舾装、下水及试验验收等,图 1-2-1 为舰船建造工艺流程示意图。

1. 设计阶段

舰船设计是舰船制造的第一道工序,是一项极其复杂的工作,涉及众多的学科领域,整个设计过程充满各种矛盾。设计的优劣直接影响到舰船的建造和使用性能,因此必须不断提高设计工作的水平。舰船设计一般采用分阶段逐步近似、逐步深化和逐步优化的方法进行。设计阶段的划分并不是绝对的,各个国家、各个设计部门均有其独特的习惯和特点,即使同一设计部门,在针对不同的设计任务时,也会有不同的设计阶段。

我国现行的舰船设计工作大致步骤是:设计任务书(军船称战术技术任务书)的编制、初步

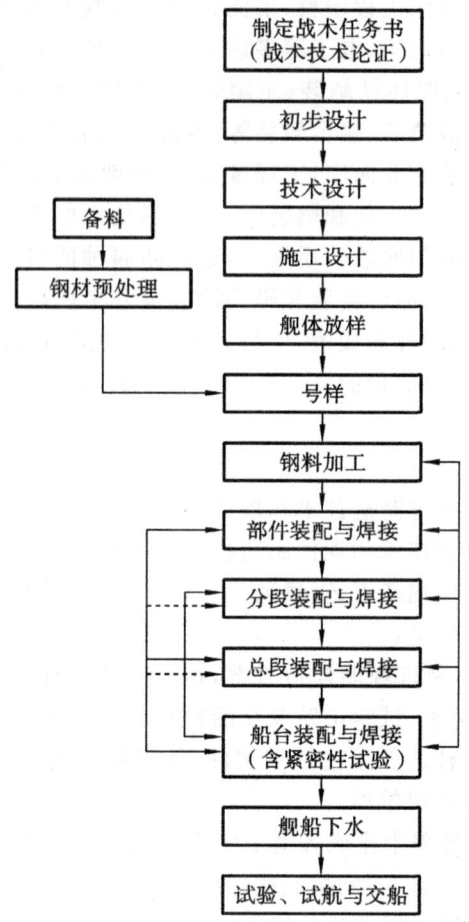

图 1-2-1　舰船建造工艺流程

（即方案）设计、技术（即基本）设计、施工设计和完工文件的编制等,各设计根据需要可穿插进行。

2. 施工准备

现代舰船建造中,施工准备是一项复杂、艰巨而又十分细致且繁重的工作,需花费的时间,往往比建造周期还长。

施工准备主要包括两部分内容:一是施工工艺文件准备,通过施工设计拟订,这是舰船建造施工的依据;二是物资器材、技术力量与劳动力的准备,内容广泛,主要包括船厂为生产新型舰船所必须进行的技术改造、设备更新、建立生产流水线、增设各种专用工艺装备、订购原材料及通用装备、改革劳动生产组织、技工培训等。

3. 船体建造

船体建造指从船体构件的加工制作到将它们组装和焊接成整个船体的过程。包括放样、号料、加工、装配、下水等工序。其中装配工序又可分为部件装配、分段装配、总段装配和船台装配等阶段。

船体建造的形式主要取决于建造方案中船体在船台上的建造方法,大致可分为:散装建造法、分段建造法、总段建造法、串联建造法和两段建造法等。

4. 舰船舾装

舾装原指舰船停靠在码头旁进行内部构件和设备的安装。随着技术的发展,大部分舾装工程已不在码头进行,而提前到船台甚至预装配的分段、总段场地进行。舾装工作的范围很广,除船体外,所有的设备、完整件、固定件及座架均属舾装。按设备的类型可分为:船体舾装、轮机舾装、电气舾装、武备舾装、装置管路及系统舾装等。船体舾装主要指各种座架、完整件及马脚安装、舱室内部的装饰与油漆。

舰船舾装作业具有工程量大、工种多、工序多、品种多、工作空间集中(即一个部位有几个工种的舾装件)、工程庞大复杂、协作面广、技术综合性强、施工条件差、舾装周期长等特点。舾装技术的水平对提高舾装效率和舾装质量、改善劳动条件、实现安全生产、降低建造成本、缩短建造周期等方面有着重大影响。因此,发展舾装技术已成为舰船建造研究的关键技术之一。

舾装技术的发展过程大致可分为三个阶段:传统舾装技术、预舾装技术和区域舾装技术。

1) 传统舾装技术

传统舾装技术是在船体建造完工后再开始舾装作业,舾装工作贯穿船体下水到交船的整个过程,并都在船上进行。

设计部门按系统提供布置图或原理图,工艺部门也按系统进行舾装工艺设计,生产部门按系统组织舾装施工。各种设备都是以单台(件)进行安装。只重视设备的性能,不重视系统间设备的协调和作业的合理性。因此,工作效率低、装配精度差,并且施工环境混乱,返工浪费严重,安全没有保障,舾装质量和周期得不到保证。

这是一种原始的施工方法,已逐步被新的舾装技术所取代。

2) 预舾装技术

预舾装是将传统的码头、船内舾装作业提前到分段、总段上船台前进行的一种舾装方法。一般包括单元组装、分段预舾装和总段预舾装三项基本内容,即在船体分段上船台前将舾装件采用单元组装、分段预舾装和总段预舾装的方法扩大为在地面上平行的分散作业,从而使高空作业平地做、外场作业内场做、仰装作业俯装做,以减少码头、船内多工种的混合作业。

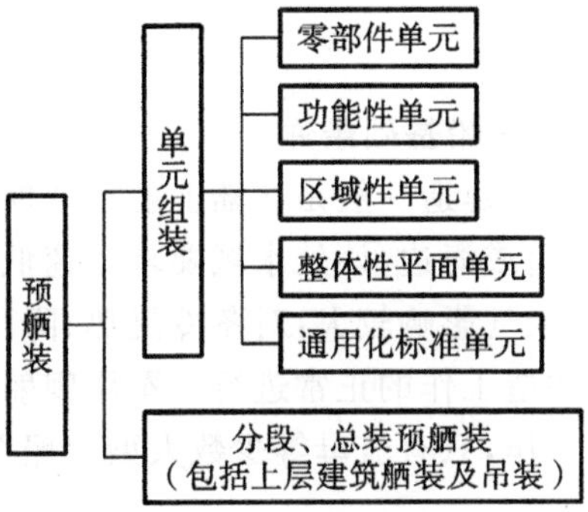

预舾装的范围如图 1-2-2 所示。

图 1-2-2　预舾装的范围

3) 区域舾装技术

随着造船生产设计、成组技术等先进技术的推广和应用,造船技术由传统的按系统导向的造船方法逐步朝按区域导向的造船方法发展。

按区域导向的造船方法是将一艘船看成许多区域的组合,由于各区域中所存在的系统和设备的复杂程度不同,因此可按不同的区域采用最合适于该区域的设计和制造工艺。船体建造和舾装均按船的"地理区域"进行。这种设计、计划和生产紧密结合的造船方法就是所谓的区域建造法。

区域建造法突破了传统的按照舰船功能系统进行舾装设计和作业的方法,舾装作业按区域进行设计,绘制综合舾装图(表示划分区域内的所有系统和设备),并按区域舾装的设计要求绘制区域舾装的安装图、零件图、区域托盘的清册和图表等。根据设计按区域进行舾装件的制造,并由一个综合施工组织完成该区域的所有舾装作业。

采用区域舾装技术后,区域内的舾装件被分解成各种单元,对这些单元单独进行制造或组装,然后在该区域船体建造的零部件、分段和总段各阶段进行安装。这样舾装与船体建造实行平行作业,船体与舾装分道建造、有序组合,改变了舾装作业是船体建造后续工序的传统工艺。随着区域舾装技术的不断发展,使得舾装质量不断提高,建造周期大幅度缩短,取得了显著的经济效益。

5. 舰船涂装

舰船在陆地上建造,在海洋中使用,作为船体主要材料的钢材(板材和型材)将先后受到工业大气和海洋环境的腐蚀,为了防止钢材的腐蚀,延长舰船使用寿命,必须对钢材和船体进行除锈、涂漆处理。这种对钢材、船体进行除锈、清理和涂漆的施工作业称为舰船涂装。舰船涂装除了船体防腐外,还有外表装饰和船底防污的作用。

6. 舰船下水

当舰船在建造区域(船台或船坞)建造到一定程度(具备下水条件),将舰船移到水中去的过程称为下水。下水方法大致可分为三类:重力下水、漂浮下水、机械化下水。

7. 试验、试航与交船

当舰船竣工后,要依据试验、试航大纲的要求进行系泊试验与航行试验。其目的是检验各项性能指标是否符合设计要求,合格者即可服役交部队使用。某些指标不合格,则返回或就地调试、消除缺陷,质量极差而无法补救的,报上级批准后降级使用。

本教材侧重阐述了船体建造工艺的原理、方法和相关的工程技术问题。

1.3　现代造船工程

1. 造船基础条件

船体建造一般是在陆上船台或船坞中进行,建造完成后移至水中。所以船体建造应在河边、江边或海边,该处水域要求流速低、风速小,以便船舶下水。民用船舶船体建造室外作业较多,受天气影响较大,对冬冷夏热、降雨天数多且雨量大的地区,要采取防寒降温和遮蔽措施,保证建造工作的正常进行。军用舰船因其特殊性,一般都是在室内车间和船台完成下水前的建造工作,只有航母等少数大型舰船总装在露天的船坞完成。船厂概貌如图1-3-1所示。

图 1-3-1　船厂概貌

船体建造工艺流程包括从钢材堆场到构件加工、船体零部件装配与焊接、分段和总段装配与焊接、船台(船坞)装配与焊接、下水、码头舾装等方面。新的造船方式为了减少船舶下水后的舾装工作量、缩短造船周期,机械设备和舾装件大都提前到分段装配或总段装配阶段安装。因此,各道工序应以船台(船坞)为中心进行布置。从材料消耗和运输情况来看,钢材加工和船体装配的比重较大,所以应优先保证从钢材堆场、构件加工、装焊场地到船台(船坞)的距离尽可能短。工序间应减少迂回过程,使船体从加工、零部件装配、分段(总段)、舾装件、机械设备等运至船台(船坞)的距离最短,这是船体建造物流的设置基础。船台(船坞)是船体建造成整体的场所,建造完工的船体从陆上移至水中的过程也是通过船台下水装置或船坞实现的。因此,船台(船坞)是造船企业重要设施中不可缺少的组成部分。

现代化船厂中的平面制造中心、曲面制造中心承担了分段制造的全部工作量,且这一部分的作业都已移至室内,作业条件得到极大的改善。总装平台布置在船台(船坞)侧面及端部,大型龙门吊车的吊运范围可将其覆盖。

装配平台面积与船坞面积应有适当的比例,如果比例恰当,分段的制造数量与船坞搭载进度可以很好地衔接起来;如果比例太大,将会出现分段积压,船台(船坞)吊装紧张;如果比例太小,将会发生已完工的分段不能满足船台(船坞)安装的需要,从而增加船台(船坞)周期。

整个船体建造区域除了应具备上述条件外,还应配备风、水、电、气等动力能源设施设备。

· 风:主要指压缩空气。船体建造中使用的一些工具,如风动砂轮、手枪钻、铆接枪等都以压缩空气为动力源。

· 水:主要指自来水。供火工矫正和密性试验等作业使用。

· 电:即工业用电。船体焊接使用的电焊机需要大量的电力,另外施工场地照明,一些工具设备和仪器也需要电,如通风机、行灯照明、半自动切割机等。

· 气:主要指氧气、乙炔气、丙酮、天然气和二氧化碳等,用于钢板切割和焊接。

船舶下水后系于码头,并在码头进行剩余部分的舾装工作和系泊试验工作。因此,船体建造完工下水后还必须有足够的泊位供船舶停靠。码头上也应配置高吊和风、水、电、气的动力能源设施,这是码头进行各项工作的基本条件。

在现代化的造船厂中,船体建造在造船企业生产中的地位非常突出。在总布置设计时,首先要保证系统有足够的使用面积,此外,船厂的生产作业线应保证工艺流程顺畅,避免交叉、迂回以及协作距离过远而造成运输不便等缺点。实际上船体建造系统的布置特征,基本上体现了船厂总布置的特征。

1) 船厂厂区布置形式

船厂总布置类型大致可分为 I 形、L 形、T 形、U 形等。

(1) I 形布置。

I 形布置的船体建造工艺流程如图 1-3-2(a)所示。采用这种布置,船体建造工艺路线最简单,完全呈直线方式,其运输途径最短,而且便于各种运输工具的衔接。但是,这种布置只能在有较大的纵深或濒临水域有狭长的岸线时才能实现。

(2) L 形布置。

当厂区受地形条件限制,面对岸线的纵深较小时,则可将船体建造的车间与船台(或船坞)布置成直角或一定角度的 L 形。其船体建造工艺流程如图 1-3-2(b)所示。

采用这种布置形式时,船体建造工艺流程在分段装配焊接结束后转一个方向。只要布置好各车间和仓库设施的相对位置,配置好运输工具之间的衔接,此布置形式仍然保持着工艺流程的合理性。

(3) T 形布置。

当面对岸线纵深较小时,也可将船体建造的有关车间布置成与船台(船坞)的中央垂直的 T 形,其船体建造工艺流程如图 1-3-2(c)所示。

这种布置形式的特点是向船台(船坞)中央提供分段,可以使船台(船坞)起重机吊运分段

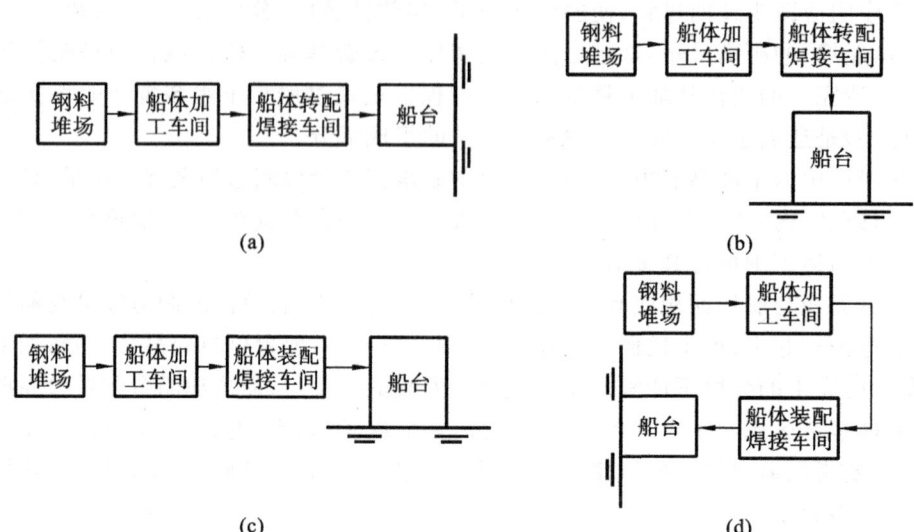

图 1-3-2　各种布置形式的船体建造工艺流程示意图

(a)I形布置；(b)L形布置；(c)T形布置；(d)U形布置

的距离最短。但是，必须解决好分段的运输方式，使它能与船台起重机衔接。

（4）U形布置。

有的厂区不仅纵深较小，而且沿岸线的长度在布置了船台后，已不能按上述三种方式布置船体建造工艺流程，有的厂区地形甚至利用岸线的全长，也无法按 L 形方式布置船体建造的整个工艺流程，此时可采用如图 1-3-2(d)所示的 U 形布置方式。

2）国内船厂总布置实例

图 1-3-3 为 I 形船厂总布置实例图，从钢材料堆场到船台（船坞）成一条直线布置，图 1-3-4 为 L 形船厂总布置实例图，其钢料堆场、船体车间与船台（船坞）布置成直角。为兼顾造船和修船的不同施工需要，舾装车间布置在船坞一侧。图 1-3-5 是另一种 L 形船厂总布置实例图，是将装配焊接完工后的分段或总段侧向运上船台进行合拢，这样可以减少起重吊运的行程，直接将各分段（或总段）送至合拢的部位。图 1-3-6 是按 T 形方式布置的一个船厂总布置实例图。为了缩短采用预舾装工艺的运输距离，管材铜工车间 5 与舾装件仓库 6 均布置在靠近船体分段和总段装配焊接区域附近。图 1-3-7 所示为 U 形船厂总布置实例图，它由放样间 2、号料区 3、船体加工车间 4、船体装配焊接车间 6 和造船船台 9 等组成 U 形船体建造工艺流程。

船厂用于船体建造的设施和装备主要有船台、造船坞、钢料加工车间、船体装配车间、车间内和露天装配场地的平台和胎架，以及各种起吊设备、各类焊机和动力能源设施等。图 1-3-8 所示为某大型船厂布置图。

2. 造船模式的内涵及演变

众所周知，舰船建造有着不同的建造方式和方法。即使建造相同的舰船，鉴于不同船厂水平各异的技术与生产条件，造船的方式和方法也不尽相同。若从建造的具体方式和方法上去寻求一种规范各个船厂的造船标准形式，无疑是不可能实现的。但是应该看到，尽管造船的方式多种多样，且难以求得形式上的统一，但这并不影响寻求对组织造船生产的基本原则和基本方式的统一。"统一"是指造船过程中用什么样的原则对其进行产品作业任务的分解，以及分解后的产品作业任务用什么样的方式重新组合。模式是指事物的标准形式，或可以照着做的

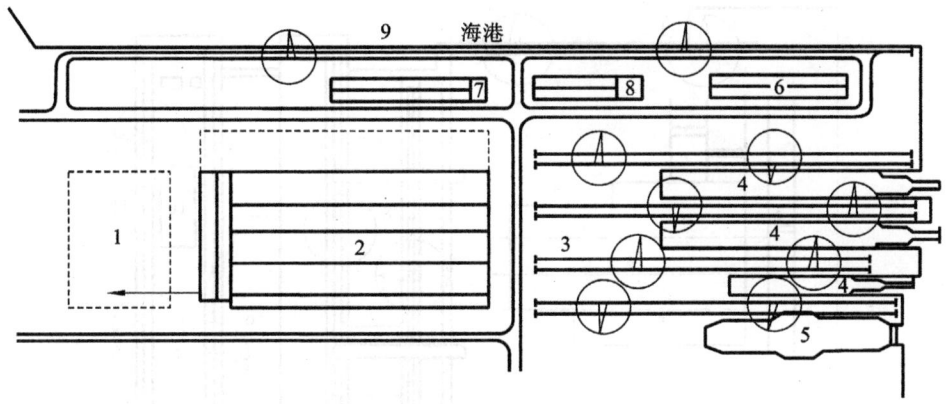

图 1-3-3　I 形船厂总布置实例图

1—钢料堆场；2—船体车间；3—电焊平台；4—船台；5—船坞；

6—船台安装车间；7—舾装车间；8—油漆车间；9—码头

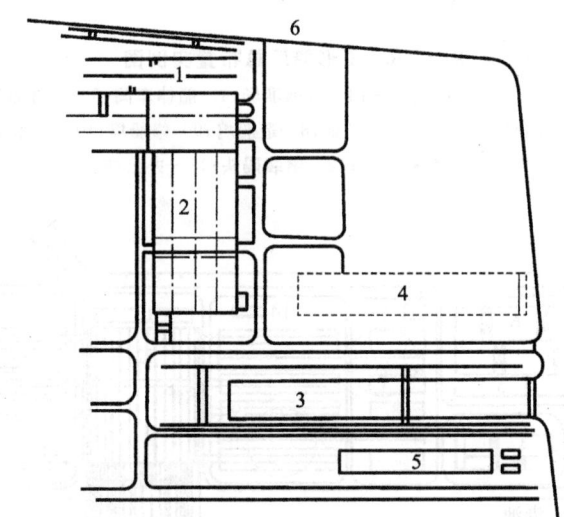

图 1-3-4　L 形船厂总布置实例图（一）

1—钢料堆场；2—船体车间；3—造船坞；4—修船坞；5—舾装车间；6—码头

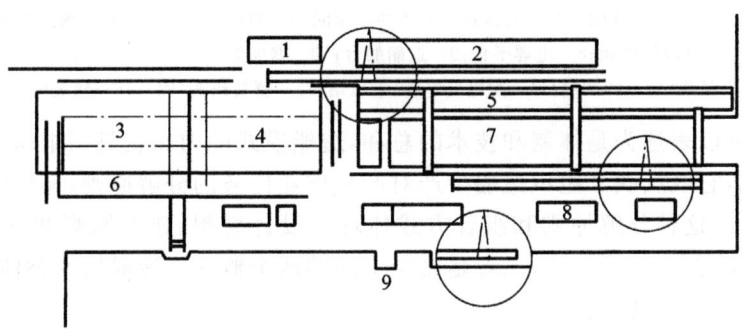

图 1-3-5　L 形船厂总布置实例图（二）

1—装配场；2—堆场；3—加工车间；4—装配车间；5—总段装配平台；

6—钢料堆场；7—造船坞；8—舾装车间；9—舾装码头

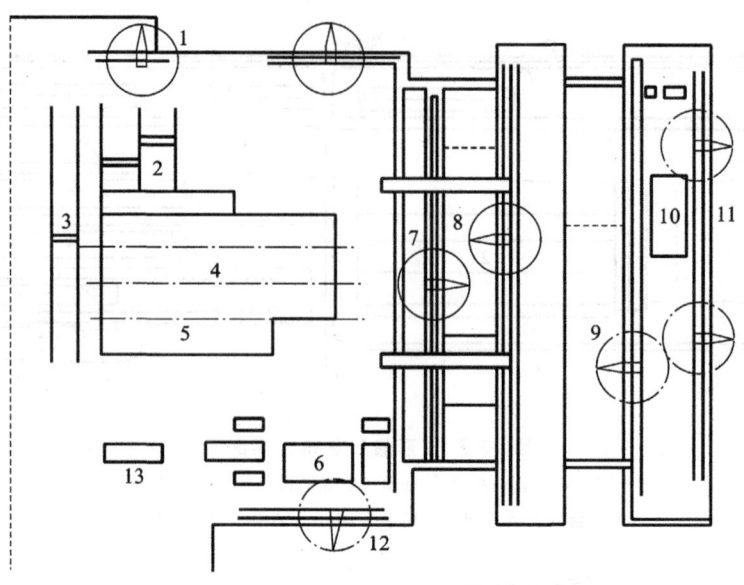

图 1-3-6　T 形船厂总布置实例图

1—钢材卸货码头；2—钢板堆场；3—型钢堆场；4—船体车间；5—管材加工车间；
6—舾装件仓库；7—总段装配场地；8—造船坞；9—修船坞；10—修船车间；
11—修船码头；12—舾装码头；13—办公楼

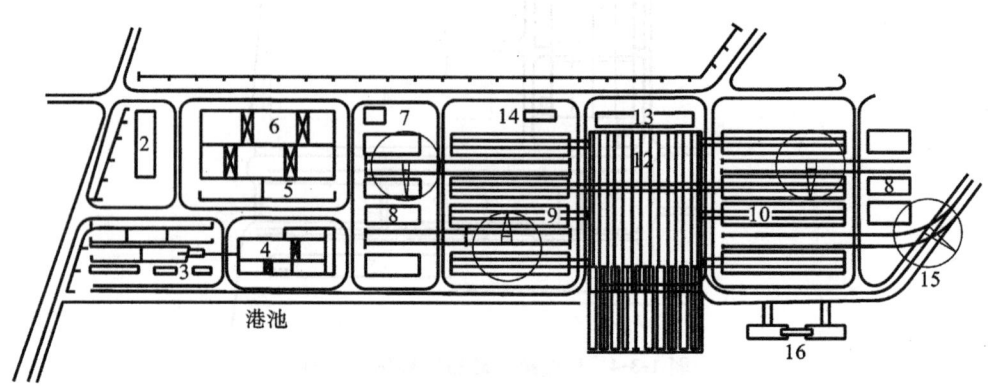

图 1-3-7　U 形船厂总布置实例图

1—钢料堆场；2—放样间；3—号料区；4—船体加工车间；5—船体零件库；6—船体装配焊接车间；
7—船体分段除锈间；8—电焊平台；9—造船船台；10—修船船台；11—横移区及下水滑道；
12—横移架；13—绞车室；14—配电变电所、空压站；15—舾装码头（固）；16—舾装码头（浮）

标准样式，或者可以表述为是体制和技术的总和，造船模式的内涵就是指组织造船生产的上述基本原则和方式，它既反映了组织造船生产对产品作业任务的分解原则，又反映了作业任务分解后的组合方式。这种分解原则和组合方式体现了设计思想、建造原则和管理思想的结合。造船模式并不反映具体造船方法，二者是完全不同的两个概念。造船模式整体、动态地表达了造船业的存在形式和活动方式。

造船总有其特定的模式，各厂有相同的模式，也会有不同的模式，但不管相同与否，总会存在一种较之另一种更有利于提高造船生产效率、确保建造质量和缩短建造周期的模式。为此，研讨造船模式的内涵就必须立足于对船舶产品如何确立其产品的作业任务分解原则和组合方

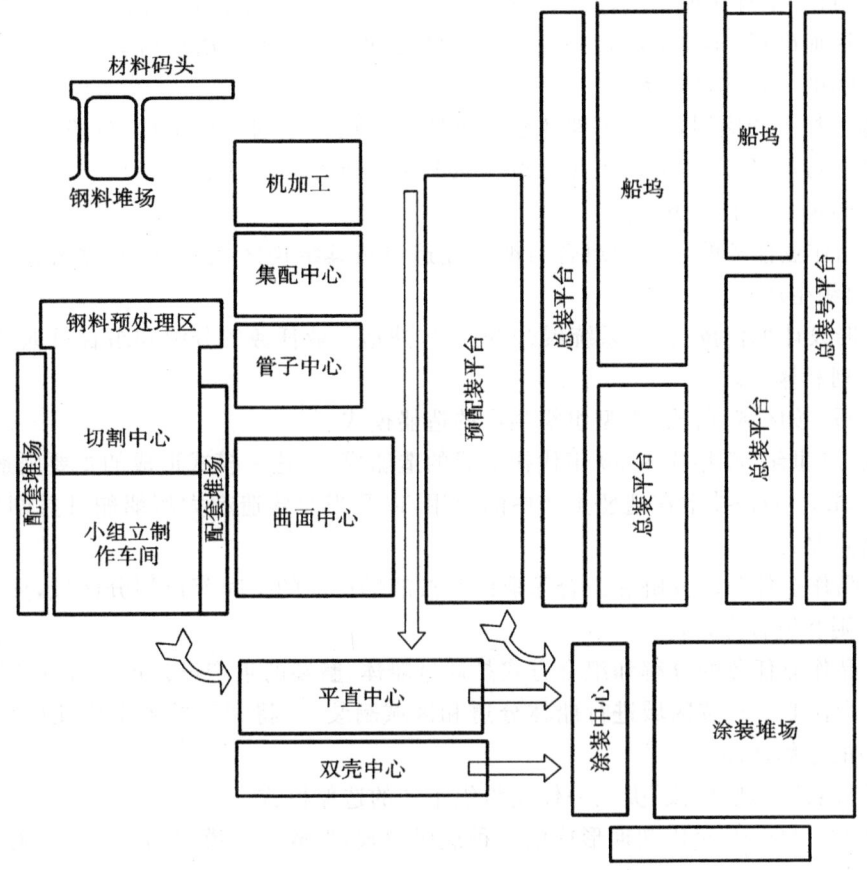

图 1-3-8　国内某大型船厂布置图

式,在分析各种类别及其差异的基础上,用科学、先进的模式规范造船厂"怎样造船"和"怎样合理组织造船生产"两个方面的首要任务。

为了适应工业和科技的进步、满足市场和战场的竞争需要、提高生产效率和改善作业环境,优化和创新造船模式是造船界永恒的主题。我国造船工业的体制调整、船厂生产组织变动和技术改造等一切工业改革活动,都是为了寻求适合我国国情的最佳造船模式。随着科学技术的进步和造船需求量的急剧增长,造船模式是不断发展、变化的,但在一段时期内又是具有一定稳定性的。回顾其演变过程,可追溯到从铆接造船年代到现在焊接造船所经历的四个阶段,形成了四种有代表性的造船模式。

第一阶段:按功能/系统组织生产的造船模式。

这一阶段的造船模式主要是为了适应铆接造船年代的生产力,其特点是:

(1)船体建造按结构功能/系统,舾装按使用功能/系统进行舰船设计和组织生产;

(2)产品的作业任务分解与分解后的组合按舰船设计的功能/系统,通过放样先船体、后舾装,由各工种按功能/系统分别在船台和舾装码头进行单件作业,直至形成具有完整功能/系统的舰船。

第二阶段:按区域/系统组织生产的造船模式。

这一阶段形成于 20 世纪 40 年代后期建造全焊接船体初期。

焊接技术在造船中的应用使船体分段建造技术成为可能。二战期间由于战时造船量的急剧增长,又促进了全焊接船与分段建造技术的应用,但由于战时建造的大批量全焊接船有1/5受到不同外因而破损,不得不经过一段时期对材料、设计、施工方法进行综合研究才真正全面推广全焊接船的分段建造技术。

分段建造技术的应用,提供了船体建造可按其结构特性划分成部件、分段,形成以区域进行流水作业的可能,同时还提供了在分段区域上进行预舾装的可能。

这种造船模式具有如下特点:

(1)产品作业任务的分解和组合对船体建造可按其结构区域划分,而对舾装仍按其使用功能/系统组织生产;

(2)舰船设计虽仍按功能/系统展开,但船体建造作业任务的分解和组合可通过船体生产设计加以规划和体现。

第三阶段:按区域/阶段/类型组织生产的造船模式。

这是在20世纪50年代末60年代初形成的造船模式,这一模式形成的主要因素是由于成组(group technology)技术在造船生产中的应用,以及当时建造超大型船舶日益剧增的需求。该模式的特点是:

(1)产品作业任务的分解和组合采取的是按船舶产品的空间部位划分区域,分阶段、按类型的分解原则和组合方式;

(2)产品作业任务的分解和组合方式是通过船体、舾装的生产设计加以规划和体现的;

(3)生产作业方式按区域进行船体分道和区域舾装,并将完工的各个作业区域相互组合以形成完整的船舶产品。

第四阶段:按区域/阶段/类型一体化组织生产的造船模式。

这是在20世纪70年代初期形成的一种造船模式,形成这一模式的主要因素有:

(1)超大型油船的舱内外涂装工程的日益增多及其要求的不断提高,促使涂装从舾装作业中分离出来,形成独特的涂装生产作业系统;

(2)系统工程技术与电子计算机技术在造船中广泛应用;

(3)超大型船舶需求急剧增长。

这一造船模式的特点是:

(1)产品作业任务的分解和组合,除了按区域/阶段/类型的分解原则和组合方式外,更体现船体建造、舾装、涂装三大作业系统的相互结合;

(2)产品作业任务的分解与组合,是通过船体、舾装、涂装的生产设计加以规划和体现;

(3)舰船设计、造船生产与生产管理相互结合,并通过生产设计融为一体。

尽管从20世纪70年代后期开始,世界造船的需求一直处于极不景气的状态,但船舶市场的激烈竞争仍使这一种造船模式沿用至今,而且业已被国内外造船界公认为当今最先进的造船模式。当然,随着当代科学技术的进步和世界造船需求的变化,还会形成更为科学、更为先进的造船模式。

概括起来,造船模式的发展经历了整体制造模式、分段制造模式、分道制造模式和集成制造模式几个阶段,这个演绎过程是技术和经济紧密结合的创新过程,每一个模式的形成都是由于引进某项新的主导技术,建立一种新的生产函数,将生产要素和生产条件的新组合引入生产体系。其过程如同整个制造业一样,都是以"技术为中心"发展的。在21世纪将形成的造船模式是灵捷制造模式,该模式的核心是"以人为中心"的智能化的发展。全球造船模式的转化,充分体现了技术的趋同性,即不随地域影响而趋于相同,显示了造船技术的发展规律。造船模式的具体发展过程见表 1-3-1。

表 1-3-1　造船模式的发展过程

发展阶段	传统造船工业		现代造船工业		未来造船工业
生产模式	整体制造	分段制造	分道制造	集成制造	灵捷制造
促导技术	铆接技术	焊接技术	成组技术	信息技术	智能技术
工程状态	船体散装 码头舾装 全船涂装	分段建造 先行舾装 预先涂装	分道建造 区域舾装 区域涂装	船体建造、舾装和涂装一体化	动态(虚拟)组合 建造过程仿真 全面模块化、数字化
管理特性	以"系统"为导向分解造船工程;按"库存量"控制生产过程	以"系统/区域"为导向分解造船工程;按"系统/区域"的"库存量"控制生产过程	以"中间产品"为导向分散专业化生产;按"区域/类型/阶段"的"库存量"控制生产过程	以"中间产品"为导向分散专业化生产;按"区域/类型/阶段"的"流通量"控制生产过程	模块导向的分形生产组合的动态耦合;造船与运营全过程的瞬态监控
船厂类型	劳力密集;大型厂数万职工	劳力密集;大型厂万名左右职工	设备密集;大型厂千名左右职工	信息密集;大型厂千名以下职工	知识密集;大型厂数百或百人左右职工
关键技术	人工放样技术;切割、成形、装配技术;管加工技术;铸、锻、热处理和机加工技术;机电设备和系统的安装调试技术	造船 CAD/CAM 和 CIM 技术;NC 切割技术;型材、管件和分段的机械化制造技术;物资(含"中间产品")采办和托盘集配技术;造船精度控制技术;编码和区域造船技术		舰船产品模型数据交换标准;舰船产品和制造过程一体化数据环境技术;分布式集成虚拟制造技术;全方位建模和仿真技术;并行工程和快速样件技术
典型装备	小型吊车(辅助船台装配);实尺放样台;通用剪切和压力加工设备;通用气割和小型焊接设备;通用机加工和铸锻设备	大型起重设备(辅助分段合拢和舾装);计算机辅助数学放样;钢材预处理流水线和专用 NC 切割设备;管、型材和平面分段加工、装焊流水线;涂装房和机器人;全厂一体化的计算机集成制造系统;IHOP 的综合车间		全厂、全国甚至全球的计算机信息联网基础设施;无纸化、全数字化的高自动化生产设备;具有预防功能的智能化生产过程监控设备;环境可控、防污染的船坞和厂房

现代造船模式是先进造船体制和先进制造技术的总称,就是以统筹优化理论为指导,应用成组技术原理,以中间产品为导向,按区域组织生产,壳舾涂作业在空间上分道、时间上有序,实现设计、生产、管理一体化,均衡连续地总装造船。

现代造船模式具有四项基本特征:一是生产组织上由单一工种转化为混合工种组织;二是生产管理上由库存控制转化为流通控制;三是生产空间上组建分道建造流程;四是生产时间上

实现壳舾涂一体化作业排序。其根本标志是先进的舰船产品、高效的生产效率和良好的经济效益。

现代造船模式是一个完整的生产体系，其目标是贯彻以中间产品为导向的建造策略，这是造船业发展的必然趋势，同时也是我们努力发展的方向。

3. 船舶建造的发展趋势

目前，船舶建造工艺技术的发展趋势主要有：低碳高效的船舶生产技术、绿色造船技术、数字化造船技术和智能化造船技术。

1）造船的高效化

高生产效率造船：巨型总段、大型单元、舾装单元流水线、激光或电感应加热外板成形曲面分段流水线、船体结构机器人焊接和高效焊接技术等。

低资源消耗造船：不设置中间堆场的船厂生产流程、造船活动前移与并行、先焊法兰后弯管等加工工艺。

2）造船的绿色化

绿色造船是对生产资源利用率最高和对环境影响最小的船舶制造技术。造船时船厂负有环境保护的责任；船舶营运中必须减少对海洋的污染；船舶报废后，绝大部分材料能再利用。绿色造船包含"绿色船厂"和"绿色船舶"两个方面。

"绿色船厂"特征：对材料和能源的使用效率很高，充分利用钢材；气态、液态和固态的污染物排放很少；改善壳舾涂作业环境，达到流程顺畅。

"绿色船舶"特征：在造船和用船中采用环保的设计、无害的材料、高效的工艺和防污染设备等，"减少"物资和能源的消耗以及对陆海环境污染；在船舶维修时，零部件可方便地分类回收，并"再循环"使用；当船舶退役时，使绝大部分材料能被"重新利用"。

全面实现船体加工和装焊的自动化，提高钢材利用率；以单道焊替代多道焊，减少焊接烟弧对环境的污染；无排放的钢材预处理和涂装技术；密闭的造船场所，对密闭空间进行空气滤清等。

3）造船的数字化

数字化造船的目标是使用计算机系统精确定义造船的全过程，以电子工艺图表的形式规定所有的壳舾涂作业和系统试验任务以及执行该任务的生产资源与操作方法。然后，将一体化的工艺图表发布到含分包商在内的所有施工部门。为此，数字化造船中制造部分的数据库必须存储，解决方法的历史数据、相互关系的逻辑数据、所有各方的能力数据等要实时更新。

数字化造船要进行"船舶"和"船厂"的三维建模，以便在设计时使用船厂的 3D 环境制成工艺过程、作业计划、机器人操作、NC（数控切割）模拟和物流仿真。生产前，在计算机中模拟船舶每条切割缝、装配缝和焊接缝作业，获取相关技术数据和管理数据。

4）造船的智能化

随着造船技术的发展，必将出现与之相适应的大量智能化软件和智能化硬件。

我国正在开发船舶数字化智能设计系统，该系统以我国造船界使用的国内外主流软件系统为基础，内容包括数字化样船库、实海域耐波性预报系统、结构分析系统、资源消耗控制系统、建造精度控制系统、智能化系统和可视化演示验证系统。它将融合各学科、各专业的最新成果，对船舶的设计和建造做优化处理。

我国自主开发的管材加工软件能将国内外多型软件系统，转换为统一的管材加工车间数字化制造和管理格式。管材定长切割生产线能自动识别管件，并将它们分别输送至不同的后续工位。管法兰焊接设备能适应椭圆度较大的管材与法兰的焊接。肋骨冷弯机和弯板机能根据被弯型材和板材的实际特性和成形目标设定数控程序和参数。

5）造船的全球化

全球经济一体化是指产业结构在世界范围调整，生产要素在全球范围内流动，因超越国界配置生产资源，而形成统一的发展态势、进程和结果。其主要特征是"异地并行、无缝整合"，"异地并行"旨在获取总装效率最大化（采用巨型总段、巨型舾装单元）和造船成本最小化（船舶组件的加工园区、跨国生产船舶分段），依靠全面模块化和制造数字化实现船舶建造全过程在技术上和时间上的"无缝整合"。

思　考　题

1. 简述舰船建造的特点。
2. 现代造船工程由哪几部分组成？
3. 简述舰船建造的基本过程。
4. 简述造船模式的发展过程及现代造船模式的特征。

第2章   造船生产准备与船体放样

2.1   生产技术准备

生产技术准备是为满足舰船开工及开工后连续生产必须具备的生产、技术条件所进行的一系列准备工作，即生产要素的准备。生产技术准备工作是一项全系统（涉及设计院所、工厂内部各职能部门、各施工单位）、全过程（从承接合同、舰船建造、试验交付至售后服务）、全方位（包括合同、图纸资料、资金、物资配套、技术工艺准备、工装设备、劳动组织及建造场地安排等）的综合性管理工作。生产技术准备工作流程见图 2-1-1。

生产技术准备工作的依据是工厂三年滚动计划、年度生产计划和承接的舰船建造合同。编制先进和切实可行的建造方针是生产技术准备工作的关键。做好工艺技术工作是生产技术准备的基础。准确、及时、保质保量地做好舰船建造大节点的物资供应是生产技术准备工作的重点。

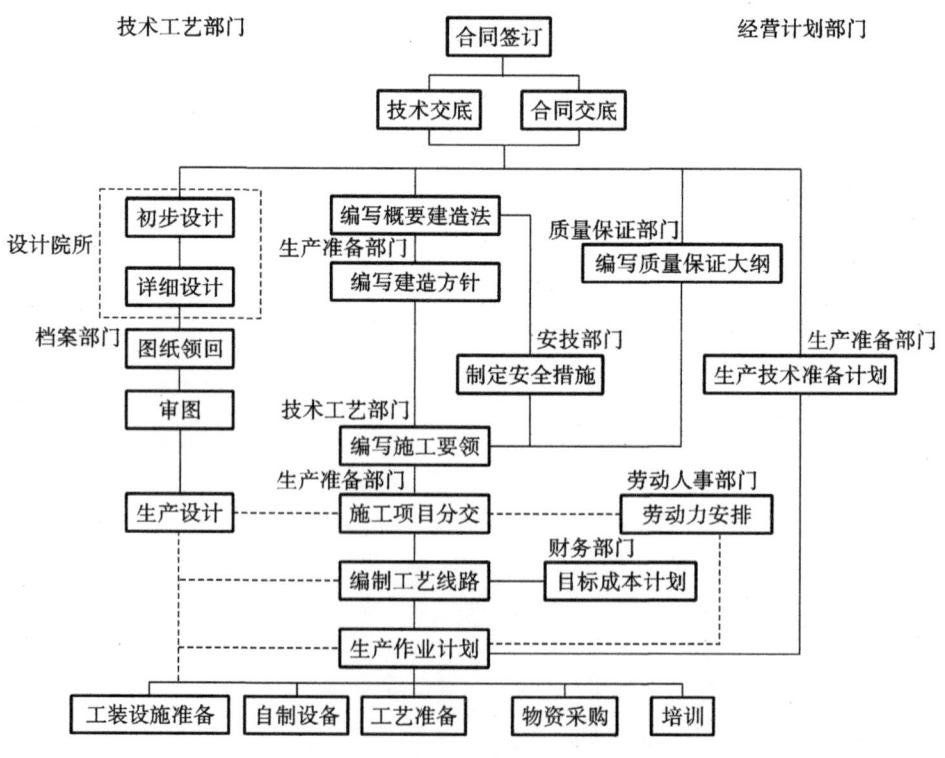

图 2-1-1   生产技术准备工作流程

1. 技术准备

舰船建造的技术准备工作一般由产品设计、生产设计和生产计划三部分组成。其中,产品设计解决"造什么船"的问题;生产设计解决"怎样造船"的问题;生产计划则是解决"如何组织造船"的问题。第一部分主要由设计院所承担;后两部分主要由船厂及其他一些相关单位承担。

概括来讲,船厂的技术准备工作主要由以下内容组成。

1) 合同与技术交底

合同签订后,按生产技术准备计划要求,以经营计划部门为主,技术部门为辅,组织生产、供应、质量保证、财务、劳动人事、施工单位等部门进行合同和技术交底,必要时,也可由经营计划部门和技术工艺部门分别组织。

合同交底时,经营计划部门应说明合同要点、工程内容构成、建造周期、军方意向等合同背景情况以及工厂经营方针和承接舰船的建造特点。

技术交底时,技术工艺部门除介绍所承建舰船的技术状态、性能、设备、技术要求等常规内容外,还应着重介绍特殊性能、特殊技术、特殊工艺、特殊标准等的谈判情况和内容。同时还要按生产技术准备计划要求对舰船建造的技术工艺、供图纳期计划发表意见。

2) 图纸和技术文件管理

技术工艺部门是舰船建造的技术管理责任单位,主要职责是与设计院所签订施工设计合同和配合经营计划部门签订供图协议及图纸回厂后进行技术状态审核的工作,协助图纸档案部门做好图纸回厂的催交。档案部门做好图纸回厂的催交、收发、保管、借阅工作。

3) 编制建造方针

建造方针是生产技术准备工作和施工建造工作的总纲,在生产设计、工艺技术、计划管理、物资采购、中间产品制造、总装建造、质量、安全、成本等一系列环节中起着指导作用。编制建造方针时,针对舰船建造的工艺技术特点,结合工艺设施、场地、工艺习惯、技术素质的具体情况,对有关部门提出明确的目标和要求。因此,建造方针以管理为重点,融技术工艺、生产、管理于一体,用最经济、最合理的方式建造舰船。

建造方针由生产准备部门主持编制,并组织技术工艺、质量保证、施工等部门评审通过,经主管技术的厂领导审核,驻厂海军代表认可,主管生产的副厂长批准生效。

编制建造方针的主要依据是:①建造合同;②工厂的能力和状况;③工厂近期的技术改造和发展规划;④工厂在承接建造任务阶段所编制的"概要建造法"。

建造方针的主要内容有:合同概要、主要技术参数和主要物量、基本方针(总要求)、部门方针(部门要求)等。其中基本方针是舰船建造方针的中心内容,应做到职责分明,施工建造和组织关键线条清楚,重点突出,保障措施得力,且具有可操作性。基本方针主要包括:①建造法;②生产技术准备;③建造质量管理;④技术措施和专用工艺装备;⑤建造场地的布置;⑥生产管理;⑦成本控制与资金管理。

4) 编制质量保证大纲

编制建造方针后,质量保证部门应根据舰船建造合同要求以及相关图纸、文件资料,组织制定质量保证大纲,作为工厂质量保证文件的细化和补充,与质量体系文件具有同等效力。

5) 三维设计

生产设计以三维设计为基本手段,以数据库为基础,以计算机网络为平台,生成船体工作图、零件表、管路安装图、小样图、各类托盘表、汇总表和清册等施工图表,并与造船模式相适应。

6）施工工艺文件编制

技术工艺部门编制的施工工艺文件和设计院所提供的经工厂技术工艺部门审查确认的施工工艺文件是指导施工的依据。

技术工艺部门按照建造方针的要求和确定的建造方法与程序，以详细设计图纸和技术文件为依据，编制各类技术工艺文件，提供给生产管理部门和施工单位。施工工艺文件应编制施工作业的基本工艺步骤，明确作业的顺序、方法、特殊的施工注意事项、施工安全保障措施和技术要求。

一般情况下，应编制的施工工艺文件有：①船体施工工艺文件；②轮机安装工艺文件；③管系舾装工艺文件；④电装施工工艺文件；⑤内舾装工艺文件；⑥涂装施工工艺文件；⑦专题施工工艺文件。

7）工艺路线编制

编制舰船建造工艺路线的目的是将建造的施工工序和施工项目等生产要素分解到各职能部门或施工单位。工艺路线和施工项目是施工的依据，必须对工艺路线的编发工作进行规范管理。

8）计划管理

计划管理主要由以下几部分组成。

（1）生产准备计划。

包括：生产大节点计划、技术攻关项目计划、工装和工夹模具计划、安全计划及人员培训计划与劳动组织计划等。

（2）生产计划。

由生产准备部门编制，依据工厂的中、长期规划、三年滚动计划、工厂现有资源配置及技术改造、建造合同、在建产品生产进度等进行综合平衡。生产技术准备计划由年度、季度、月度计划组成。

所谓生产设计是在产品设计的基础上，按工艺阶段、施工区域和单元绘制含有工艺技术要领和生产管理数据的工作图表以及提供施工信息的设计过程。它可以获得建造所必需的工艺、管理、质量和成本控制等完备信息，是产品设计与现场生产的联系纽带。

生产设计前必须进行一定的技术准备工作，具体是：①设计院所必须提交的图纸有：船体型线图、设备样本（或图纸）、设备布置图、系统图、基本结构图、分段划分图、分段图、建造工艺原则、技术规格书和材料、设备清单等；②设计院所提交相应的三维模型文件。三维模型必须满足光顺要求，并通过使用方代表的认可。三维结构模型必须和分段图保持一致，零件结构的尺寸必须与材料规格匹配，并按材料规格进行合理划分，以利于零件的加工成形和提高材料的利用率；③生产准备部门提供建造方针和生产设计节点；④物资供应部门提供设备样本（含设备的重量、重心、接口和电缆出口坐标及安装要素等）。

我国当前的生产设计分为四个部分，即船体生产设计、船装生产设计、机装生产设计和电装生产设计。各部分虽有自己的工作内容，但其工作目标是一致的，即

（1）决定建造方法；

（2）制定施工要领；

（3）绘制工作图表；

（4）编制管理图表。

生产设计的成果因专业而异,就船体生产设计而言,具体表现为:

(1) 船体结构工作图表,包括分段工作图及零件编码、零件表、重量重心计算表等。

(2) 施工辅助作业设计,包括吊环、临时加强、脚手架、工艺孔等。

(3) 管理图表,包括工作量统计、工艺项目划分、工作日程、检验项目等。

生产设计中有几项关键工作必须重点把握好:

(1) 生产设计编码。

造船生产设计编码是通过对设计、工艺、管理三个领域内的有关要素特征进行分析而建立起来的。主要由船体生产设计编码系统和舾装生产设计编码系统组成。推行生产设计编码是发展生产设计技术、加快生产设计信息传递速度、电算化处理生产设计信息的一项重要改革,编码体系的建立能够使船厂的生产、经营和管理发生根本性的变化。

船体结构编码按照船体建造作业流程、作业方法标识,与船体分道作业相一致。除起到按传统零件号辨别的作用外,还能表示该零件所属的分段、组合件、部件的范围,并可知道该零件的加工方法、安装阶段和工艺去向等。这样,工人一看编码就知道要"做什么""怎么做"以及"由哪道工序完成"。

舾装件编码较之船体结构编码复杂,是按照舾装件空间区域标识,与舾装区域作业方法相一致。可以表达所需或推荐的安装阶段、安装场所和安装顺序,使得舾装作业变得简单。工人不需掌握舾装件的相关知识,只需知道编码与图纸所示舾装件之间的对应关系,把实物件代码与托盘材料表中的代码对应起来,并按图纸准确就位即可。

建立编码体系后,还要进行后续的培训工作,使得设计人员懂得按编码设计,管理人员通过编码去管理,施工人员懂得按编码作业。

(2) 托盘管理。

"托盘"指的是用于某项舾装工作的一整套舾装件,是主要的舾装统计单元,相当于船体建造中的分段。托盘设计过程是生产设计对舾装工程分解的过程。托盘是按区域、阶段、类型划分,并遵循"不跨作业阶段、不跨作业地点、不跨作业单位"的原则,同时又必须考虑托盘在舾装工程中重新组合的合理性,以使复杂的综合生产过程在空间上分道,在时间上有序。

托盘管理是舾装工程生产设计的结果。造船舾装工程是通过托盘的运动(物的运动)、安装作业者位置的变动(安装区域的变化),提供托盘作业量的合理设计及相关信息和资源的保证,以实现作业者连续不断地按一定节奏进行舾装作业。这种人与物都做相应运动的舾装工程的准流水线作业方式即托盘管理。

托盘管理的重点在于"托盘",具体讲,"托盘"有两层含义:一方面作为一种作业单位(即工作量),具有传统工艺项目的功能,其划分要求与建造方法、管理方法要相适应。对工人而言,只要把"托盘"中的东西装完,工作就告结束,不用顾及系统的功能如何;另一方面,又是一种资材集配单位(即实物量),具有传统的安装功能,其划分要求与物资采购计划、生产活动计划要相一致。托盘管理部门按计划管理表所示的相同安装阶段、相同安装场所来组织集配。托盘按计划要求送到生产现场,工人施工十分方便,工作效率也就大大提高。

(3) 节点管理。

所谓节点管理是指将企业计划目标层层分解为节点目标,通过生产管理部门对工程部门的检查、调整与控制,以及通过下级部门的实施、反馈与控制,共同保证企业计划目标实现的一种有效的计划管理。可以说,节点管理是计划管理的精髓,能较好地解决传统计划管理中管理幅度与层次的矛盾问题。

目前节点管理的基本做法是：根据工厂经营合同的要求，编制三年舰船产品主要节点的滚动计划，以指导各个部门的工作。各个部门再根据主要节点计划及实际情况编制部门的主要节点计划。如：设计部门的出图计划、工程部门的大、中日程计划。而各个区域及各个基层，则要排出小日程计划及双周滚动计划（有的甚至是单周滚动计划）。通过计划的层次分解，节点的层层落实及反馈控制，来保证计划目标的实现。这是根据近几年来出现的人员相对减少，任务相对繁重而总结出的一种行之有效，且较为成熟的节点计划管理方法。

2. 生产准备

生产准备这里主要指物资器材、人力资源以及其他建造前一些相关事宜的准备工作，涉及内容比较广泛，主要包括：施工项目分交、专用工装准备、自制设备管理、物资采购管理、开工条件落实、劳动生产组织以及技工培训等。

1）施工项目分交

在开工前，由生产准备部门负责组织经营计划、技术工艺、财务、技术档案、物资供应等部门和施工单位参加的分交会，进行施工项目分交。

2）专用工装准备

专用工装准备指在舰船建造中进行加工、装配、调整、试验和检验所必须配备的专用设施及工模夹具的立项、设计、制造、购置、检验、保养、修理等工作。

3）自制设备管理

舰船建造过程中由工厂内部加工制造的设备、舾装件称自制件。自制件在加工制造中需其他施工单位协作的零部件称完整件。自制件和完整件在厂内统称为自制设备。

潜艇建造中的自制件、完整件按建造阶段分为：分段完整件、上船台完整件、泵水前完整件、下水前完整件和离厂完整件五类。

4）物资采购管理

舰船建造所需物资的采购依据是技术工艺部门提供的材料、设备订货清单和主要材料、设备订货技术规格（协议）书；生产准备部门下达的生产进度纳期计划；经营计划部门下达的目标成本控制范围；工艺线路确定的材料工艺定额；质量保证部门认可的合格分承制方厂家或海军指定的供应方。

5）开工条件落实

舰船建造工程正式开工前，由生产副厂长主持，生产准备部门组织召开生产技术准备状态检查会议，确定是否符合开工条件。

舰船建造开工必须具备的条件主要有：

（1）主要机电设备、材料及自制件、完整件等订货已落实。钢材到厂复验合格且已进行预处理，能满足施工需要，并能保证连续生产及大节点进度；

（2）施工图纸及技术工艺文件的编制能满足施工需要；

（3）大型锻件已订货，能满足施工进度要求；

（4）开工前其他生产技术准备工作基本落实，有关施工的安全措施已具备；

（5）施工单位已做好必要的技术工艺、施工设施和劳动组织的准备，包括场地、设备、人力、图纸、物资、专用工装、船台设施等；

（6）自制件、完整件等舾装件已开工制造。

6）劳动组织计划与人员培训

劳动人事部门根据全厂劳动力负荷情况推算主要工种的劳动力需求，制定劳动力调整和充实计划。

造船厂教育技术中心编制技术培训计划，组织技术工种和特殊工种进行培训并进行考核。

2.2　船 体 放 样

船体放样是指根据设计部门提供的型值表、理论肋骨型线图以及其他结构图，绘制或计算出实尺船体结构型线的工艺过程。放样将设计资料转化成为可直接用于施工建造的信息，它是造船生产流程中的首道工序，虽然工作量与整个造船工作量相比甚小，但却是相当复杂和精确的工作，直接影响到以后各道工序乃至最终产品的质量。

1. 船体放样内容及方法

船体放样是将原设计绘制的设计图（型线图、结构图），按一定比例进行型线三向光顺，并将其构件进行展开，以求得符合设计要求的船体结构真实形状和尺寸，作为船体构件下料、加工和装配的依据。

由于船体表面是光顺的曲面，这就要求放样后的船体线型也一定是光顺的。因此，船体放样的目的不仅仅是将设计图放大（手工放样时为 1：1，1：5，1：10 等），更重要的是将设计图上因比例限制（一般为 1：100，1：50）而隐匿的型值误差和曲线（面）不光顺因素予以消除，对型线进行光顺；此外，由于设计图中除了主要尺寸外，其他尺寸和数据是不太完善的初始数据，结构图样中也不可能将船体构件的准确位置一一标明出来，因此，在船体放样时还要补充设计图中尚未完全表示出的内容；并依据放大光顺的图样求取船体构件的真实形状和几何尺寸，为后续工序提供施工资料（样杆、样板和草图等）。由此可知，放样既是设计意图的体现与完善的过程，又是产生后续施工依据的重要环节。

无论是造船或其他工业生产中，都少不了用金属板制作各种几何形体的制品，如柱体、锥体、球体、箱体等各类工件。它们都可以通过准确的作图步骤和选取不同的展开方法来求取。在造船工业生产中，尤其是船体的舾装件，往往类似有上述不同的几何形体件，如带缆柱、桅杆、通风管、排气管和各种箱柜等。它们必须在几何作图的基础上，采用几何体展开的各种方法，才能准确、简洁地进行展开。因此，全面掌握几何体放样的技能，可为船体放样打下良好的基础。

船体放样常用的方法有手工放样和数学放样。手工放样包括按 1：1 比例绘图的实尺放样和按 1：10 或 1：5 比例绘图的比例放样，比例放样的优点在于能减少放样台面积，降低放样工作劳动强度，其放样方法与实尺放样一样，只是所用的绘图比例、放样工具和技术要求有所不同。数学放样则是用数学方程定义船体型线或船体型表面，建立数学模型，借助于电子计算机完成船体放样。

1）船体放样的主要内容

（1）船体型线放样。

①理论型线放样根据设计部门提供的理论型线图和型值表进行型线放样，以获得船体的准确、光顺的三向型线图（纵剖线图、半宽水线图和横剖线图），作为船体肋骨型线放样的依据，如图 2-2-1 所示。

②肋骨型线放样为表达船体每挡肋位肋骨横剖线的形状和船体内部结构状况，在理论型

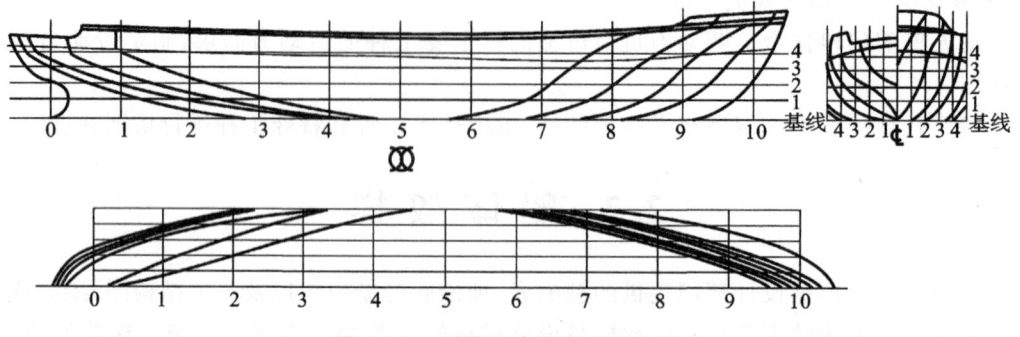

图 2-2-1　型线图在样台上的布置

线放样的基础上,按实际肋骨间距在纵剖线图和半宽水线图上插入肋骨线,根据三面投影关系,在横剖线图上得到每挡肋骨型线,即肋骨型线图,作为船体构件线放样及船体建造的依据。

(2)船体结构线放样。

在肋骨型线图上,按基本结构图、中横剖面图、外板展开图等有关图纸绘出甲板、平台、内底板、纵舱壁、肋板、纵桁材、外板接缝线等结构的理论投影线,作为构件、外板展开和加工制造的依据,如图 2-2-2 所示。

图 2-2-2　结构线放样后的肋骨型线图

（3）船体构件和外板的展开。

根据肋骨型线图所确定的构件线和外板的接缝线,按分段结构图和外板展开图等,进行船体构件和外板的展开,求得构件和外板的准确形状和尺寸,据此绘制草图及制作样板。

所谓船体构件展开,就是将投影图上不能表示出实际形状的船体构件(主要指外板和纵向构件)展成平面而求出其真实形状和尺寸的工艺过程。生产中要在平直的钢材上下料,需要将船体构件的真实空间形状展开成平面。

空间曲面可分为可展曲面和非可展曲面两大类。将曲面展开时,若不发生撕裂或皱折,则称该曲面为可展曲面,如柱面、锥面等。反之,曲面展开时,若发生撕裂或皱折,或部分撕裂、部分皱折,则该曲面称为非可展曲面,如球面、螺旋面等。船体外板大部分属非可展曲面。对于可展曲面,通过计算或作图能精确地展开并求出其真实形状和尺寸;而对于非可展曲面,则只能用近似的方法进行展开。

构件展开的方法大致有如下几种:

①几何作图法:根据构件的投影图,利用几何投影的关系作出展开平面;

②模型法:对于形状复杂而又难以展开的构件(如轴壳板、尾部球形板等),往往先作出该部位的模型(即样箱),然后用纸覆盖在表面,再将纸摊平,即可得展开平面;

③数学展开:有两种途径:一是模仿几何作图法展开,用数学公式描述每一展开步骤,利用放样的型值数据,在计算机上进行展开计算;二是直接运用数学原理建立展开计算模型,利用放样的型值数据,进行展开计算。

用几何作图法近似展开非可展曲面的基本思想是将整体上是非可展的曲面分割成若干小三角形或小四边形,从局部看,这些小三角形或小四边形近似于平面,或者说,用局部的小平面代替整体上的曲面。根据这一思想,近似展开方法可归结为以下两种。

①撑线法:将曲面分割成若干小三角形,将这些小三角形近似看作平面并求出其形状和大小,用这些小三角形的总和代替曲面展开的形状和大小。

②准线法:将曲面分割成若干小四边形,用局部近似为平面的小四边形的总和代替整体是曲面的展开形状和大小。在展开过程中仅求出四条边长,四边形还是不能定形,必须作一准线进行几何约束,才能使展开后的小四边形定形,故此法称为“准线法”。根据准线作法的不同,又有测地线法、角尺线法、十字线法、轴线法等。其中测地线法精度最高,作法简便,应用最广;大多数船体外板均可采用测地线法来展开。

（4）提供后续工序。

用各类数据、资料,绘制各类草图和钉制各种样板、样箱,作为号料加工制造的依据。

（5）修正和整理。

修正和整理放样过程中的一些有关技术资料,放样的作业流程如图 2-2-3 所示。

2. 船体放样的准备工作

（1）图纸的准备。

由设计部门提供船体型线图及其型值表,还必须具备基本结构图、中横剖面图、肋骨型线图、外板展开图、艏艉柱结构图、船体结构理论线图、轴系布置图等。

（2）场地准备。

手工放样时必须熟悉船体主尺度,考虑造船生产进度与周期,合理安排几艘船的放样场地。

（3）工具准备。

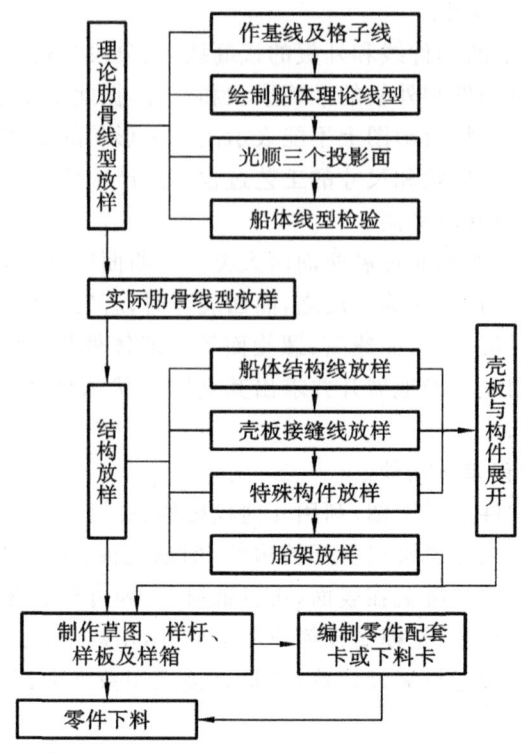

图 2-2-3　放样的作业流程

船体手工放样工具较多,主要有 30～50 m 长的钢卷尺(用前由计量部门检验)、木质、塑料或有机玻璃样条、质量与大小不同的压铁、曲线板、粉线等。

(4)材料及人员准备。

钉制样板、样箱和绘制草图所需用的材料,如木板、铁钉、纸、笔等,此外还需做好人员准备,合理调配人力。

3．数学放样

由于船体放样工作在船体建造中所处的重要地位,国内外对放样工艺的革新非常重视,随着造船技术的发展,放样已由手工放样发展到数学放样。数学放样也经历了一个逐步发展的过程。20 世纪 50 年代出现数学放样,60 年代在国外大、中型船厂中得到较普遍的应用,70 年代发展为图示放样系统,80 年代已在造船界广泛应用。近三十年来,放样工艺得到迅速发展,从过去的 1∶1 实尺放样到后来的 1∶5、1∶10 的比例放样,以及现在采用的数学放样。

随着电子计算机技术的飞跃发展,各个领域都大量应用了电子计算机。船体建造过程是一个复杂的生产过程,而且其中包含了大量的人工作业,若能利用电子计算机来完成船体建造过程中的一些工作,对降低成本,提高产品质量及船体建造技术水平都有非常重要的作用。

数学放样就是以计算机为工具,实现船体型线放样、结构线放样、外板与结构展开等各项工作,为后续工序绘图、号料、切割、加工的数字化与数控化提供了数学依据,并为造船数控流水线打下基础。计算机应用于船舶建造初期,它针对一些计算工作和某个工艺过程编制出一个个独立的程序。而目前计算机则可以设计出对船舶设计、建造、管理等进行综合处理的信息系统。其中的船体数学放样子系统已发展为具有型线放样、结构线放样、构件展开、构件样板、胎架等的生成与输出等功能丰富的数学放样子系统。

　　数学放样是造船自动化中的一个重要环节,促进了计算机辅助设计与制造的发展。由于现代船舶的制造对效率与质量的要求不断提高,计算机辅助设计和制造(CAD/CAM)在船舶制造业中得到了广泛应用。

　　由于各船厂的生产体制不同,放样工作的任务也不完全相同。同时,随着造船技术的不断发展,在数学放样全面推广后,放样工作的形式与内容将有较大的不同。但是总的来说,船体放样的任务不外乎是:理论型线放样、实际肋骨型线放样、船体构件放样和后续工序的放样保证工作等。

　　由于数学放样是模拟人工放样的过程和方法,人工放样是基础,它与数学放样有着密切的内在联系。因此,掌握了人工放样的原理和方法,是学习和掌握数学放样的基础。

　　此外,目前还有许多放样相关工作,如一些结构的展开、样板样箱的制作等,这些都要有船体放样基础。

4. 船体放样工具的使用

　　船体放样所使用的工具设备种类很多,按其用途可分为量具、工具、木作工具以及木工机械设备四大类。下面将详细介绍这些工具、量具和设备的名称、规格和用途。

　　1) 量具类

　　(1) 激光经纬仪。

　　它是一种较精密的检验仪器,在放样过程中主要用来测画格子线,这种仪器精确度高,价格昂贵,必须由专人使用、保管和定期检修保养。

　　(2) 钢盘尺。

　　钢盘尺的外形结构如图 2-2-4 所示,常用的有 20 m、30 m、50 m 几种规格,主要用于画分尺距、检验长距离线段、检查对角线等。为了保持尺上刻度示值清晰,用后要揩洗擦油,以防生锈。

　　(3) 钢卷尺。

　　常用的钢卷尺有 1 m、2 m、3.5 m 等规格,是放样人员人手一把的必备量具,主要用于量取短距离尺寸。

　　(4) 量角器。

　　量角器通常有铜质和铝质两种,其直径为 800~1000 mm,上面刻有精确度数,用于测量角度,如图 2-2-5 所示。

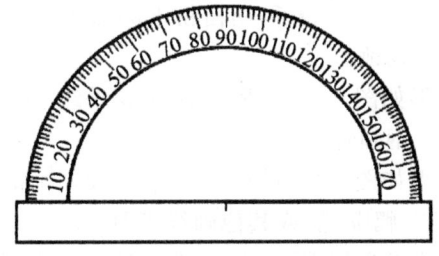

图 2-2-4　钢盘尺　　　　　　　　　　　图 2-2-5　量角器

　　2) 工具类

　　(1) 地规。

　　地规是一种比较大的画圆弧规,如图 2-2-6 所示,按木杆长度分为 1000 mm、2000 mm、3000 mm 三种规格,主要用于作垂线、分等距和画大圆弧线等。

（2）铁圆规。

如图 2-2-7 所示，常用的铁圆规有 6 寸、8 寸等规格，在放样号料时主要用于作较短的垂线或画圆弧。

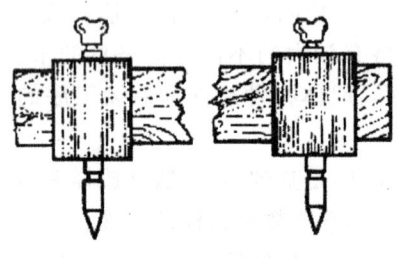

图 2-2-6　地规　　　　　　　　　　　　　　　图 2-2-7　铁圆规

（3）压铁。

压铁由铸铁制成，如图 2-2-8 所示，按质量压铁可分为 1 kg、4 kg、6 kg、10 kg 四种，用于压顺、调整样条。

（4）月牙尺。

其形状如月牙，一般用铝合金制成，如图 2-2-9 所示，用于作曲线段或圆弧线段的法线。

（5）钢直尺。

长 1～2 m，用于画直线。

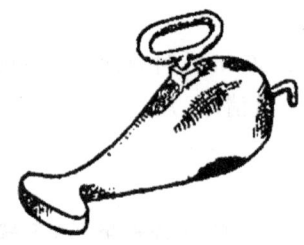

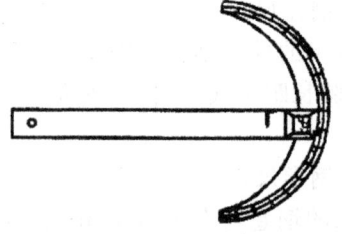

图 2-2-8　压铁　　　　　　　　　　　　　　　图 2-2-9　月牙尺

（6）铁角尺。

用于作短距离垂线。

（7）粉线袋。

装白粉末的袋子，用白粉末涂抹线绳后可弹拉出直线。

（8）线锤。

外形如图 2-2-10 所示，用于找垂线、上下引垂点等。

（9）钢画针。

外形如图 2-2-11 所示，用于分较精确的尺距。

（10）鸭嘴笔（或其他画线工具）。

如图 2-2-12 所示，用于描画各种放样型线。

（11）笔。

包括软硬铅笔、红蓝铅笔、毛笔、油画笔（在钢板上涂标记）、石笔等。

（12）广告色或油漆。

用于描画型线。

（13）样棒。

图 2-2-10　线锤　　　　　　　图 2-2-11　钢画针　　　　　　　图 2-2-12　鸭嘴笔

　　在放样时用以驳录型值的木质样棒,也称"型值棒",其规格一般是截面为 20 mm×20 mm ~30 mm×30 mm 的方形木材,其长度按实际需要而定。

　　(14) 样条。

　　样条分为木质和有机玻璃两种,木质样条由放样木工自行加工刨制,其材质选择不带节疤的红松木为最佳,也可以用柚木,有机玻璃样条应向有关生产单位定制。样条的常用规格与使用范围如下:

　　①木质样条。

　　4 mm×10 mm×(4000~5000)mm,用于攀顺大曲率曲线。

　　4 mm×20 mm×5000 mm,用于攀顺一般曲率的曲线。

　　10 mm×25 mm×(5000~8000)mm,用于攀顺缓弯曲率的曲线。

　　②有机玻璃样条。

　　2 mm×8 mm×1000 mm,用于攀顺曲率很大的曲线。

　　3 mm×8 mm×1000 mm,用于攀顺曲率很大的曲线。

　　4 mm×10 mm×(1000~1500)mm,用于攀顺曲率较大的曲线。

　　5 mm×10 mm×(1000~1500)mm,用于攀顺一般曲率的曲线。

　　3) 木作工具类

　　(1) 榔头。

　　有平头、羊角式两种,用于钉制样板、样箱或拔钉子用。

　　(2) 锯子。

　　有板锯(见图 2-2-13(a))、刀锯、拉锯(见图 2-2-13(b))、钢锯和钢丝锯等多种形式,均用于截裁木板,在使用时按不同要求选用。

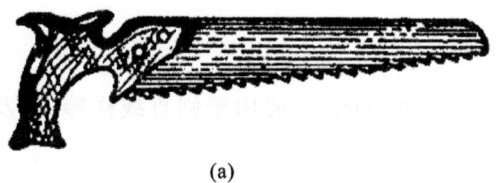

(a)

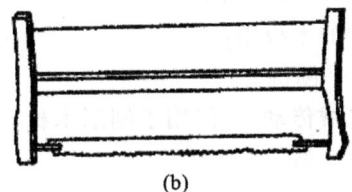

(b)

图 2-2-13　锯子

(a)板锯;(b)拉锯

（3）斧头。

如图 2-2-14 所示，用于劈削木板。

（4）木铲。

有阔、狭、扁、圆多种形式，用于铲削木板，图 2-2-15 所示木铲为平铲。

图 2-2-14　斧头　　　　　　　　　　图 2-2-15　平铲

（5）木折尺。

是木工人员必备的工具之一，用来量取短尺度或在钉制曲线样板时，用于盘沿画线。

（6）木刨。

有平刨（见图 2-2-16（a））、凸圆刨（图 2-2-16（b））、球刨、槽刨等多种形式，均用于刨削木板，在使用时应按不同加工要求选择使用。

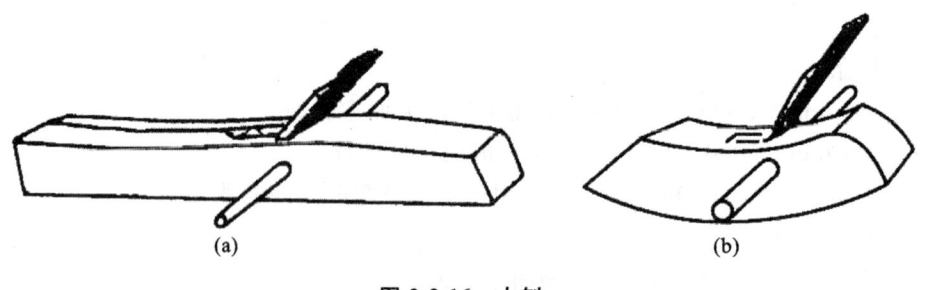

（a）　　　　　　　　　　　　　（b）

图 2-2-16　木刨

（7）木锉。

有圆锉、三角锉和板锉三种形式，主要用于在木作时修顺木板边缘。

4）木工机械设备类

（1）台钳。

如图 2-2-17 所示，用来卡紧工件。

（2）带锯。

如图 2-2-18 所示，环形钢皮锯带经机械传动循环运转来截裁一些微弯曲的样板件。

（3）圆盘锯。

如图 2-2-19 和图 2-2-20 所示，圆盘锯由电动机传动运转来截裁一些较大样板，或者开裁一定尺寸的木板条。

（4）平刨机。

由机械传动，专门用于刨削木材表面平光的一种机床，主要用于刨直线样棒，以及使样板表面平整光洁。

（5）压刨机。

用于毛坯板条的表面层刨削，使其厚度相等。

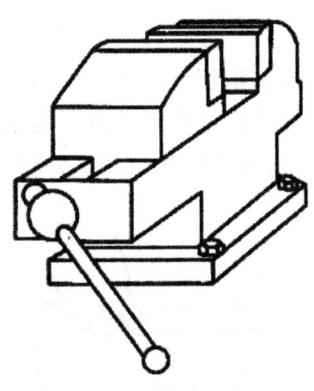

图 2-2-17　台钳

图 2-2-18　带锯机

图 2-2-19　圆盘锯

图 2-2-20　纵向圆盘锯

5. 常用放样工具基本操作方法

1）用样棒驳录型值

用样棒驳录型值一般需两人配合进行。一人在样棒一端将样棒上的基准线对准地板上所对应的位置线，另一人则将样棒上所画出的型值点刺录于地板线上，或将地板线上的型值点驳画到样棒上。应当注意的是，两人在操作的过程中应配合默契，步调一致。

2）压样条

压样条是指用样条攀顺曲线。操作时应先将样条沿曲线大概形位放置，然后将样条轻提舒展平放，使其处于自然状态，随后用手轻移样条将其对准型值点，将压铁轻轻压置于样条厚度中间，应注意将样条与地板面保持近似垂直状态，依次将所有型值点攀压成一条光顺曲线。

3）作垂线

（1）铁角尺法。

作任意直线，将角尺的一直角边沿直线放置，沿另一侧直角边缘画出直线即所作之垂线。

（2）地规法。

由两人配合操作，与用圆规作垂线的方法相同。

（3）月牙尺法。

月牙尺可用于作曲线或圆弧线的垂线。作垂线时，将两端月牙边的顶端对准曲线，中间的直线边对准垂足点，沿直线边缘画出直线即所作之垂线，如图 2-2-21 所示。

4）弹线

（1）弹粉线。

由两人配合操作，其中一人手握粉线袋，中指压粉线，另一人则缓缓拉出线头，拉到一定距离时，两人同时下蹲，使粉线尽量处于平直不下垂状态，两人用手指适当拉紧并放准两端点，由其中一人用手指将粉线往上垂直提拉弹出即可。手指缠绕压粉线的姿势如图 2-2-22 所示。

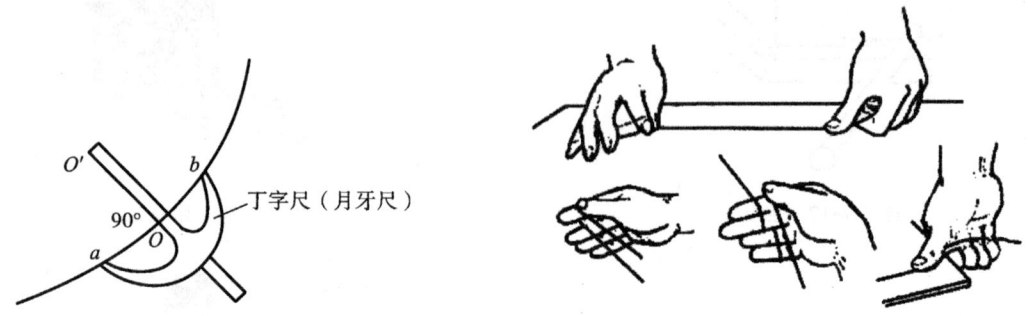

图 2-2-21　用月牙尺作垂线　　　　　图 2-2-22　手指缠绕压粉线的姿势

（2）弹墨线。

操作方法与弹粉线类似。

5）画线

鸭嘴笔画线：用鸭嘴笔画线时，应尽量使笔嘴与图面呈近似 90°，其笔杆则按画线的顺向倾斜，使其与图面呈 60°～85°夹角，如图 2-2-23 所示。

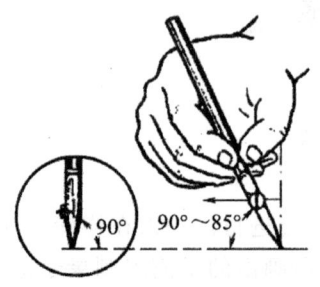

图 2-2-23　用鸭嘴笔画线

6）量值传递

（1）钢盘尺。

用钢盘尺检测数值时，也需两人或两人以上配合操作，其中一人将零值对准基准线或基准点，另一人记录或标出所需示值读数，在测量时，应使钢尺平直拉紧，不能松弛歪斜，以保证所测数据的准确性。

（2）量角器。

使用方法与在图纸上使用量角器的方法相同。

7）手工刨

在使用木刨手工刨削木板时，双手应分别抓住木刨两边的木柄，人的站立位置应与刨子处于同一直线上，且刨削时应用力适度，推刨均匀。要注意在刨削前对木板仔细检查，清除钉子之类的嵌埋硬物，否则会严重损坏刨子的刀刃。

8）手工截锯

手工锯子的种类很多，通常有条锯、板锯和钢丝锯等几种类型。在截锯木板时，人的站向位置应与木板的锯截面成近似 90°；一手紧按木板，另一手握锯子做上下往返垂直提拉，幅度随势，用力适当，反之容易使锯条断裂。

9）机械刨削

放样台上所使用的木工刨削机床，通常有平刨和压刨两种。操作这两种机床时，首先要使齿轮箱空转 30 s，以检查其运转是否正常。在操作过程中，人与机器要保持适当距离，双手推移木板时，用力随势，严禁双手靠近高速运转的刀口。工作完毕后，要随手关闭电源，同时要对机器进行保养，以延长机器的使用寿命。

10）机械截锯

放样台上使用的木工截锯机床，通常有带锯和圆盘锯两种。操作这两种机床时要注意，在开机前要先在齿条上擦一些机油，使之润滑正常后方可开机工作。在截锯木板时，板材要与锯条垂直，人与机床应保持一定距离。在做木板推移的动作过程中，用力要随势，严禁双手靠近锯条，以防意外事故发生。此外，还需要经常对转盘和锯条进行认真检查，看是否有裂痕或变形，如果有要及时校正或调换。不要使机器超负荷运转，否则会影响机床的使用期限。

11）激光经纬仪的操作

要熟悉激光经纬仪的构造及各操作旋钮的功能。经纬仪由望远镜、度盘、测微器（水平度盘、垂直度盘）、自动归零补偿器、读数显微镜、水准器（长水准器、圆水准器）、光学对点器等组成，如图 2-2-24 所示。

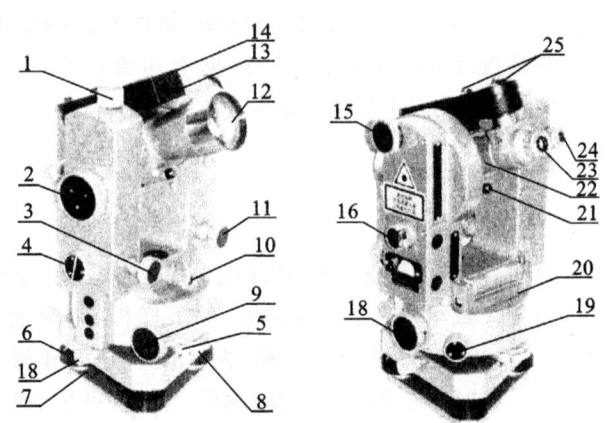

图 2-2-24　激光经纬仪

1—垂直制动手轮；2—测微手轮；3—垂直微动手轮；4—换向手轮；5—换盘手轮护盖；6—脚螺旋；
7—三角基座底板；8—换盘手轮；9—水平微动手轮；10—光学对点器；11—竖盘指标水准器微动手轮；
12—望远镜物镜；13—电池盒；14—盒盖；15—竖盘照明反光镜；16—竖盘指标水准器观察棱镜；
17—光盘照明反光镜；18—基座锁紧手轮；19—水平制动手轮；20—长水准器；
21—光学粗瞄器；22—望远镜调焦手轮；23—望远镜目镜；24—读数显微镜目镜；25—粗瞄器

初步掌握激光经纬仪的使用方法，需进行如下的基本训练。

（1）置中。

光学对点器瞄准目标点。

（2）整平。

初步整平，调整三脚架高度，观察圆水准泡是否居中；精确整平，调整三只脚螺旋，观察长水准泡是否居中。

注意:置中与整平是一个交替进行的过程。

(3)瞄准目标。

用光学瞄准器初步瞄准目标。

(4)焦距的调节。

转动目镜,将分画板十字线调清楚,转动望远镜调焦手轮,使目标影像清晰,再用十字线精确瞄准目标。

(5)水平定位。

将照准部自动手轮旋紧,使照准部不能在水平方向上转动。

(6)瞄点、做标记。

改变望远镜的俯仰位置,以竖向十字线的单线或双线为基准,瞄一系列的点,点与点之间距离的选取以方便弹线为原则。

使用激光经纬仪时必须注意,操作光学仪器各旋钮特别是锁紧旋钮时动作要轻;仪器精确整平后,在操作过程中不能再碰动仪器,否则必须全部重来。

2.3　样板与号料

船体型线放样和构件展开工作结束以后,必须将其结果通过样板、草图、投影底图、仿形图、数控加工资料等方式,转变为具有一定精度的放样资料,作为号料、加工、装配和检验等后续工序的施工依据。目前在生产中应用最广泛的是样板、草图和数控加工资料。

在没有实现数控加工的情况下,钢料加工前应根据上述放样资料,将船体构件精确的划(或影印)在平直的钢板或型钢上,并标上船名、构件名称及加工符号等,这一工艺过程称为船体号料。

1. 样板和草图

1)样板

样板根据光顺处理后的肋骨型线图或构件展开图制作,如图 2-3-1 所示。样板的种类很多,按其在生产中的用途不同,大致可分为:号料样板、加工样板、装配划线样板等。按样板的形状分类,基本上可分为平面样板与立体样板(样箱)两大类。平面样板主要用于放样展开后不宜绘成零件草图的平面零件,如梁拱、肋板、外板、舱壁、龙骨、纵桁、机座桁板等构件的号料工作,如图 2-3-1 所示。它是按照肋骨型线图上或构件展开图上所表示的真实形状,用木板条钉制而成,样板的误差不大于±0.5 mm,其中间要适当加木撑,木板与木板相重叠处不应超过两层,与钢板接触一面要平整,在长度方向要弹画出一条直线检验线。在钉制好的样板上写明船舶名称、构件名称、所属分段、材料牌号、板厚规格、号料数量、所处部位余量加放位置及大小、施工符号等。

钉制样板的材料多采用优质木材(如优质东北松木),要求木质细密,湿度保持在 12% 左右,以防变形。此外,对于数量较多的小型零件如肘板、底座等样板,因需多次反复使用,也可用薄铁皮作为样板材料。

图 2-3-1(a)和(b)所示肋板样板和外板样板,主要作为号料样板。图 2-3-1(a)为肋板样板,是典型的平面样板,用于钢板号料。它是根据肋骨型线图上的肋板大小,用松木或层夹板钉制的框形结构。曲线部分的线型要求与船体肋骨线型吻合。为了保持框形构架正确定形和

增加样板刚度,在框内需设置斜撑加强。样板钉好后对线型进行校验,同时将各结构线(如边接缝线、旁内龙骨线、水线、对合线等)划在样板上,并标注船名、分段名称、肋骨号、钢板牌号、厚度、零件号、肋板数量等各种记号,供号料时使用。图 2-3-1(c)所示甲板横梁样板,既可做画线样板,又可做横梁加工的检验样板,还可做甲板分段的安装样板。

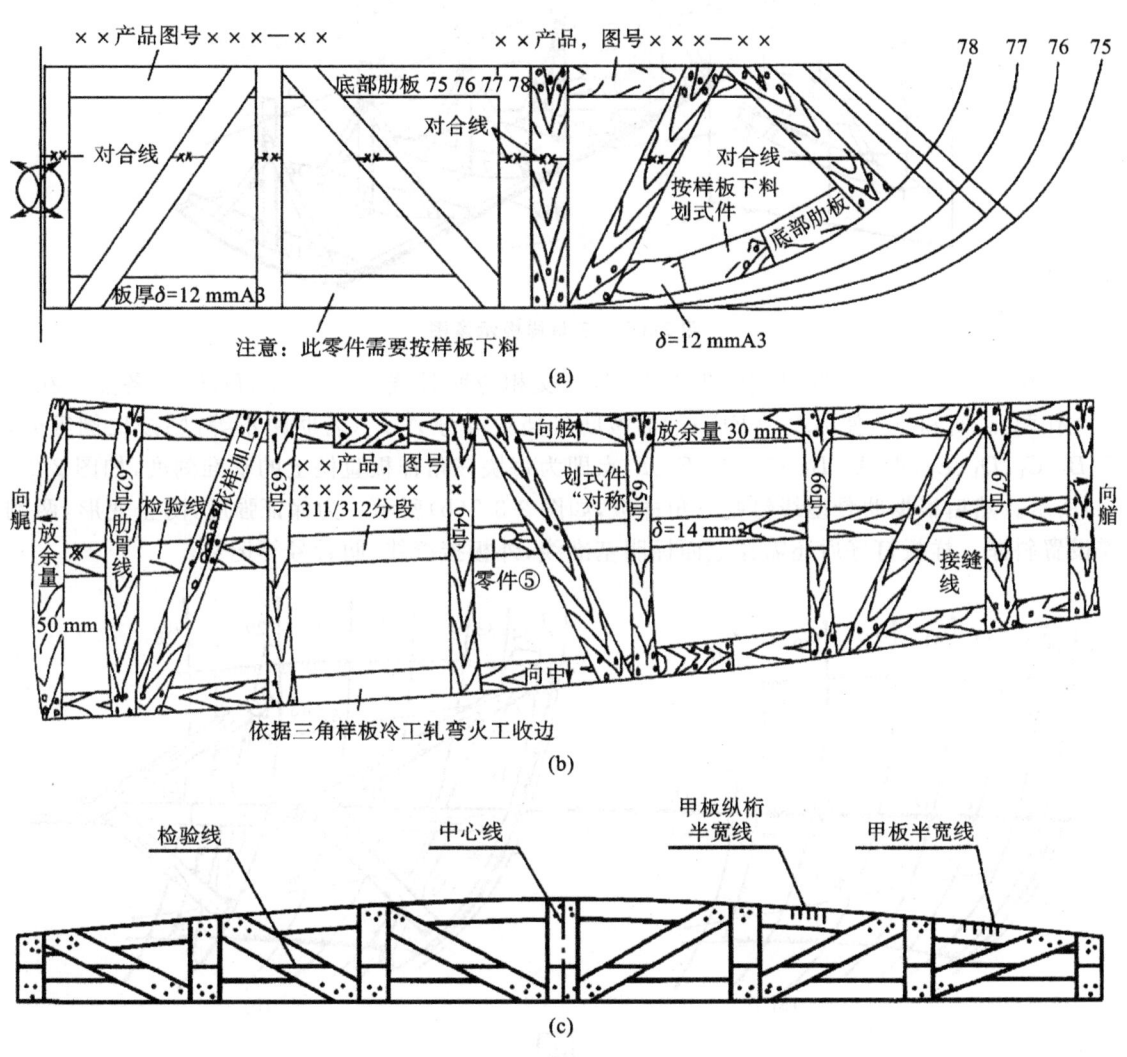

图 2-3-1　木质平面样板
(a)肋板样板;(b)外板样板;(c)甲板横梁样板

号料以后所得到的船体构件都是平直的,还必须根据构件的曲形要求进行加工弯曲。为此,需要依据船体型线钉制加工样板,作为构件加工弯曲时进行卡样和检验的工具。对弯曲度不大的外板,可制作平面三角样板。但对弯曲度较大的外板,则需钉制样箱。图 2-3-2 表示三角样板的应用情况。每块三角样板都有一个直立的柄,柄上有一刻度。钢板经弯曲加工后,将每块三角样板按肋骨位置直立在上面,三角样板下边曲线形状与相应肋骨型线吻合,从而确保外板的横向弯曲形状。当每块三角样板柄上的刻度在一直线上,说明外板纵向弯曲也符合船体型线要求。

图 2-3-3 所示为三角样板制作过程。外板位于 #28～#35 肋位之间。首先在外板内的适

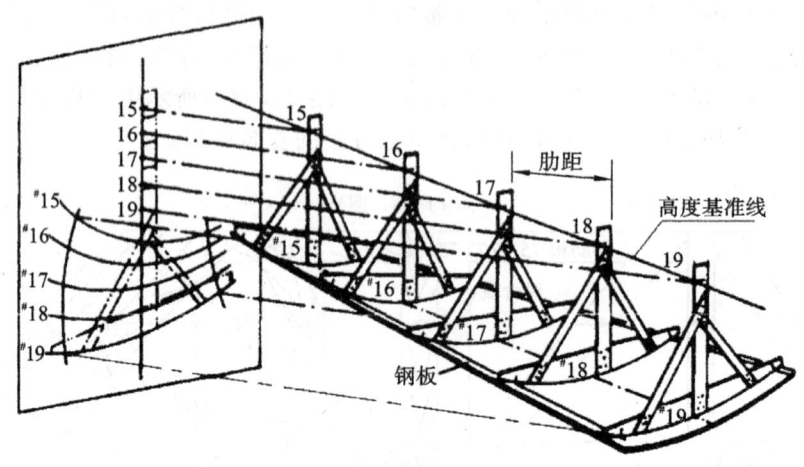

图 2-3-2　三角样板示意图

中位置作一直线,使其与肋骨型线近似垂直,并交相应肋骨线于 A、B、C、D、E、F 各点。在直线上作两点 A_1 和 F_1,使 $AA_1 = FF_1$;然后按肋骨挡数等分 $A_1 F_1$(若肋距不等,则按比例等分)得 B_1、C_1、D_1、E_1,点 A_1、B_1、C_1、D_1、E_1、F_1 点即为每块三角样板直柄上的基准刻度,如图 2-3-3(a)所示。然后根据肋骨型线钉制三角样板,如图 2-3-3(b)所示。为保证强度,防止变形,两侧需设置斜撑。样板钉好后还需在上面标明基准线、外板接缝线、肋骨号等记号。

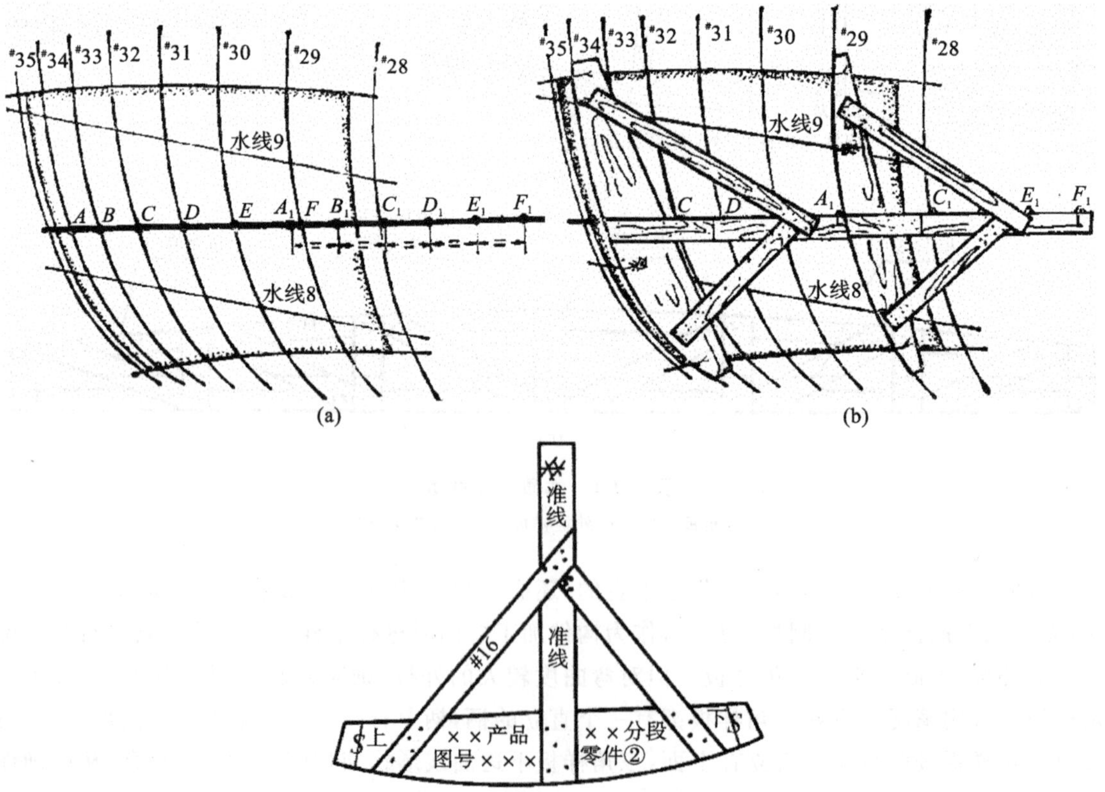

图 2-3-3　三角样板的制作

装配过程中也需要使用各种装配样板,如图 2-3-4 所示。

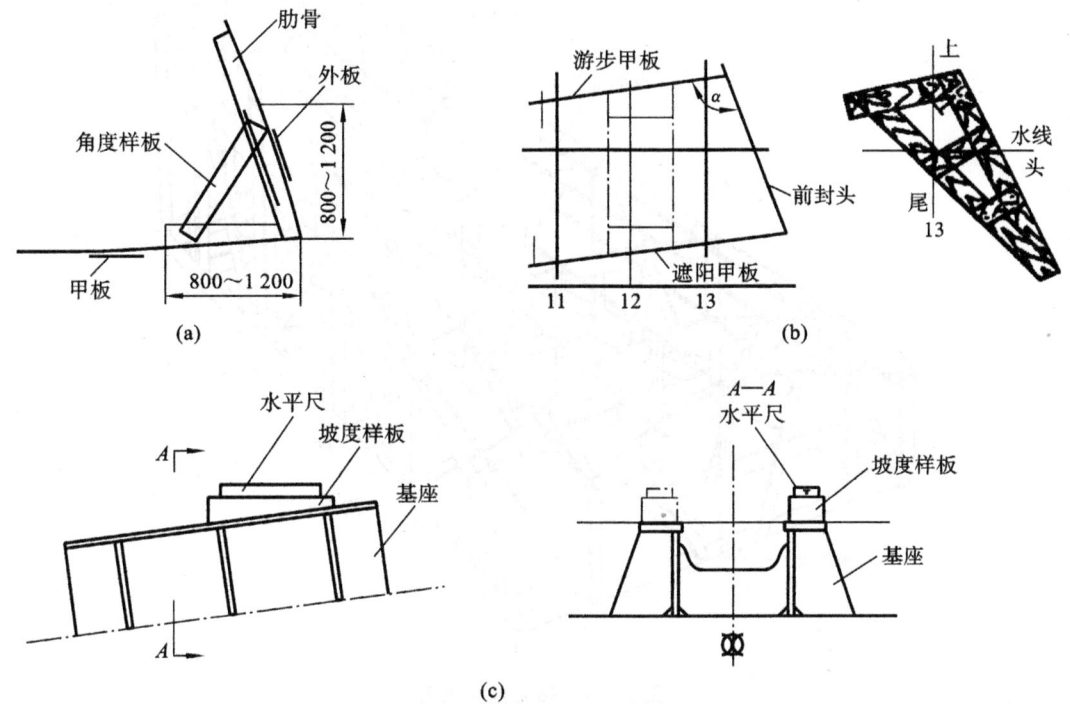

图 2-3-4　各种装配角度样板
(a)分段装配角度样板;(b)分段装配角度样板;(c)倾斜船台坡度样板

对于型线特别复杂而不能展开的船体外板,必须钉制样箱供展开和加工使用。样箱实际上是一立体模型,相当于从船体上切下来的一块本体,其表面为船体型表面。样箱一般由基面框架、肋骨剖面样板和侧面框架等组成。样箱基面切取方法有与肋骨剖面垂直及倾斜两种。图 2-3-5 为单桨的轴壳包样板箱。

由于样箱的钉制复杂,结构笨重,消耗木材量也较大,因此目前实际生产中除首、尾等特别复杂的外板采用样箱外,一般都采用平面样板。

2)草图

对于形状简单、小批量生产的船体构件,在其号料时可不必钉制样板,而直接将构件展开后的真实形状绘制成草图,以供构件号料时使用。目前,大部分船体构件(约 80%,如外板、甲板、内底板、平台板、底部纵桁等构件)均可采用草图代替样板进行号料,如图 2-3-6 所示为甲板拼板号料草图。

绘制号料草图时,首先应在图纸上绘出平面直角坐标系(一般可以展开准线如测地线等为横坐标),再以此坐标系为基准来绘制构件展开图形并标注尺寸。草图中的构件图形可不必严格按比例绘制只要保持构件的基本形状即可。但是图形绘制好以后,应注明构件的轮廓尺寸和各部分的详细尺寸,并标注必需的标记和说明,作为号料时的依据。

号料草图与样板相比,可省大量的木材和人工,降低成本,减轻劳动强度。同时可避免因气候、湿度等变化而造成样板变形,影响号料质量。草图还可装订成册,便于长期保存,因此得到广泛应用。

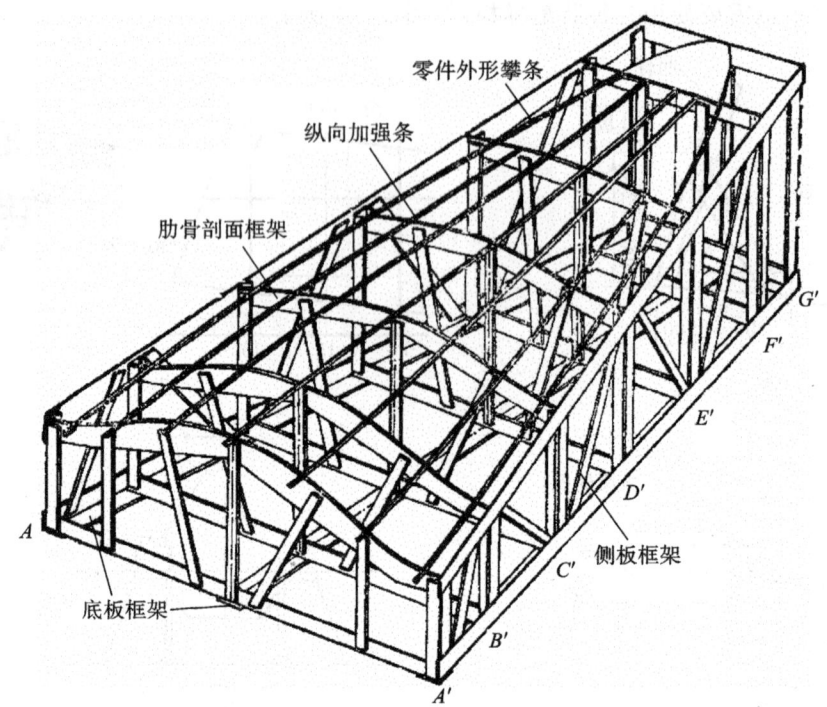

图 2-3-5　轴壳包样板箱

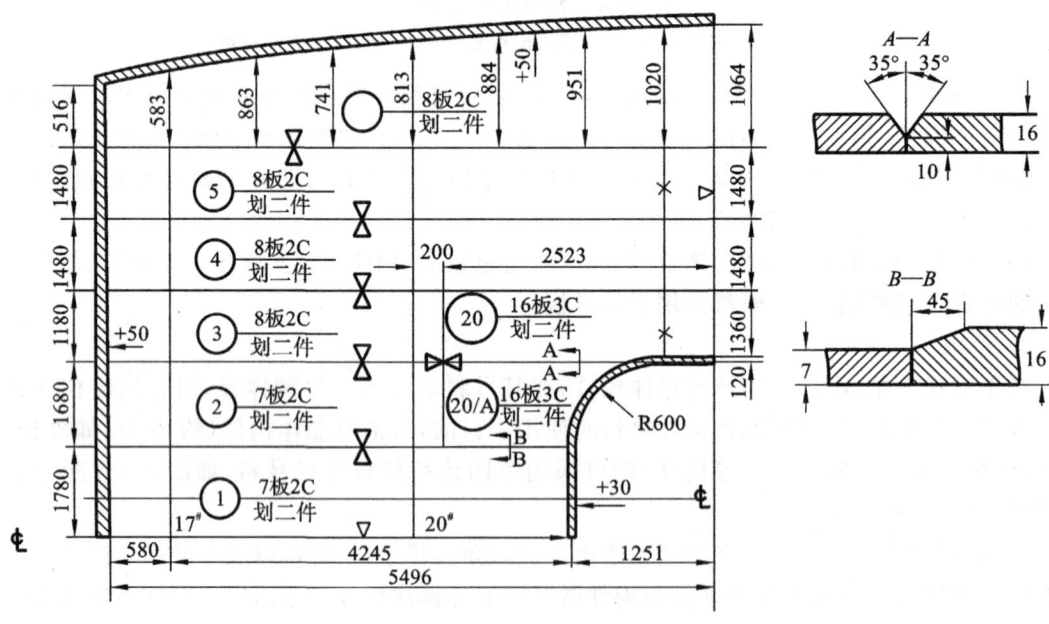

图 2-3-6　甲板拼板号料草图

2. 船体号料

号料（hull marking）是放样的后道工序，是将放样展开后的船体构件外形，依据草图、样棒、样板样箱、样板图或投影底片、数控加工信息等，将其复制到钢板或型钢上，并标注加工装配符号、施工信息等，供后续工序使用。

从号料的发展来看,1944 年光学号料工艺问世。50 年代发展了光电跟踪切割机与光学投影号料相匹配,省去了手工号料划线工序。60 年代出现了电印号料(EPM),首先由日本 IHI 船厂应用,光学号料和电印号料一直被日本船厂沿用至今。

光学号料在 20 世纪 70 年代有一个较大的发展,就是激光号料。激光号料是日本富士胶片公司在 1974 年开发的,经过多年的营运,发展到相当高的水平,一直受到日本船厂的欢迎。应用激光号料可达到号料的自动化,它是用激光代替普通光源,可在任何材料上进行号料,其基本应用方法是在要号料的表面上先涂覆一层薄薄的热熔性物质,然后再撒上一层能够吸收激光的细粒子,让粒子附带与热熔层表面极性相反的静电,通过静电力将其吸住,激光透过胶片后使照射区内的光吸收粒子吸收了激光,因而使热熔层受热熔化,再度硬化时就将粒子粘住,未经照射的粒子可以吹除或用水冲除,剩下的将是一些所需的清晰的白线条。

电印号料即利用光敏半导体粉末的高光电效应和静电现象的作用,通过光照投影系统来完成零件号料的方法。该方法在许多船厂中应用并取得实效,但电印号料需要所谓 1/10 原图的模拟型信息源。目前国外电印号料投影用的缩比负片已普遍采用数控方式自动绘图,因此,电印号料已实现自动化。

目前多数先进船厂普遍采用数控套料(多数是数控套料切割一体化)。所谓数控套料是指利用计算机确定船体构件的图形,再将这些图形置于钢板边框内进行合理排列的过程。目前,使用比较多的有数控绘图机套料和图形显示系统套料两种数控套料方法。

(1) 数控绘图机套料。

首先,用数控绘图机按 1∶10 的比例在纸上绘出各个单独构件,并用手工剪下各个构件的纸样,再根据套料条件,在和构件比例相同的钢板边框内进行手工套料。套料完毕后,即可用图形处理语言编写出整块钢板的构件程序,并输入到电子计算机中,由计算机处理和输出数控切割程序。此程序经数控绘图机校验后,即可供数控切割机使用。

(2) 图形显示系统套料。

该系统的硬件配置有微型计算机、显示器、键盘、光笔及传感板等。各构件的几何形状和原材料信息,事先应存放在数据库中备用。操作者根据要套料构件的名称、主要尺寸,操作系统进行套料。

基本过程如下:显示钢板和要套料的构件;通过传感板和光笔(或通过键盘)移动、旋转构件在钢板上的位置,进行套料;套料结束后,在各构件间布置连割线;最后将套料结果存入数据库或输出,供数控切割机使用。

无论何种下料方法,在下料前要注意下列要求:

(1) 下料前应对钢材进行检验,核对钢材牌号及规格是否符合图纸要求;

(2) 下料前的钢材,一般应经过预处理,包括钢料矫正、去污、除锈、防腐等处理;

(3) 零件要合理排料,以提高钢材利用率;

(4) 对材料规格相同,且是同一工艺过程或同一图号的零件,应尽量排在一张钢板上,以利于零件配套;

(5) 下料的零件应按规定留出余量,零件上要注明艇号、图号、零件号及必要的标志线和加工符号等;

(6) 凡需经复杂冷、热弯曲的零件,应先作初步下料,并按规定留足余量,待弯制成形后再进行最后划线。

思 考 题

1. 简述船体放样的目的和方法。

2. 简述船体放样的工作流程。

3. 简述样板与草图的作用。

4. 船体号料的含义是什么？

5. 简述数学放样的含义及内容。

第3章 船体钢料加工

船体构件的形状是各种各样的,然而,就每个具体零件来说,它的形状无非是由具有一定曲度的曲面(包括平面)、围绕该曲面的四周外边缘以及曲面上所开孔口的内边缘所组成。"船体钢料加工"就是指将平直的钢板和型钢加工成为船体构件的工艺过程。

根据不同的加工特点可以将整个钢料加工过程分为钢材预处理、构件的边缘加工和构件的成形加工三大类。预处理工作包括钢材的矫正(钢板矫平和型钢矫直)、表面清理及钢材的防护,因这些工作是在号料之前进行的,故称为"船体钢材的预处理"。边缘加工主要是指构件的边缘切割和修整。而成形加工则是将具有折边、折角、曲形等构件弯制成要求的空间形状。

根据材料在加工过程中是否受到热源的作用和影响,船体构件加工又可分为冷加工与热加工。冷加工又称冷作,是指材料在室温下的机械加工。热加工又称热作,是指材料在热源作用与影响下的加工。根据加热面积的大小,热加工有两种情况:一种是在零件局部表面或边缘上进行的局部加热;一种是在零件整个表面进行的整体加热。前者如气割、水火弯板、火焰矫正等,后者如地炉加工成形的目的,对于一些曲度较为复杂的零件,如潜艇首尾端的模压头加工,就是采取在炉内整体加热后用压模进行压力加工而成。

船体构件加工方法分类及其采用的设备见表 3-0-1。

表 3-0-1 船体钢料加工过程分类表

加工过程		加工方法		加 工 设 备
钢材预处理	钢材矫正	机械矫正法		多辊矫平机、液压机、型钢矫直机
	表面清理	机械除锈法	分段喷丸除锈法	分段喷丸除锈设备
			原材料抛丸除锈设备	抛丸除锈设备
		酸洗除锈法		酸洗设备
		手工除锈法		手铲、风动砂轮等
	表面涂漆	自动喷漆或手工涂漆		各种喷漆设备
边缘加工	直线边缘加工	机械剪切法		剪板机(龙门剪床)、刨(铣)边机、联合冲剪机(压力剪床)
		化学切割法	氧-乙炔切割	半自动气割机、靠模气割机、门式切割机、数控切割机
			氧-丙烷切割	
		物理切割法	等离子切割 激光切割 水射流切割	
	曲线边缘加工	同上		手工割炬、光电跟踪切割机、数控切割机
		机械剪切法		圆盘剪切机

加工过程		加工方法	加工设备
成形加工	板材成形加工	冷弯法	三辊弯板机、四辊弯板机、水压机、油压机、气压机、万能弯板机、数控弯板机、折边机
		水火弯板法	手工水火弯板设备、数控水火弯板机
	型材成形加工	冷弯法	各种普通肋骨冷弯机、数控肋骨冷弯机、型钢矫直机
		热弯法	中频加热肋骨弯曲淬火机

3.1　钢材预处理

钢材预处理是指对钢材进行矫形与除锈保养两项工作，又称初次矫形与初次除锈。待形成零件或结构之后再进行的矫形或除锈，则称为二次矫形或二次除锈。显然，材料初次矫形与除锈远比二次矫形或除锈来得方便，而且进度快、质量好、成本低。现代舰船建造中十分重视钢材的预处理，分别实现了钢板和型钢的预处理自动生产流水线。

1. 钢材矫形

1）钢板矫正

钢板由于在轧制时压延力量的不均匀，轧制后冷却收缩的不均匀，以及在运输与贮存过程中处理不当，将会使钢板产生凸凹不平、瓢曲等形状上的缺陷，这对下料、自动气割等后续工序带来不便，尤其会对船体壳板的成形质量产生不利的影响。因此，船用钢材在下料前都要进行矫正。

钢板机械矫正就是通过一定的矫正机械设备对钢板进行矫正。机械矫正生产率高、质量好，适用于批量较大、形状比较一致、有一定规格的钢材。机械矫正一般在专用机械上进行，但由于各企业规模、设备和产品品种等因素不同，机械矫正也有在通用机械设备或自制矫正设备上矫正的。

矫正机械种类很多，一般用于原材料或切割后钢材的矫正。

①钢板矫平机矫正。

用钢板矫平机矫平钢板是使钢板在轴辊中反复弯曲，从而使钢板内的短纤维拉长，使钢板的应力超过弹性极限时发生永久变形，由此实现钢板平整的一种矫正方法。矫平小件板材时，可把同一厚度的小件板材放在厚一些的整张大钢板上，用轴辊对小件板材反复辊轧，使小件板材短纤维伸展而被矫平。

矫正钢板呈平直状态的机床，称为多轴辊式矫平机。船厂常用的矫平机是由5～11个工作辊组成的。图3-1-1是七辊矫平机的外形图。

机床的工作部分是上下两列轴辊，下列为三辊，是由电动机通过减速器带动着旋转的主动轴辊，这列轴辊的轴承固定在机体上，因此它们不能做任何调节；上列为四辊，是从动轴辊，可以作上下垂向调节，以调整矫平机上下辊列之间的间隙，来适应矫平各种不同厚度的钢板。

钢板越厚，矫正越容易；薄板容易变形，矫正也比较困难。厚度在3 mm以上的钢板通常在五辊或七辊矫平机上矫正。钢板在矫平机上往往不是一次就能矫平的，而需要反复进行多次，直至矫平为止。

②辊弯机矫正。

图 3-1-1　七辊矫平机

辊弯机的主要作用是将板材卷曲成圆弧形,也可以用于矫平中厚度钢板和在辊弯机负荷能力范围内的厚板。矫正时可先将矫正件辊出适当的大圆弧,再翻身用略加大上下距离的轴辊辊轧。如此反复辊轧使矫正件原有的弯曲反弯,从而逐渐趋于平直。对于同一厚度的薄板或小件板材,可利用厚钢板(30~40 mm)做衬垫,在辊弯机内反复辊轧从而达到矫平目的。三辊弯板机矫正小件钢板如图 3-1-2 所示。

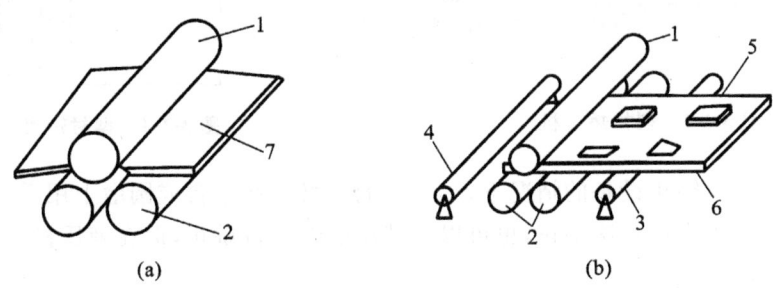

图 3-1-2　三辊弯板机矫正钢板

(a)在辊弯机上矫正钢板;(b)三辊卷板机矫正小件钢板

1—上轴辊;2—下轴辊;3—前托辊;4—后托辊;5—小件薄板(4件);6—衬垫钢板;7—矫正钢板

对于已经矫正好的钢板应进行检验,视其是否符合规定的技术标准,方法是用长度为一米的直尺检查,钢板表面波形高低翘曲度应不超过表 3-1-1 中的规定。

钢板矫平后允许的不平度如表 3-1-1 所示。

表 3-1-1　钢板矫平后的允许偏差

钢板厚度/mm	3~5	6~8	>9
允许不平度/(mm/m)	3.0	2.5	2.0

2)型材矫正

型钢相对于钢板来说是一种线材,断面刚度大,一般不会产生较大的变形,因此型钢的矫正量要少一些。

在常温下型材矫正的方法有两种:一是手工矫正;二是机械矫正。一般采用机械矫正较多,但对一些机械矫正不到的部位,还得用手工矫正。

对于平直的型材构件,应先在型材矫直机上矫直,再进行号料和切割;对于弯曲的型材构件,因为加工时要留有余量,所以不必经过矫直,可直接进行号料、切割和弯曲加工。

型材的矫直主要在型材矫直机(见图 3-1-3)上进行。由于型材的形状较多,型材矫直机的种类也较多。常用型材矫直机的工作原理如图 3-1-4 所示。机床的工作部分由两个支撑和一个推撑组成,支撑没有动力传动,但两个支撑之间的间距可以根据需要进行调节,推撑安装在一个能做水平往复运动的滑块上,由电动机通过减速器带动其做水平往复运动。

图 3-1-3　型材矫直机

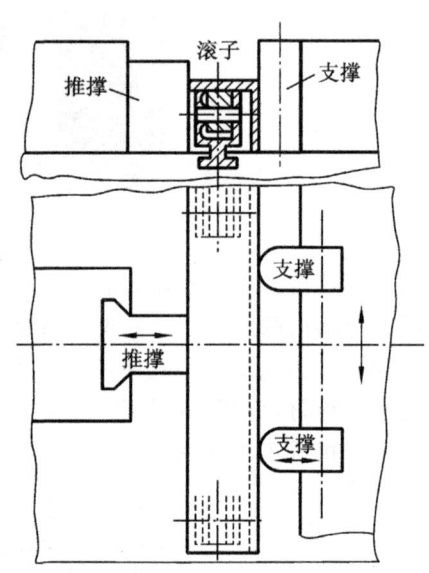

图 3-1-4　型材矫直机的工作原理图

在没有专门型材矫正设备的情况下,小尺寸的型材可在平台或圆墩上用手工敲击来矫正;大尺寸的型材可用水火矫正法矫正,也可以在液压机上进行矫正,但在液压机上矫正时需要配置符合型材形状的压模。

为了减轻矫正操作时的劳动强度,提高生产效率,应为钢材矫正设备配置上料、送料和支承钢材的辅助装置,如固定式带滚筒的钢材承托架等。

2. 钢材的表面清理

所谓表面清理,是指清除钢材表面的氧化皮和铁锈。

船用钢材在钢厂热轧时,会跟空气中的氧气直接起氧化反应,在表面形成一层完整的、致密的氧化皮。在以后的运输和贮存中,钢材表面会吸附空气中的水分,由于钢中含有一定比例的碳和其他元素,因而在钢材的表面会形成无数的微电池而发生电化锈蚀,使钢材表面产生锈斑。在海水中这些氧化皮和锈斑与钢材形成电位差,造成钢材表面的强烈电化腐蚀。而且这些氧化皮和锈斑即使经过油漆,其表面虽与空气或水隔开,但由于其本身的化学特性,锈蚀过程仍会继续进行,一遇振动,漆层会脱落,失去防护作用。

船体钢材受到腐蚀后,不仅会使厚度变薄,影响船体强度、缩短船体的使用寿命,而且会增加舰船的停航维修次数,降低舰船在航率。同时,由于船壳表面粗糙度增加,还会增加航行阻力,降低航速,影响舰船的使用性能。因此,船用钢材在涂漆之前,必须将钢材表面的氧化皮和锈斑清除干净,并涂以保养底漆,使钢材受到较好的防护。

目前,船厂采用的主要除锈方法有机械除锈法、化学除锈法等。

1）机械除锈法

船体钢材除锈工艺的发展，也是从手工开始逐步向机械化、自动化过渡的。过去基本上采用整船除锈，即在船台装焊后，用手工或风动工具进行清理。这种除锈工艺劳动条件恶劣，清理质量差，周期长。以后又采用干喷砂除锈代替手工操作。但是，用这种方法除锈，空气中矽尘含量太高，影响除锈工人的身体健康。此后发展了分段喷丸除锈法和抛丸除锈法。

（1）抛丸除锈法。

一般用于原材料除锈，它是利用专门的抛丸机将铁丸或其他磨料高速抛射到钢材表面上，以除去钢材表面的氧化皮、铁锈和污垢。

早期制造的抛丸机是立式的，如图 3-1-5（a）所示。它需配置立板装置，进料要用小车拖动，板材处于自由状态，板较薄时抛丸所引起的变形较大，不易形成连续生产。20 世纪 60 年代以来制造的抛丸机多是卧式抛丸机，如图 3-1-5（b）和图 3-1-6 所示。用这种设备除锈时，其表面处理质量比较均匀。因其不需配置翻板装置（若要求严格检验表面清理质量，可采用工业电视机检查），且可直接用传送滚道送料，因此便于组建钢材矫正、清理与防护的自动流水生产线。

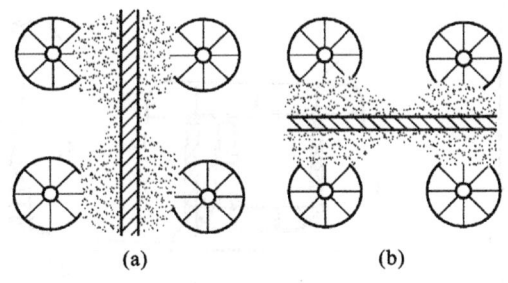

图 3-1-5　抛丸机形式
（a）立式抛丸机；（b）卧式抛丸机

图 3-1-6　卧式抛丸机实景图

钢材经过抛丸清理后，若不立即涂刷防护底漆或作其他防护处理，则其防护效果将大大降低。抛丸清理与防护处理之间的时间间隔根据湿度而定，一般在 10～20 分钟范围内。对清理好的钢材的防护处理步骤如下：

①用经净化过的压缩空气将钢材表面吹净；

②喷涂防护底漆（或浸入钝化处理槽中作钝化处理，钝化剂可用 10％磷酸锰铁水溶液或 2％亚硝酸钠溶液，前者处理 10 分钟，后者处理 1 分钟）；

③将喷涂防护底漆后的钢板送进烘干炉中，用加热到 70 ℃的空气进行干燥处理。

（2）喷丸除锈法。

喷丸除锈是利用风管中高速流动的压缩空气的压力使铁丸冲击金属表面的锈层，依靠铁丸的机械冲力将氧化皮和锈斑剥离而达到除锈的目的。

喷丸除锈法一般用于分段除锈（见图 3-1-7），是在专设的喷丸房内进行的。故喷丸房主尺寸的选择，应以本厂承担产品的最大船体分段的尺寸为依据。为了便于分段运送，在喷丸房内应设置轨道和分段装载车，房外应配置吊运设备。分段在除锈后需立即喷涂底漆，否则易生黄锈，影响除锈质量。因此在喷丸房的一端应留有足够的遮雨场地或厂房，供分段喷涂底漆用。

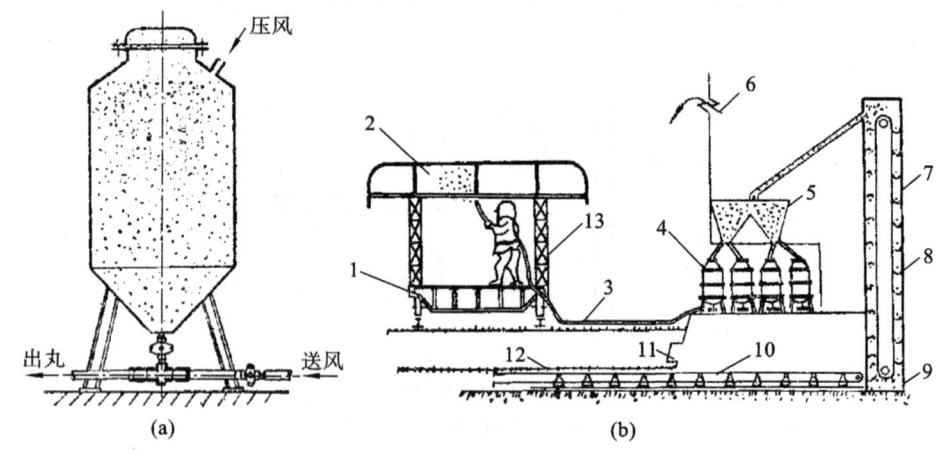

图 3-1-7　船体分段喷丸除锈示意图

(a)喷丸罐；(b)船体分段喷丸除锈示意图

1—分段随船架；2—分段；3—喷丸皮管；4—喷丸罐；5—储丸箱；6—进风口；7—提升机；
8—丸斗；9—积丸地沟；10—皮带运输机；11—吸尘管；12—网眼铝丝布；13—搁架

2）化学除锈法

化学除锈法通常是指多工序的酸洗法，一般结构钢材的酸洗除锈磷化防护的工艺流程如下：脱脂→酸洗除锈→冷水冲洗→中和处理→冷水冲洗→磷化处理→热水冲洗→自然干燥→补充处理→自然干燥。

经过酸洗后的钢材，必须有一定的防护处理，才能在以后的加工和储存过程中减少或免于锈蚀。最常用的方法是放入磷化槽中进行磷化处理。将经磷化处理后的钢板吊入热水槽内进行清洗，彻底除去表面的游离磷酸，吊出钢板，利用余热进行自然干燥，然后进行补充处理（浸渍、刷涂或喷涂），在室温下干燥 4～6 h。

对于钢材原材料预处理来说，酸洗处理常为没有抛丸预处理流水线的中小船厂应用，由于薄板采用抛丸除锈，容易使钢板产生变形，因此 5 mm 以下的钢板可用化学除锈法。除用于薄板外，酸洗除锈法主要用于处理管子、舾装件和形状复杂的零部件，可作为抛丸除锈法的补充手段。

3）各种除锈方法的比较和选用

表 3-1-2 对四种常用的除锈方法进行了比较,通过比较我们可以看出:

(1) 抛丸除锈的效率高、质量好、成本低、劳动条件良好。卧式抛丸除锈机还具有便于组建钢材预处理流水线的优点。因此,它是一种比较理想的除锈方法。建造大、中型舰船的船厂,一般应以采用这种除锈法的钢材预处理流水线为主。加工量较大的船厂应分设钢板和型材专用流水线。但是,若造船周期较长,则其二次除锈工作量相对大,会使效率降低。这种处理方法不适合清理 4 mm 以下的薄板。

(2) 分段喷丸除锈虽然效率较抛丸除锈要低,但因其二次除锈工作量较少,因此,在一定程度上弥补了以上不足。若能提高除锈过程的机械化、自动化程度,解决除锈和自动涂漆的流水生产问题,则可将其作为中小型船厂的主要除锈方法。

(3) 酸洗除锈法适用于处理管子、舾装件和形状复杂的零部件,同时也适合处理薄板。作为其他除锈方法的辅助手段。

表 3-1-2　常用船体除锈方法的比较

除锈方法	除锈质量	生产效率	设备及成本	劳动条件	二次除锈量	工艺特点
手工除锈	质量差,很难除掉氧化皮	$0.5 \sim 0.75$ m^2/h	工具简单、成本较低	劳动强度大,保护差		
分段喷丸除锈	(1)能全部除去氧化皮和锈蚀,清理后的钢板表面呈暗灰色,粗糙度均匀,能增强油漆的附着力; (2)薄板易变形	一般为 $6 \sim 15$ m^2/h,最高可达 24 m^2/h	设备较简单,成本与手工除锈相近	半机械化操作时,劳动强度较大,劳动条件较差,铁尘浓度大,一般为 $30 \sim 80$ mg/m^3。实现机械化封闭操作后,劳动条件大为改善	较少,15%$\sim$20%	工艺过程不连续,受喷丸空间限制,不适于大型舰船,更不适于建立自动生产线。舱内喷丸不易清理
抛丸除锈(流水线)	(1)能全部除去氧化皮和锈蚀,表面质量与喷丸相近,但粗糙度略大,为 $40 \sim 50$ μm; (2)薄板易变形	生产效率很高,一般为 $60 \sim 200$ m^2/h,最高可达 800 m^2/h	设备较复杂,生产成本很低,为喷丸除锈的 $1/4 \sim 1/3$	操作自动化,劳动强度大大减轻,抛丸室封闭,铁尘浓度很低,劳动条件良好	较多。一般约 40%,底漆质量优良(如用富锌底漆)时可降至 30%	(1)生产过程可自动控制; (2)可组成矫正、除锈、涂漆、烘干流水线,可与号料、切割、加工的流水线及拼板、平面分段流水线衔接,形成整个船体生产流水线; (3)有利于钢材的保养和集中管理

续表

除锈方法	除锈质量	生产效率	设备及成本	劳动条件	二次除锈量	工艺特点
酸洗除锈	(1)钢板发白,表面光滑,油漆附着力较抛丸差; (2)操作控制不当时会造成钢板过蚀或氧脆等缺点; (3)除锈质量不能很好地满足新型底漆的要求	40～100 m²/h	设备占地较多,成本与喷丸相近	产生大量酸雾,对人体健康和厂房设备均有损害,工作场地劳动条件差,废水会污染环境	较多,平均为40%～50%	(1)工序繁多,且工艺过程不连续不便于组成生产流水线; (2)处理钢材的尺寸受槽池尺度限制,不适于今后发展的需要; (3)需对废酸进行处理

3. 钢材的表面防护

发生在我们周围的腐蚀现象是指各类材料在环境作用下(有化学、电化学和若干物理因素的综合作用)发生损坏,性能下降或状态的劣化过程。而在金属表面喷漆涂装则是一种很重要的金属防腐蚀保护手段。良好的喷漆涂装保护层保持连续完整无损,结合良好,能够成为抑制腐蚀介质侵入的屏障。

钢材进行表面处理后喷涂车间底漆是目前常见的一种表面防护方式。

车间底漆,又称为保养底漆或预处理底漆,是钢板或型钢经抛丸预处理除锈后在流水线上采取的一种底漆。车间底漆的作用是对经过抛丸处理的钢材表面进行保护,防止钢材在加工、组装到分段形成甚至到船台合拢期间产生锈蚀,从而大大减轻分段或船台涂装时的除锈工作量。

与通常的涂层不同,车间底漆有以下几个特点:

(1)车间底漆是一种临时保养性的底漆,具有一定的防止钢板锈蚀的性能,保养期限视选用品种与所处环境而定,一般为3～9个月。长期接触海水部位的车间底漆要适应阴极保护不变化的性能。

(2)为适应自动化流水线作业的需要,要求漆膜在3～5 min 达到表面干燥。一般在加温条件下,钢板表面温度为40 ℃,车间底漆要在3 min 内干燥,以便在滚道上移动并在起吊时不损坏漆膜。

(3)车间底漆的膜厚较薄,能采用高压无气喷涂并得到均匀的涂膜。应严格控制车间底漆的膜厚,含锌或不含锌车间底漆的厚度应分别为15～20 μm 和15～25 μm;车间底漆的膜厚将不计入船体的涂层的总膜厚内。

(4)车间底漆在分段正式涂装时,可以除去也可以保留,主要取决于正式涂装时车间底漆层本身的完好性和第一层涂装涂料对表面处理的具体要求,并能与涂装涂料配套使用。

(5)车间底漆不能对钢板的焊接性能产生影响,不能影响焊接强度。

(6)在切割或焊接时,漆膜产生的烟雾及粉尘等对人体无害,释放的有毒有害物质浓度在国家卫生指标所允许的范围之内。因此,车间底漆不宜含有砷、锑、铅、铬、镉等成分。

(7)漆膜机械性能良好,能耐搬运时的摩擦碰撞,包括加工时的弯曲,与将涂装的各种涂料应有良好的层间附着力。

4. 钢材预处理自动流水线

钢板预处理的效率很高,可在密闭的条件下进行,配以粉尘吸收装置则不会污染环境,另一种预处理流水线则是型钢预处理流水线。两者的工作原理是一致的,只是由于型钢表面比较复杂,抛丸机的抛头位置安放应有一个特定的角度,而型钢的宽度则大大小于钢板的宽度,故型钢流水线的抛头数量较钢板流水线为少,辊道的宽度亦小于钢板流水线的辊道宽度。

1)板材预处理流水线配备

图 3-1-8 为典型板材预处理流水线各工位装备情况。

运出　　烘干室　　　　喷漆室　　　　抛丸室　　　　矫平机　　钢板送进

图 3-1-8　钢材预处理流水线平面示意图

(1)钢板矫平。

钢板矫平,通常采用七星辊和九星辊矫平机,矫平机一般设置在钢板预处理工位之前,但有的钢板预处理流水线,将矫平机放在抛丸机后面,这是为了保护矫平的轧辊不受钢板上脱落的氧化皮损伤。

钢板矫平机的能力各有不同,造船钢板的矫平机以能矫平 4~30 mm 厚的钢板为宜。

(2)钢板输送。

钢板上料后,各工序的传送由辊道完成。辊道通常为圆柱形,两端有轴承座,辊道间距为500~750 mm,在喷漆工序完成之后,为了防止与辊道接触一面的车间底漆受到破坏,对辊道的结构形式有特殊的要求。因此常采用链式点接触型的结构,这是将一块带有数个突出点的钢板,托住经过预处理和涂有车间底漆的钢板,而该承托钢板则由链轮推送前进,这种结构形式,只使突出点与钢板接触部位的车间底漆受到影响,不会产生大面积的车间底漆损伤。另一种辊道结构形式是采取“八”字形的辊道,只使钢板的两边与辊道接触,则完全不存在车间底漆在干燥前受到破坏的问题。

为了保证钢板在抛丸处理时不至于变形,在抛丸机内的辊道距离应小于其他工位中的辊道距离,通常抛丸机内的辊道距离不应大于 500 mm。

另外,为了保证工序与工序之间必要的处理时间,预处理流水线辊道必须具备足够的数量。通常,抛头能力大、钢板输送的速度快。辊道的数量应多一些,特别是喷漆工序以后,这是为了让车间底漆有足够的干燥时间。

(3)预热。

预热是为了在抛丸前将钢板升温,除去表面水分、部分油污,使钢板升温至一定的温度以利于喷漆后的干燥。目前国内外在钢材预处理流水线上采用的预热设备有:中频感应加热、液化石油气加热和热水喷淋加热等。不论采用何种方式预热,均应使钢板升温至 40 ℃左右,升温太低,不利于除去水分、油污,不利于而后喷涂车间底漆的干燥,而升温太高,则多耗能量,又易使车间底漆在干燥过程中产生起泡的弊病。

(4)抛丸。

抛丸在抛丸室内完成。抛丸室安装有抛丸器(俗称抛头)、磨料循环装置,磨料清扫装置、通风除尘装置等。

①抛丸器。

抛丸器由叶轮、护罩、定向套、分丸轮、轴承座及电动机等组成。

叶轮由电动机带动做高速旋转(2200～2600 m/min),产生强大的离心力,当磨料经进丸管吸入分丸轮中,在离心力的作用下,沿叶片长度方向加速运动直至以 60～80 m/s 的速度抛出,抛出的磨料成扇形流束,击打在钢板表面以除去氧化皮锈蚀。

抛丸器根据叶轮结构不同有双叶盘形和单叶盘形两种。单叶盘的优点是可以倒顺旋转,叶片拆装较容易,但叶片单边受力,异物易进入叶轮或叶片磨薄后容易碎裂。双叶盘的优点是安装位置适应性好,主副叶盘上开有联结螺孔,可配合不同位置的旋转方向来装配叶盘。目前国内标准产品多数是双叶盘型。

②磨料循环系统。

磨料循环系统有机械输送及气动输送两种形式。

国内船厂早期设计均采用气动输送与通风除尘合用系统。随着磨料输送量的不断提高,气动输送的能耗太大,故近期设计均采用机械输送形式,即螺旋输送机加斗式提升机,采用横向螺旋输送机还可以抛头直接供料,既能解决抛头进料的困难,又可大大降低设备的安装高度。

③磨料清扫装置。

钢板抛丸处理后表面上积聚大量磨料需要清除,清除磨料的清扫装置一般由两部分组成。其整机吸尘部分由吸尘管直接接入除尘器。

通风除尘装置的通风量与抛丸室容积及抛头的磨料抛射量有关,现有的抛丸室通风量折合与容积有关的换气次数为 300～350 次/h。

④磨料。

用于清除钢材表面氧化皮与锈蚀的磨料有很多种,但用于抛丸处理的磨料既要处理效果好又要便于回收,常用的有铁丸、钢丸、钢丝段和棱角钢砂四种。理想的抛丸处理磨料是钢丸加钢丝段或钢丸加钢砂,前后两者的比例为 1:1 到 2:1 范围之内。为了使处理后的钢材表面粗糙度在 40～70 μm,磨料的直径以 0.8～1.2 mm 为宜。

(5)喷漆。

抛丸处理后的钢材表面须立即涂覆车间底漆。涂漆以自动化方式进行。整个涂漆装置由高压无气喷漆机、自动喷枪、通风去雾装置等组成。

自动喷枪的移动用链条传动或气缸传动。以行程开关来控制喷枪的启动和停止。喷枪在钢板的上下两边各置一把,两者运行的方向相反。喷枪与钢板之间的距离通常为 300 mm 左右,下喷枪与钢板的距离应略小于上喷枪与钢板的距离。

为防止污染环境,喷漆室应安装吸风管道、漆雾过滤器、风机及排气管道。排风量大小取决于车间底漆的溶剂挥发量和允许排放的溶剂气体浓度。

(6)烘干。

钢板喷漆后应进入烘干炉,促使快速干燥以利于迅速搬运。烘干炉可以远红外辐射或蒸汽为热源,不能采用明火直接加热。烘干炉应设排风装置,防止炉内溶剂气体积聚而引起燃爆事故。使用干性良好的车间底漆一般可免除烘干工作。

2) 钢板预处理流水线的特点

(1) 生产效率高。大型流水线每小时处理钢板面积达 800 m^2;

(2) 劳动条件好。除锈过程密闭,全自动控制;

(3) 除锈质量理想,表面粗糙度均匀;

(4) 底漆附着牢固。

3) 板材预处理流水线工艺流程

(1) 用电磁吊或自动装卸运输车将钢材吊放到输送辊道上。

(2) 辊道以 3~4 m/min 的速度将钢材送入多辊矫平机,对钢板进行矫平处理。

(3) 矫平后的钢板由输送辊送入加热炉,使钢材温度达到 40~60 ℃,目的是去除钢板表面的水分,并使氧化皮、锈斑疏松,便于清除,同时可增加漆膜的附着性,且快干。

(4) 钢板进入抛丸除锈机,抛丸装置自动地向钢板两面抛射丸粒(丸粒可回收再使用),并用热风除去钢板表面的灰尘。

(5) 钢材除锈并清洁后,进入半封闭式喷涂室喷涂保养底漆。喷涂是通过装置在滚道上、下两面的自动高压无气喷涂机,由电子自动控制装置操纵喷嘴向钢板表面喷涂底漆。喷嘴沿导轨迅速做横向往复运动,其速度可在 0~80 m/min 范围内作无级调速。

(6) 钢板离开喷涂室后,进入干燥室进行烘干。漆膜烘干方法有红外线、远红外线和电加热等。为利于喷漆溶液的挥发,加快干燥过程,应有通风装置。

(7) 钢板烘干后从干燥室出来,进入高速辊道,以 20~30 m/min 的速度送出预处理流水线。经质量检验合格后送入加工车间进行号料、加工。

钢材预处理过程中,除锈室及喷涂室中充满了铁质粉尘和喷雾,应对集尘、换气、防爆等方面予以特别注意,必须采取相应的环境保护措施和防火、防爆措施。

3.2　船体构件的边缘加工

船体构件的边缘可分为直线边缘和曲线边缘。边缘加工主要是指边缘的切割和焊接坡口加工。

1. 切割

船体构件切割,主要采用机械切割和热切割并以热切割为主。热切割方法中又以氧气火焰切割、等离子弧切割和激光切割在船舶工业中应用最为广泛。这三种切割方法有各自的优点和缺点,都有应用,但侧重场合不同。

船体构件切割可分为内场切割和外场切割。内场切割一般在厂房内进行,主要是各种大型的自动切割机和数控切割机。外场切割一般在露天环境或船上进行,一般采用氧气火焰切割,大多使用割炬和小型的半自动切割设备。

现代造船厂,船用钢材的切割工艺已逐渐从手工切割、光电切割为主转向以数控切割为主。切割技术的发展除采用新的方法外,还通过数控、计算机以及机器人等向自动化乃至无人化方向发展。

1) 机械剪切

机械剪切过程实质上是指被切割的金属受到剪刀给予的超过材料极限强度的机械力而发

生剪切变形并断裂分离的工艺过程,大致可分为以下三个连续发生的阶段。

第一阶段,即弹性变形阶段。在这个阶段内钢材受上、下剪刀的作用力而发生的变形处于弹性变形范围内,钢材内的应力没有超过屈服强度。

第二阶段,塑性变形阶段。在这个阶段内,钢材在上、下剪刀的继续作用下,应力超过屈服点并继续上升,直到相当于材料抗剪强度的最大值。这时,最大剪切变形从剪刀的刃边部分开始,变形方向是沿着滑移面发生的。随着材料性质的不同,剪刀挤入被剪金属的深度在这个阶段可达其厚度的 20%～50%。

第三阶段,断裂阶段。这个阶段开始时,随着塑性变形的增加,沿着滑移面的方向逐渐形成裂缝并迅速扩大,直到材料的一部分与另一部分完全脱离,材料即被剪断。

观察材料的剪切边缘,可看出存在两个明显的区域,其一是窄而亮的条带区(相应于塑性变形阶段);其二是较宽而无光的断裂条带区。在条带附近金属纤维受挤的部分是机床剪切所造成的硬化区。

机械剪切受到机器功率的限制,切割效率较低,适宜于剪切直边的中、小厚度的零件。船厂常用的机械剪切设备有:龙门剪切机、联合剪切机、圆盘剪切机等。龙门剪切机是用来剪切长的直线边缘,它的剪切刀板长度为 1.5～5.2 m,最长可达 8.3 m。联合剪切机又称压力剪,是剪冲两用的联合机床。它的刀板长度较短,一般在 300～600 mm 范围内,剪切时上刀板做往复运动。它较适宜于剪切短直线,也能剪切较长的直线及曲度较小的外弯曲线,但后者的剪切质量较差。

机械剪切在船厂中使用较普遍,特点是适应性强可剪切低碳钢,也能剪切铝、铜、不锈钢等材料。另外,加工经济,损耗低微,剪切加工速度快,加工设备简单,成本低。但机械剪切加工中,加工件会产生扭曲和弯曲变形,需要矫正,加工区域有加工硬化现象,影响材料的性能。剪切非直线边缘效率低。

随着数控切割工艺的不断发展,在船厂中以割代切是发展趋势。但目前在一些中小型船厂中应用还较普遍。机械剪切可分为直线边缘剪切和曲线边缘剪切。

(1)直线边缘剪切。

①斜刃龙门剪床剪切。

斜刃龙门剪床是用来剪切长直边构件的专用设备,其最大优点是精度高、速度快,其工作部分如图 3-2-1 所示。剪床图中刀刃倾角一般取 1.5°～5°;后角主要是为了减少材料与刀片的摩擦,通常取 2°～3°;斜口刀刃的剪角 α 大小应以保证刀刃强度为准,视被剪材料的硬度而定:当剪硬或中硬质材料时,α 取 75°～85°;当剪软质材料时,α 取 65°～70°,减小 α 能使力臂降低,但并不显著,所以有时取 α 为 90°,这样便于刀片四面调用。上下剪刃间隙 S 值根据所剪板材的材料和厚度来决定,最大不超过板材厚度的 7%,最佳间隙可查工艺手册,或由调整曲线中查出。龙门剪床的剪板刀片比较长,一般为 1.5～5.2 m,最大达 8.3 m,剪切厚度最大可达 20～50 mm,每分钟行程次数为 5～45 次。

剪床的下剪刃固定,上剪刃由离合器与机床运动部分相连。在离合器脱开时,即使机床飞轮转动,上剪刃也不做上下往返运动。在剪切时需启动剪切机构,使上剪刃的离合器合上,上剪刃才做一次下剪动作。完成一次剪切动作后,上剪刃回到原来平衡位置时,离合器即脱开,工作部分停止运动,这样有充分时间进行剪切钢板的各项准备工作。同时,在上剪刃下剪以前,剪床的压紧装置将板料自动压紧,以免剪切钢板产生移动或翻转。所以,用龙门剪床剪切长直线时,可以获得相当高的精度。

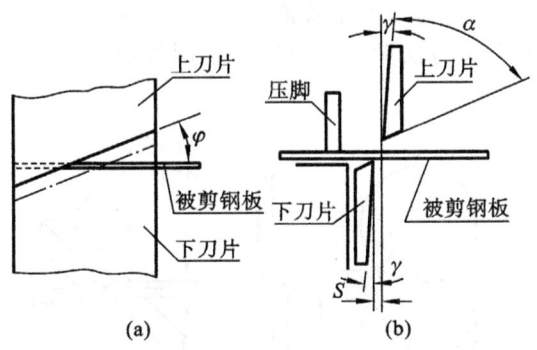

图 3-2-1　斜刃龙门剪床工作部分示意图

龙门剪床的传动方式有机械传动和液压传动两种,液压传动的龙门剪床具有作用力恒定、可以防止超载、振动小、结构简单、体积小、质量轻等特点。

有的龙门剪床其工作台可以回转,以便将构件的边缘直接剪切出焊接坡口。

②压力剪切机剪切。

压力剪切机主要用来剪切短直线,有时也用来剪切较长的直线或缓曲线,但其速度慢、操作复杂而且质量较差。

船厂中常见的压力剪切机一般是剪切与冲孔两用的联合机床,它既可以剪切板材和型材,又可以进行冲孔。它的剪切刀片较短,一般在 300~600 mm 范围内。剪切时上刀片做垂直的往返运动,刀片的有效工作长度一般是 250~300 m。压力剪切机上剪刀刃口倾角 φ 一般取 9°~12°,上下剪刃间隙为被剪金属板厚的 2%~7%(约 0.5~3 mm)。

根据剪刀装置的方向,压力剪分纵向和横向两种。横向式压力剪如图 3-2-2(a)所示,其喉深为 600~1000 m,因此,板材剪切的宽度受到喉深的限制。

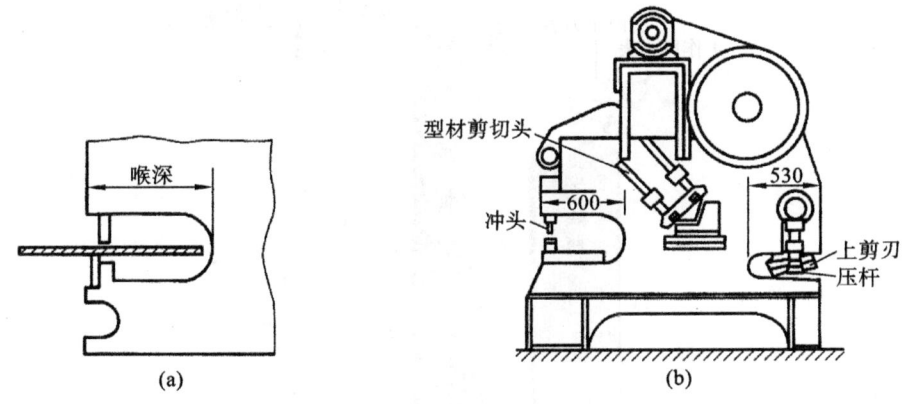

图 3-2-2　压力剪切机
(a)横向式压力剪切机;(b)纵向式压力剪切机

纵向式压力剪无喉深的限制,如图 3-2-2(b)所示,它可冲剪金属板材和剪切角钢等型材。图中右端为纵向式剪切板材区,中部为剪切型材区,左端为冲孔区。

(2)曲线边缘剪切。

对于厚度较小,具有任意曲线边缘的船体构件,可用圆盘剪切机进行剪切,圆盘剪切机的工作部分如图 3-2-3 所示。剪刀由两个轴线平行或倾斜安装的锥形圆盘组成,剪切时,上刀盘为主动盘,下刀盘为从动盘,上下剪刀的重叠值 h 为(1/5～1/3)板厚。由于两个剪刃重叠的弧线很短,所以可以用转动材料的方法剪切曲线边缘。这种加工设备适用于不宜气割的薄板和非铁金属板材的曲线边缘剪切。

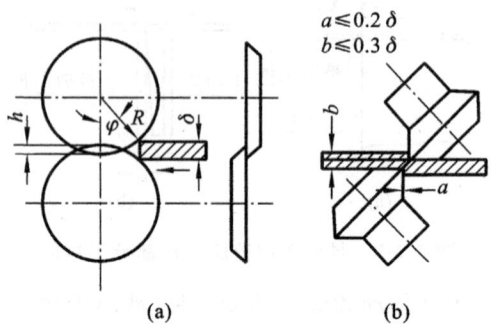

图 3-2-3　圆盘剪切机工作部分示意图

(a)轴线平行式;(b)轴线倾斜式

2) 化学切割

化学切割法现在主要是气割,也称火焰切割。采用的是乙炔等燃气,它的实质是金属在氧气中的燃烧。氧-乙炔切割(见图 3-2-4)、丙烷-氧气切割、各种金属切割气-氧气切割及汽油-氧气切割的切割原理与切割方式没有什么不同,都是氧气切割,唯一不同的是燃料。燃料是产生火焰的必需品,它可以决定火焰的最高温度,同时也决定了氧气的消耗量。所以,氧气切割简称气割,也称氧-火焰切割。

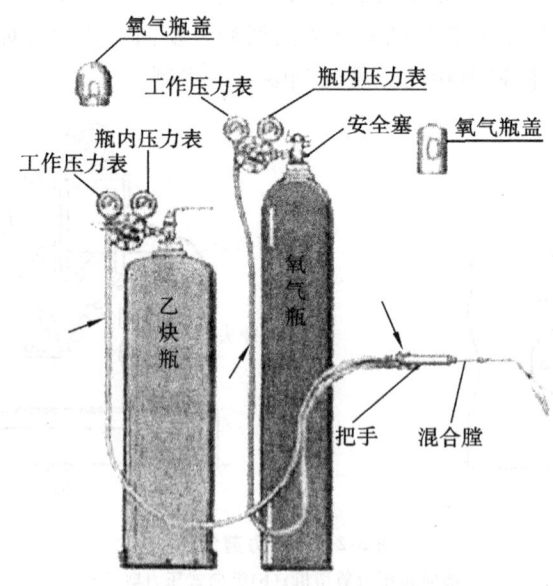

图 3-2-4　氧-乙炔设备示意图

(1)气割原理。

钢材的氧气切割是利用气体火焰(也称预热火焰)将钢材表层加热到燃点,并形成活化状态,然后送进高纯度、高流速的切割氧,使钢中的铁在氧氛围中燃烧生成氧化铁熔渣同时放出大量的热,借助这些燃烧热和熔渣不断加热钢材的下层和切口前缘使之也达到燃点,直至工件的底部。与此同时,切割氧流动量把熔渣吹除,从而形成切口将钢材割开。因此,从宏观上来说,氧气切割是钢中的铁(广义上来说是金属)在高纯度氧中燃烧的化学过程和借切割氧流动量排除熔渣的物理过程相结合的一种加工方法。

(2)气割过程中互有关联的金属的预热、燃烧和去渣。

①起割点处的金属表面用预热火焰加热到其燃点(钢的燃点在 1100～1500 ℃),随之在切割氧中开始燃烧反应,形成 FeO、Fe_2O_3、Fe_3O_4 及少废液组成的液态熔渣。

②燃烧反应向金属下层传播。

③排除燃烧反应生成的熔渣,沿厚度方向割开金属。

④利用熔渣和预热火焰的热量将切口前缘的金属上层加热到燃点,使之继续与氧产生燃烧反应。

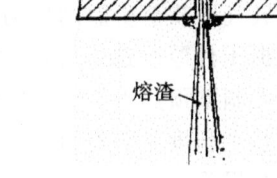

上述过程不断重复,金属切割就连续地进行。图 3-2-5 所示为气割示意图。

气割过程中要预热、燃烧、去渣,所以被割金属必须满足下列条件:

图 3-2-5　气割示意图

①金属的燃点要低于熔点,以免金属先被熔化;

②熔渣的熔点要低于金属的熔点,并且有良好的流动性,易于被高压氧气吹除;

③金属燃烧时要放出热量,以维持气割过程的连续进行;

④金属的导热性要低。

低碳钢的熔点为 1500 ℃,燃点为 1350 ℃。燃烧时所放热量占气割总热量的 70%,而预热焰的热量仅占 30%。所以一般低碳钢的气割性较好。随着钢中含碳量增加,钢的熔点降低,燃点提高(见表 3-2-1),可割性变坏。当含碳量大于 1%～1.2% 时,就不能气割。铸铁的燃点高于其熔点,气割时生成黏度较大的 SiO_2,以致可割性很差。

有些金属(如铜、铝、镍、铬、锰等),其氧化物的熔点高于金属本身的熔点,也不宜于气割(表 3-2-2)。

表 3-2-1　钢的燃点与熔点

w_C/(%)	燃点/℃	熔点/℃
0	1050	1535
0.7	1300	1300
2.0	1400	1200

表 3-2-2　几种金属及其氧化物的熔点

金属	金属熔点/℃	氧化物熔点/℃
纯铁	1535	1300～1500
低碳钢	1500	1300～1500
高碳钢	1300～1400	1300～1500
灰铸铁	1200	1300～1500
铜	1084	1230～1336
锰	1250	1560～1785
铝	658	2050

金属	金属熔点/℃	氧化物熔点/℃
铬	1550	1990
镍	1450	1990

(3) 气割工艺过程。

①气割前的准备工作要求。

a. 认真检查工作场地的安全生产条件。

b. 清除工件切割表面的油污、铁锈等。

c. 将氧气调节至所需的压力。

d. 根据工件厚度选择合适的割嘴。

e. 点火调整预热火焰(要求为中性焰),然后打开切割氧气阀,检查切割氧气流(俗称"风线")的形状和长度是否符合要求(要求呈细而直的射流喷出)。

②气割操作的要求。

a. 气割时应对准零件的号料线,割后应留出半个凿印(对不需再加工的边缘)或整个凿印(对需要再经刨边修整的边缘)。

b. 割炬的移动必须保持匀速。

c. 割嘴与工件的距离,要求在整个操作过程中保持一致。

d. 在气割过程中,根据实际情况随时调整有关参数。

e. 为减小零件在气割时的变形,操作中应遵循下列程序:

• 大型零件的切割,应先从短边开始;

• 在钢板上切割不同尺寸的零件时,应先割除小件,后割大件;

• 在钢板上切割不同形状的零件时,应先割较复杂的零件,后割较简单的零件。

f. 对薄板气割的特殊要求。选用小号割嘴;割嘴后倾 30°~40°;尽量加快切割速度;减小预热火焰功率;尽量避免中断切割过程。

g. 对大厚度板气割的特殊要求。加大预热火焰功率,对工件进行充分预热;割嘴前倾 10°~20°;割炬在切割过程中稍做前后均匀摆动;尽量避免中断切割过程。

(4) 气割主要设备。

①手工气割炬。

手工气割时割嘴的运动轨迹由操作者手工控制,操作者控制割嘴沿号料画出的切割线运动,切割精度主要取决于操作者的技术。

手工气割炬如图 3-2-6 所示。气割炬在工作时,慢风氧气由氧气通道进入喷射管,由径孔细小的射吸孔射出,使射孔周围的空间造成一个负压区,将聚集于该区的低压乙炔气吸出,然后氧气与乙炔气以一定的比例在混合室进行混合,并且以一定的流速从割嘴喷出。这种混合气体是供预热火焰用的,快风氧气则是供燃烧金属用的。

②半自动气割机。

半自动气割时气割机由电动机驱动,沿着直线轨道做匀速直线运动而实现对构件直线边缘的切割。割炬可处于垂直位置,也可以倾斜一定的角度以便切割出 V 形或 X 形坡口。

半自动气割机由切割部分(包括割嘴、气体管路及其调节装置等)、动力部分(电动机、减速器等)和辅助设备(直线轨道、割圆圆规等)三部分组成,如图 3-2-7 所示。

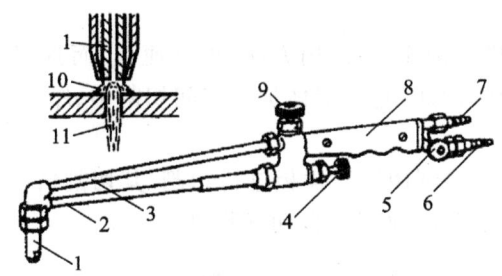

图 3-2-6　手工气割炬

1—割嘴；2—混合气管；3—切割气管；4—燃烧氧气手轮；5—乙炔手轮；6—乙炔接头；

7—氧气接头；8—手柄；9—切割氧气手轮；10—预热火焰；11—切割氧气流

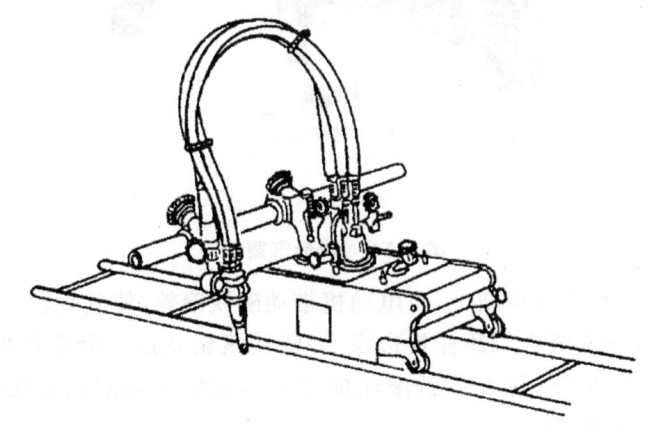

图 3-2-7　半自动气割机

③门式自动气割机。

在两根固定导轨上设置一座坚固的"门"形支架，在支架上设置一套或数套切割装置。切割时，由电动机驱动门式支架以一定的速度沿导轨做直线运动，切割装置随门式支架的运动而切出一条或数条精度很高的直线割缝，如图 3-2-8 所示。

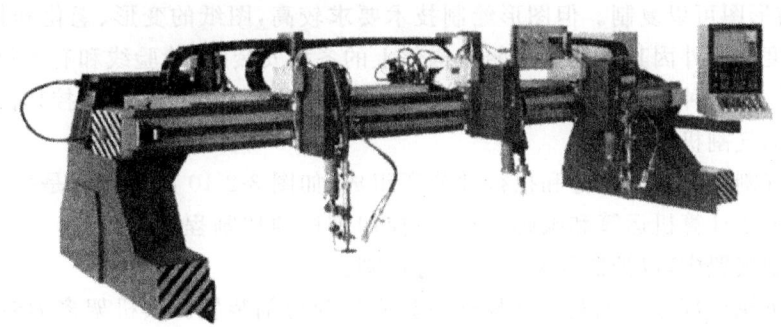

图 3-2-8　门式自动气割机

一般来说，每套切割装置上都装有三个割嘴，除切割平直边缘外，还可一次割出 V 形、X 形、K 形、Y 形焊接坡口。因此，应用高精度门式自动切割机切割直边构件，不仅加工精度高、切割速度快，而且还能将边缘切割和开坡口一次完成，以代替原来刨边机的全部工作内容，省去原来剪切半自动气割中拼板构件的二次加工，缩短船体构件的加工周期，节省大量的劳动工时。

由于高精度门式切割机结构简单，使用方便，价格便宜，而且切割速度快、精度高，又便于同前后工序组成流水生产线，因此，它是船体加工车间切割中、厚直边构件比较理想的设备。

④仿形气割机。

仿形气割机（见图3-2-9）能利用钢质样板进行切割，其切割精度高，生产效率也高，特别是在批量生产时具有很大的优越性，属于半自动气割机。

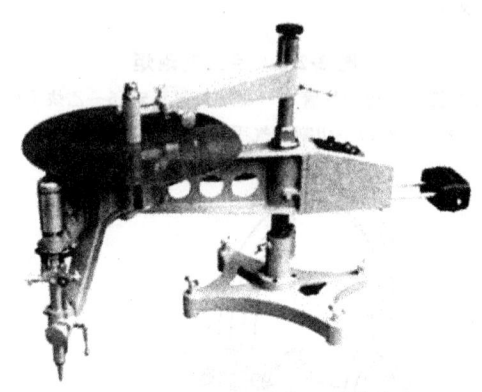

图3-2-9　仿形气割机

气割时钢质样板安装在样板架上，由电动机带动磁铁滚轮，使其旋转。由于永久磁铁所产生的磁力作用，使磁铁滚轮吸在钢质样板边缘上，磁铁滚轮就这样沿着样板的边缘匀速转动，并且带动割炬进行同步移动。因为磁铁滚轮的中心与割炬上切割氧喷孔的中心在一根垂线上，便能形成仿形气割的作用。

⑤光电跟踪自动气割机。

光电跟踪自动气割机由光电跟踪机构与气割执行机构两部分组成。它是根据设计底图（或仿形图）利用光电跟踪系统工作的，能够按一定比例切割出仿形图上所绘制的船体构件。

光电跟踪自动气割机可根据仿形图切割不同厚度、任意形状的船体构件，切割质量较好，不用号料即可割出构件形状，用多割嘴割炬组可以同时切割出多个同样构件，还可同时开出焊接坡口，并且仿形图可以复制。但图形绘制技术要求较高，图纸的变形、老化和损坏都会影响构件的切割精度。此外因其不能画出船体构件上的各种安装线、检验线和有关符号，还需进行二次号料等工作。这种光电切割机主要用于切割肘板等小型构件，作为数控切割机的补充。

⑥数控自动气割机。

数控自动气割机由控制部分和执行部分所组成，如图3-2-10所示。它是把被切割构件的图形经过通用电子计算机运算和编码，得到数控切割机的切割程序，然后拷入软盘，作为控制信息输入到控制装置中，以控制切割装置进行切割。

数控切割机执行部分的机架上安装有一套或数套切割装置。其机架多为悬臂式结构、门式结构或桥式结构。数控气割机的割炬在控制装置的控制下，除了能做平面移动外，还有自动升降和旋转等功能，因而能切割不同厚度和任意形状的构件。若切割装置为多割嘴割炬组，则可切割焊接坡口。若配置有画线装置，则还能在钢板上画安装线、加工线和各种符号。

数控气割机与其他自动气割机相比有以下优点：根据船体计算机辅助制造系统（CAM）提供的资料直接进行切割，可实现放样、切割过程自动化；切割精度高，其误差可控制在±0.5 mm以下，使用光盘等可长期保存准确数据；切割效率较光电跟踪气割机高15%以上；可省去

图 3-2-10　数控切割机

号料工序,不需要绘制仿形图,若采用带有自动号料切割装置的数控切割机,还可以取消手工二次号料,并可消除各工序间的积累误差。

3)高效能物理切割

由于气割速度较低,切割金属种类有限,不能用来切割铝、铜、不锈钢等金属材料,所以近年来国内外除专门研制高速特种氧气割嘴外,还研究和发展了等离子切割、激光切割等高效能物理切割法,以提高切割速度,扩大切割范围。

(1)等离子切割。

所谓的"等离子体"是指处于完全电离状态的气体,这种已完全电离的气体不再由原子、分子构成,而是由带电的离子所组成,但是其整体却保持着电中性。它具有较强的导电能力,能受电场和磁场的作用,是物质的第四态。使用特定装置,可获得流速达 1000 m/s、温度达15000~33000 ℃的高速高温等离子流,等离子切割正是利用这种等离子流使工件切口处的金属部分或局部熔化(和蒸发),并借高速等离子的动量排除熔融金属以形成切口的一种加工方法。它可以切割氧乙炔焰所不能切割的铜、铝、不锈钢等各种高温度难熔金属,尤其擅长于切割薄板,其切割速度是氧-乙炔焰的 3~6 倍。随着等离子技术的发展,等离子切割机也能切割较厚的钢材。氧-乙炔是一种燃烧的化学切割,而等离子是一种高效的物理切割。

目前船厂应用较多的是数控等离子切割机(见图 3-2-11),数控等离子弧切割机有热变形较小、切割速度快、切割质量好、切割材料种类多、切割成本低等优点。大型等离子切割机直接在空气中切割作业。由于切割速度快,再加上切割中的红热辐射等因素,使机器在运行时噪声大、粉尘多,空气中的有害气体得不到有效排除,环境污染严重,而该机采用的是水幕中等离子弧切割和水下等离子弧切割。它们都是用水将等离子弧柱与周围环境相隔离达到环保的目的。

等离子弧是一种比较理想的切割热源,它能够切割氧-乙炔焰和普通电弧所不能切割,或难以切割的铝、铜、镍、铸铁、不锈钢和高合金钢等,并能切割难熔金属钨、铝和非金属陶瓷、耐火材料,不仅切割速度快、切缝狭窄、切口平整、热影响区小,工件变形度低、操作简单,而且具有显著的节能效果。该设备适用于各种机械、金属结构的制造、安装和维修,做中、薄板材的切断、开孔、挖补、开坡口等切割加工。

目前,国内外大型船厂都配备了数控等离子切割机,用于船用板材的切割,尤其在切割 25 mm 以下钢板时,与火焰切割相比具有显著的切割效率和质量的优势,因此,数控等离子切割

图 3-2-11　数控等离子切割机

机已经成为船厂必备的主力机型。

（2）激光切割。

激光用于切割是 20 世纪 80 年代初开始出现和发展起来的。近年来已被逐步推广应用到自动化加工设备之中。工业激光器有两种形式，即气体（如 CO_2）激光器和固体激光器。两种激光在设计和结构上各不相同。激光产生的功率可达 $10^5 \sim 10^6$ W/cm²，这样大的能量完全足以熔化金属，因而，可以用来进行切割。

激光主要用来切割各种高熔点材料、耐热合金、超硬合金等特种金属材料，也可切割硅、锗等半导体材料和塑料等非金属材料。激光切割与其他切割相比，具有能量密度高，热量输入低，热影响区小，易于控制等特点，可以对常规方法无法加工的材料与零件进行加工。激光切割精度是所有热切割设备中最高的，可达 $0.1 \sim 0.2$ mm。数控激光切割是未来造船钢板切割的发展方向。

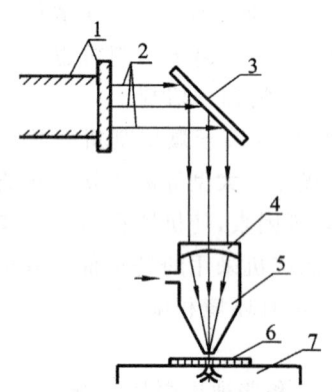

图 3-2-12　激光切割示意图

1—激光器；2—激光束；
3—45°全反射镜；4—透镜；
5—割嘴；6—构件；7—工作台

如图 3-2-12 所示，由激光器发出水平激光束经过 45°全反射镜，变为垂直向下的激光束，再经过透镜聚焦，在焦点处聚成一极小的光，光斑照射在被切割构件表面，产生局部高温（高达 10000 ℃以上），使材料瞬时熔化或汽化，随着割嘴的移动，在材料上形成割缝，同时用一定压力的辅助气体将割缝处的熔渣吹除，从而使材料被切开。

激光切割加工是用不可见的光束代替了传统的机械刀，具有精度高，切割快速，不局限于切割图案限制，自动排版节省材料，切口平滑，加工成本低等特点，将逐渐改进或取代于传统的金属切割工艺设备。激光刀头的机械部分与工件无接触，在工作中不会对工件表面造成划伤；激光切割速度快，切口光滑平整，一般无需后续加工；切割热影响区小，板材变形小，切缝窄（0.1～0.3 mm）；切口没有机械应力，无剪切毛刺；加工精度高，重复性好，不损伤材料表面；数控编程，可加工任意的平面图，可以对幅面很大的整板切割，无需开模具，经济省时。

数控激光切割机如图 3-2-13 所示，具有效率高、质量高、精度高等优点，但投资比较大。

目前,美国海军在激光技术应用于造船方面的研究处于领先地位,美国、德国、日本、俄罗斯、英国、丹麦、芬兰和瑞典等国家的一些船厂都已经应用激光切割机。近年来,激光已向大功率发展,日本生产的数控激光切割机,能高质量地切割厚度达 32 mm 的低碳钢,当切割厚度为12 mm 时的速度为 2.5 m/min,与现有的等离子弧切割机相当。

数控激光切割机以其高效率、高质量、高精度的特点,逐渐被国内厂家所认识,目前,也有不少船厂已经应用数控激光切割机切割船用钢板。尽管数控激光切割将是未来造船钢板切割的发展方向,但国内商品化的激光切割机的研制还落后于发达国家,在激光源、切割质量、整机稳定性等方面与国外相比尚有一定差距。

图 3-2-13　激光切割机

(3) 水射流切割。

近年来,一种新的切割技术,即水射流切割技术渐露头角。水射流主要用于热切割无法进行或者需要采用昂贵的机械切割工具及割缝需要磨光的场合。在国外,从 1971 年开始,水射流切割能力不断提高,现在几乎可以切割所有的材料。

水射流切割的原理是将水加压到数百兆帕的高压,然后高压水通过一个特殊设计的、孔径较小的喷嘴以大约 3 倍音速的速度喷射出来。这种具有极高动能的水射流可以用来切割各种材料,如特种钢、钛、铜、铝、铅、玻璃、橡胶、塑料、陶瓷和天然岩石等。水射流切割可分为纯水射流切割和添加磨料的水射流切割。纯水射流主要用来切割纸、木板、橡胶、皮革、塑料等软性层压材料,可采用多层叠合切割。而添加磨料的水射流切割主要用来切割钛、铝合金、不锈钢、高强钢、陶瓷、花岗石等硬性材料。所用的磨料常有橄榄石、金刚砂、铜渣等。

水射流切割在切割 8.5 mm 厚度 HY80 钢时,速度可达 254~355.6 mm/min。与其他切割相比,水射流切割具有以下特点:

①切割不产生热量,因此不会影响金属特性;

②可得到高质量的割缝,不会产生任何毛刺、挂渣,割缝边缘平直,表面光滑;

③水射流切割所形成的割缝较窄,可大大提高零件尺寸精度和材料利用率;

④水射流切割不会产生环境和冶金污染(如可用于铝-钢层压板双金属切割);

⑤水射流切割生产效率高,可切割特殊规格大厚度钢板而不需要多道工序一次成形。

水射流切割技术已在造船业得到实际应用,用来切割舰船上的多种零件,切边质量好,尺寸精度高,还大大提高了生产效率。1984 年,位于美国西海岸的 Puget Sound 海军船厂就从Flow System 公司购置了一台型号为 PASER 的数控水射流切割装置。该装置既可进行纯水射流切割,又可用作添加磨料水射流切割。用于水面舰船和潜艇的零件切割时,最大可切割厚度为 178 mm 的钢板,和手工切割相比,减少了 90% 的操作时间。

随着我国造船工业的发展,水射流切割作为一种绿色切割工艺,将在船厂中得到应用。

2. 构件边缘焊接坡口加工

根据设计或工艺需要,将焊件的待焊部位加工成一定几何形状的沟槽称为坡口。开坡口的目的是为了得到在焊件厚度上全部焊透的焊缝。

常用的坡口形式有 Y 形坡口、带钝边 V 形坡口、双 Y 形坡口、带钝边单边 V 形坡口等,图 3-2-14 为常见坡口示意图。

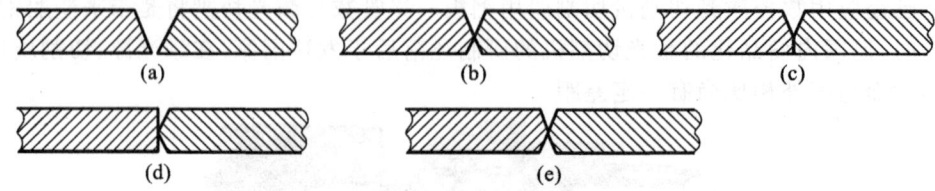

图 3-2-14　常见焊接坡口示意图

(a)V 形坡口;(b)X 形坡口;(c)Y 形坡口;(d)K 形坡口;(e)X 或 DY 形坡口

坡口加工方法可分为两大类:气割、等离子切割、碳弧气刨等热切割加工方法;切削、剪切、磨削等机械加工方法。常用材料最佳坡口加工方法的选择见表 3-2-3。

表 3-2-3　常用材料最佳坡口加工方法

材料	厚度/m	氧气切割	等离子切割	碳弧气刨	冲剪	切削	磨削
碳钢	3～20	○	□	□	☆	☆	○
	20～50	☆	□	○	□	○	□
	>50	○	—	□	□	□	□
不锈钢	<3	—	—	—	☆	☆	○
	3～20	—	□	□	□	○	○
	20～50	—	□	□	□	○	□
复合板	3～20	—	—	—	☆	☆	○
	20～50	□	—	—	□	○	○
	>50	○	—	—	□	○	□
钛及钛合金	<3	—	—	—	☆	□	☆
	3～20	—	—	—	○	○	○
	>20	—	—	—	□	○	○
铜及铜合金	3～20	—	—	□	☆	☆	□
	20～50	—	□	□	□	○	□
	>50	—	□	□	□	—	□

注:☆—最佳;○—良好;□—可能

1) 焊接坡口热切割

(1) 气割。

在热切割坡口中,最常采用的是气割方法。气割与机械加工切割相比,具有设备简单投资费用少、操作方便且灵活性好等一系列特点,尤其是能够切割各种含曲线形状的零件和大厚工件,切割质量良好。因此,一直是工业生产中切割碳钢和低合金钢的基本方法而被普遍使用。氧气切割时在正确掌握切割参数和操作技术的条件下,气割坡口的质量良好,可直接用于装配和焊接。

火焰切割法一般都是在进行构件边缘切割时,同时切割出焊接坡口。采用气割,将两个或三个割炬组合成一个割炬组,利用割炬组来加工所要求的坡口形状。图 3-2-15 所示为利用气割法加工各种焊接坡口的情况。

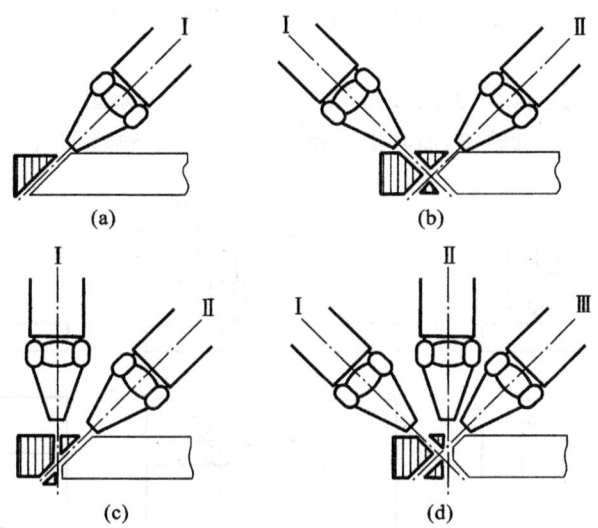

图 3-2-15　气割法加工各种焊接坡口

采用割炬组进行切割加工,可使船体构件的边缘加工(切割和开坡口)工作一次完成,既简化了船体构件的加工过程,又提高了工效。这种割炬组可直接安装在半自动气割机、高精度门式切割机、光电跟踪气割机和数控气割机等自动、半自动气割设备上。

(2) 等离子切割。

不锈钢、非铁金属多采用等离子切割,这是利用物理过程的熔割法。由于等离子切割速度快,所以在碳钢中也有所采用,但是其切割面的表面粗糙度不如气割。而且在切割厚板时,得不到直角切割面。另外,碳素钢空气等离子切割时,切割面上会形成白色氮化层,这种切割面直接用于焊接,往往会产生气孔。因此,用于焊接的空气等离子切割面在焊前须进行打磨或再加工。

(3) 碳弧气刨。

采用碳弧气刨可加工坡口,但是刨削面精度不高,而且噪声大,污染严重。碳弧气刨的另一个主要用途是去除有缺陷的焊缝,用于焊缝返修。

2) 焊接坡口机械加工

(1) 切削。

用切削加工坡口,尺寸精度和坡口面的表面粗糙度都很高,没有热影响区。加工坡口的方法有刨、铣两种。用切削加工坡口的缺点是:不论是刨还是铣,加工面与刃口的冷却及润滑都必须用润滑油,坡口面的润滑油如果清除不干净,焊接时往往会造成气孔、裂纹、氢脆等缺陷。

刨边机和铣边机是构件边缘焊接坡口的机械加工的主要设备。经过加工的平直船体板材构件,都可以在刨边机上刨出坡口,如 I 形、V 形、U 形、X 形等,只要更换不同的刨刀,旋转刀架至不同的角度,便可开出不同的坡口。也可以在铣边机上铣出 I 形坡口,供要求板材边缘平直而整洁的自动焊使用。

　　无论刨边机还是铣边机,整个机床大致分为底座、弓形梁和传动机构三部分。底座牢固地安装在地基上,它的上部是一个很长的工作台,为了便于放置被加工板材,在工作台的一边每隔 3～4 m 设托架一个。在整个弓形梁长度内装有许多向下压的千斤顶,工作时将被加工板材压紧。传动部分则由电动机及其传动机构推动刀架完成切削运动、走刀运动、吃刀动作等。因为刨边机与铣边机的切削方式不同,所以它们的刀架及传动机构也不同。

　　①刨边机坡口加工。

　　一般情况下,工件固定不动,由刨刀运动完成坡口加工,如图 3-2-16(a)所示,刨刀的主切削运动形成了刀具的直线运动轨迹,而其走刀运动将上述直线轨迹加以移动,即形成加工平面。

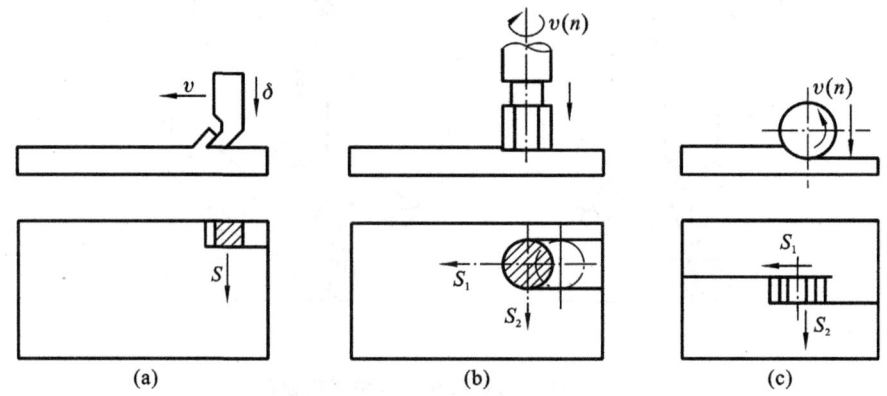

图 3-2-16　刀削平面形成原理

　　②铣边机坡口加工。

　　铣削方式主要有立铣和卧铣两种,如图 3-2-16(b)、(c)所示。立铣是用端铣刀完成的;卧铣是用圆盘铣刀完成的。这两种铣削方式的主切削运动都是铣刀的回转运动,再加上沿轴线移动的走刀运动,即形成加工平面。由于端铣生产效率较高,所以铣边机多采用端铣刀加工。

　　(2)剪切。

　　采用剪切加工的坡口面由于有喇叭口和飞边部分,所以坡口面、钝边都不易整齐,一般经剪切后需进行切削加工。

　　(3)磨削。

　　磨削加工坡口,几乎都是用手提砂轮机加工的。现在的磨削工具小型轻便,使用起来比较方便,但是工作效率低,不够安全,且卫生条件差。因为这种加工方法基本是凭操作者的经验和直觉,所以要保证坡口精度是困难的。但是,风动砂轮、电动砂轮总成本低,而且用途广,对于厚度小于 8 mm 的部件,多采用磨削方法加工坡口,这种方法更适用于现场修磨坡口。

　　3. 边缘加工的质量检验

　　零件边缘加工的质量将影响到零件的尺寸精度、涂层表面质量、船体外观及强度等。表3-2-4 为零件边缘加工检验表。

表 3-2-4　零件边缘加工检验表

工序	检验内容	检验方法
剪切	长度偏差	用卷尺测量
	宽度或高度偏差	用卷尺测量
	边缘直线度	拉粉线测量

续表

工序	检验内容	检验方法
刨边	直线度	待拼接时用焊缝量规测量接缝空隙,用卷尺测量两端板宽
	坡口面角度测量	
	两条长边平行度	
气割	构件尺寸偏差	用卷尺测量(主要、次要构件的偏差要求不同)
	面板宽度尺寸偏差	
	坡口尺寸(见图 3-2-17)	(1) 坡口面角度 θ 偏差:用焊缝量规测量 (2) 斜面长度 l 偏差:用卷尺测量 (3) 钝边 a 偏差:用卷尺测量 (4) 板边缘直线度:测量接缝间隙
	表面粗糙度(零件自由边、零件焊接边)	(1) 型钢端头气割面按手工气割标准要求 (2) 用气割面精度标准样板中的表面粗糙度模板对照检测
	缺口(构件自由边、焊接缝边缘)	缺口定义:气割凹口大于该处粗糙度三倍以上。 一般用目测估值
清洁气割面	清除氧化铁挂渣与毛刺	用手触摸

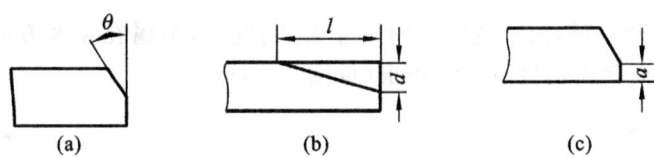

图 3-2-17 坡口尺寸示意图

(a)坡口面角度 θ 偏差;(b)斜面长度 l 偏差;(c)钝边 a 偏差

3.3 板材的成形加工

船体非平直钢板构件较多,弯曲加工工作量较大,大体上,弯板作业量占船体钢材加工总量的 10%～18%。板材主要的成形加工方法有机械冷弯法和水火弯板法。一般单向曲度板都采用机械冷弯法加工。而复杂曲度板则先用冷弯机械加工出一个方向的曲度(该方向曲度较大),然后再用水火弯板法加工出其他方向的曲度;若批量较大,则可在压力机上安装专用压模压制成形。本节主要介绍机械冷弯法和水火弯板法。

1. 钢板的冷弯加工

1) 冷加工弯曲成形的原理

将材料弯成所需形状的加工方法称为弯曲成形。弯曲成形可以在常温下进行,也可以在材料加热后进行,但大多数的弯曲成形加工是在常温下进行的。

(1) 钢材弯曲变形的过程及特点。

弯曲加工所需材料通常为钢材等塑性材料,这些材料的变形过程及特点如下:

① 初始阶段。

当材料上作用有外弯曲力矩时,将发生弯曲变形。材料变形区内,靠近曲率中心一侧(简称内层）的金属在外弯矩引起的压应力作用下被压缩缩短，远离曲率中心一侧（简称外层）的金属在外弯矩引起的拉应力作用下被拉伸伸长。在内层和外层之间存在着金属既不被伸长也不被缩短的中间层，称为中性层。

在材料弯曲过程的初始阶段，外弯矩的数值不大，材料内应力的数值小于材料的屈服极限，仅会使材料发生弹性变形。

②塑性变形阶段。

当外弯矩继续增大时，材料的曲率半径也随之缩小，材料内应力的数值开始超过其屈服点，材料变形区的内表面和外表面首先由弹性变形状态过渡到塑性变形状态，以后塑性变形由内、外表面逐步向中心扩展。

③断裂阶段。

材料发生塑性变形后，若继续增大外弯矩，待材料的弯曲半径小到一定程度，将因变形超过材料自身变形能力的限度，在材料受拉伸的外层表面，首先出现裂纹，并向内伸展，致使材料发生断裂破坏。

弯曲过程中，材料的横截面形状也要发生变化。例如材料弯曲时，将出现图 3-3-1 所示的两种变化情况。

在弯曲窄板（$B \leqslant 2\delta$）时，内层金属受到切向压缩后便向宽度方向流动，使内层宽度增加；而外层金属受到切向拉伸后，其不足便由宽度、厚度方向来补充，致使宽度变窄，因而整个横截面产生扇形畸变（见图 3-3-1(a)）。

在弯曲宽板（$B \geqslant 2\delta$）时，由于宽度方向尺寸大，刚度大，金属在宽度方向流动困难，因而宽度方向无显著变形，横截面仍接近为一矩形（见图 3-3-1(b)）。

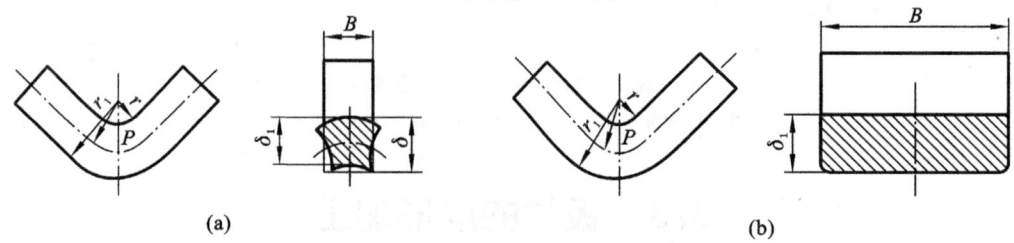

图 3-3-1　板料弯曲时横截面的变形

(a)窄板；(b)宽板

此外，无论宽板、窄板，在变形区内材料的厚度均有变薄的现象。

(2) 钢材的变形特点对弯曲加工的影响。

弯曲成形加工是使被弯曲材料按指定的加工要求发生塑性变形，而被弯曲材料自身又有着一定的变形特点，因此，为获得良好的弯曲成形件，就必须了解被弯曲材料的变形特点对弯曲加工的影响，以求能正确、合理地确定弯曲成形加工方法和工艺参数。钢材的弯曲变形特点对弯曲加工的影响主要有以下几个方面。

①弯曲力。

弯曲成形是使被弯曲材料发生塑性变形，而塑性变形只有在被弯曲材料内应力超过其屈服极限时，才能发生。因此，无论采用何种弯曲成形方法，弯曲力都必须能使被弯曲材料的内应力超过材料的屈服点。实际弯曲力的大小要根据弯曲材料的弯曲方式和性质、弯曲件形状等多方面因素来确定。

②最小弯曲半径。

材料在不发生破坏的情况下所能弯曲的最小曲率半径称为最小弯曲半径。材料的最小弯曲半径是材料性能对弯曲加工的限制条件,采用适当的工艺措施,可以在一定程度上改变材料的最小弯曲半径。

影响材料最小弯曲半径的因素如下:

· 材料的塑性越好,其允许变形程度越大,则最小弯曲半径可以越小;

· 弯曲角 α 在相对弯曲半径 R/δ 相同的情况下,弯曲角 α 越小,材料外层受拉伸的程度越小,越不易断裂,最小弯曲半径可以取较小值。反之,弯曲角 α 越大,最小弯曲半径也应越大。

2)钢板压弯成形的方法

(1)压弯的原理。

在压力机上使用弯曲模进行弯曲成形的加工方法称为压弯。板材的压弯是在压力机的上下模间进行的,板材放在压力机的下模(凹模)上,开动机器,移下上模(凸模),使工件受压产生变形,一般情况下产生过弯变形,以抵消回弹。压模的形状和精度影响成形加工的质量,在通用压模上加工较长的板材,需分成数段加压,且相邻两加压段应重叠 30～50 mm,若产品批量较大,应采用专用压模。

(2)压弯的特点。

压弯成形时,材料的弯曲变形可以有自由弯曲、接触弯曲和校正弯曲三种形式。图 3-3-2 所示为在 V 形模上进行三种方式弯曲的情况。

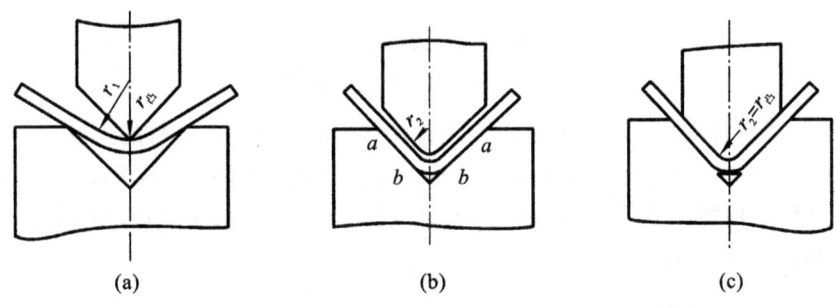

图 3-3-2　板材弯曲时的三种变形方式

(a)自由弯曲;(b)接触弯曲;(c)校正弯曲

材料弯曲时,板材仅与凸、凹模三条线接触,弯曲圆角半径是自然形成的,这种弯曲方式称为自由弯曲,如图 3-3-2(a)所示;若材料弯曲到直边与凹模表面平行,而且在长度方向上互相靠紧时停止弯曲,弯曲件的角度等于模具的角度,而弯曲圆角半径仍靠自然形成,这种弯曲方式称为接触弯曲,如图 3-3-2(b)所示;若将板材弯曲到与凸、凹模完全紧靠,弯曲圆角半径等于模具圆角半径时才结束弯曲,这种弯曲方式称为校正弯曲,如图 3-3-2(c)所示。

自由弯曲、接触弯曲和校正弯曲三种弯曲变形方式,是在材料弯曲时塑性变形阶段依次发生的。

采用自由弯曲,所需压弯力小,但工作时靠调整凹模槽口的宽度和凸模的下压点位置来保证零件的形状,批量生产时弯曲件质量不稳定,所以它多用于小批量生产中大型零件的压弯。

采用接触弯曲或校正弯曲时,由模具保证弯曲件精度,弯曲件质量较高而且稳定,但所需弯曲力较大,并且模具制造周期长、费用高。所以它多用于大批量生产中的中、小型零件的压弯。

（3）压弯设备。

压弯主要是在液压机上进行的。它是利用液体压力对板材压弯成形的冷弯设备。根据使用的液体介质不同，分为油压机和水压机两类，其中油压机使用比较广泛。

液压机的结构形式有悬臂式和柱式两种，如图 3-3-3 所示。船体加工中通常采用的是悬臂式，该机型工作台三面敞开，操作方便。柱式液压机压头与工作台可做横移、回转动作。

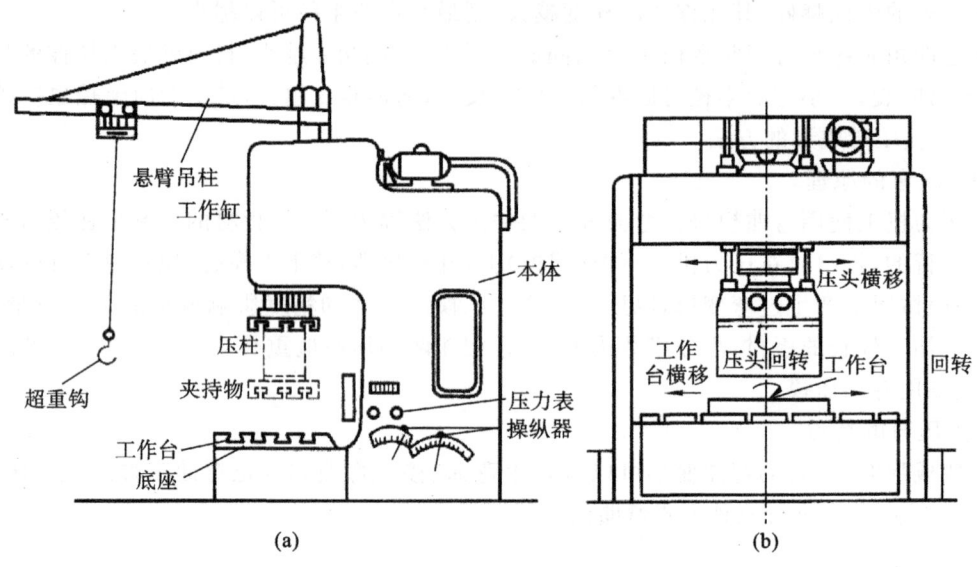

图 3-3-3　液压机简图

（a）悬臂式液压机；（b）柱式液压机

液压机进行压弯加工时，必须在压头上装设压模，由压模保证板材的形状。整个压模由上下两部分组成，上面部分称为上模（阳模）。压模按其适用范围分通用压模和专用压模，如图 3-3-4 所示。通用压模能够弯制不同曲形的构件，长度为 800～1500 mm；如果同形构件的批量较大，应设计制作专用压模。

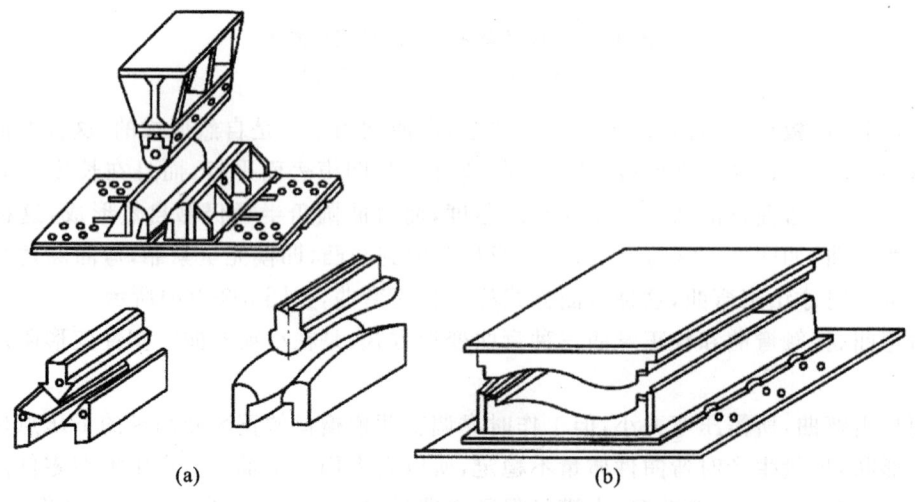

图 3-3-4　压模的形式

（a）通用压模；（b）专用压模

常用压模类型如表 3-3-1 所示。

表 3-3-1　常用压模类型

压模类型		图例	结构特点	适用范围
通用压模	平压模		上下模均平直	专用于各种厚度零件的矫平
	角形压模	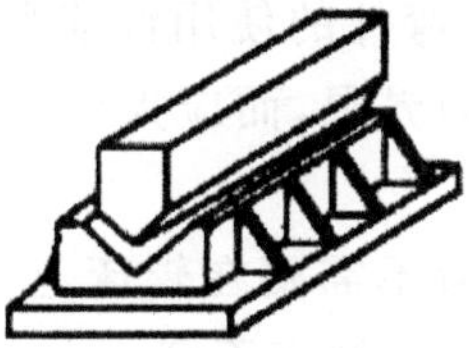	上模可用厚板刨成 90°或其他角度,下模可用铸钢做成,可同时刨成不同规格的角度槽	用于各种厚度零件的折边、折角、弯曲或压圆等加工
	半圆形压模		上模可用半圆钢焊成或铸成,下模可用铸钢制成,也可做成自由支点	用于压弯一般曲形的零件。当采用自由支点下模时,可压制护舷管等
专用压模	曲面压模		上下模表面形状根据零件特定的形状加工而成,一般为钢板结构	用于专一零件的加工,如空间复杂曲度的外板
	槽形压模	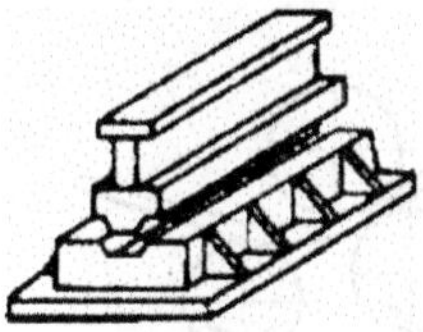	上下模表面形状根据零件特定的形状铸造而成	专用于压制槽形舱壁等零件
	球形压模	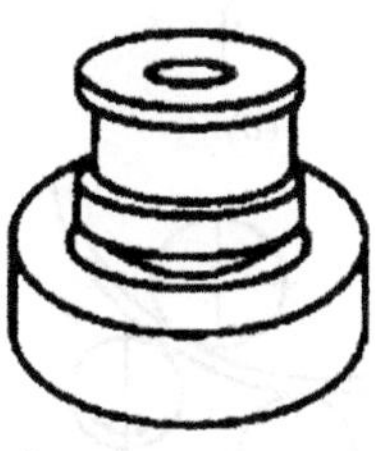	上下模表面形状根据零件特定的形状铸造而成	专用于压制锅炉封头,压力容器封头等

3）钢板辊弯成形的方法

（1）辊弯的原理。

通过旋转轴辊使钢板弯曲成形的方法称为辊弯。辊弯时,钢板置于辊床的上、下轴辊之间,当上轴辊下降时,钢板便受到弯曲力矩的作用而发生弯曲变形,由于上、下轴辊的转动,通过轴辊与钢板间的摩擦力带动钢板移动,使钢板受压位置连续不断地发生变化,从而形成平滑的弯曲面,完成辊弯成形工作。

（2）辊弯的特点。

在辊弯过程中,钢板弯曲变形的方式相当于压弯时的自由弯曲。辊弯件的曲率,取决于轴辊间的相对位置、钢板的厚度和力学性能。依靠调整轴辊间的相对位置,可以将钢板弯成大于上轴辊曲率半径的任意曲率半径曲面。由于存在弯曲回弹,辊弯件的曲率不能等于上轴辊的曲率。

辊弯往往不能一次辊压成形,而多次的冷辊压会引起材料的加工硬化。当弯曲件的弯曲程度很大时,这种加工硬化现象将十分显著,以至于辊弯件的使用性能严重恶化。因此,辊弯成形的允许弯曲半径 R,不能以钢板的最小弯曲半径为界限,而应大些。通常取 $R=20\delta$（δ 为板厚）,当 $R<20\delta$ 时,则应进行热辊弯。

辊弯成形的最大优点是通用性强,板材辊弯时一般不需要在辊床上添加工艺装备。辊床结构简单,使用和维护容易。辊弯的缺点是生产效率低和精度不高。

（3）板材辊弯成形加工设备。

①三辊弯板机。

辊弯是一种冷加工方法,主要设备有三辊弯板机、四辊弯板机,其中三辊弯板机应用最为广泛。

普通三辊弯板机除上轴辊可做上下调节外,再不能做其他调节,这使其弯板功能受到很大的限制。例如,在弯制圆柱形或圆锥形板件时,板的边缘就有一段无法进行辊压,只好采用既浪费工时又浪费材料的工艺措施（如加垫块先辊弯好板边部分或先用液压机压好板边部分等）来补救。为了解决上述缺陷,可采用几种新型的辊式弯板机。

a.三根轴辊均可上下升降调节的三辊弯板机。

这种弯板机的两根下轴辊不仅可以驱动,还可以单独或一起进行升降调节,图3-3-5所示为这种弯板机弯制构件边缘部分的过程。这种弯板机的工艺性能较好,操作方便,适用于简单曲度板的成形加工。

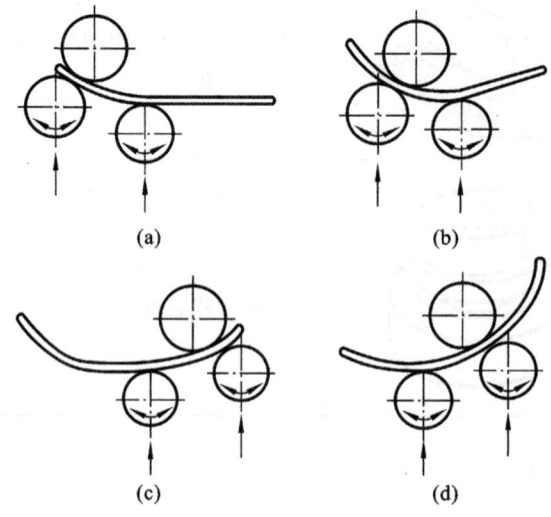

(a)　　　　　　　　　　(b)

(c)　　　　　　　　　　(d)

图 3-3-5　下轴辊可上下调节的三辊弯板机工作示意图

b.轴辊可做横向调节的三辊弯板机。

这种弯板机有两种类型。一种是上辊可横向移动的开式三辊弯板机,它可以用来弯制封闭形筒体或锥体,图 3-3-6 所示为这种弯板机弯制封闭形筒体的弯制过程。弯制时,可使上轴辊做横向移动并进行升降调节,弯制出构件的边缘部分,然后再弯成封闭的筒体。另一种是下轴辊可横向移动的闭式三辊弯板机,它是通过分别调节两根下轴辊的横向位置,弯制出构件边缘部分的曲度。

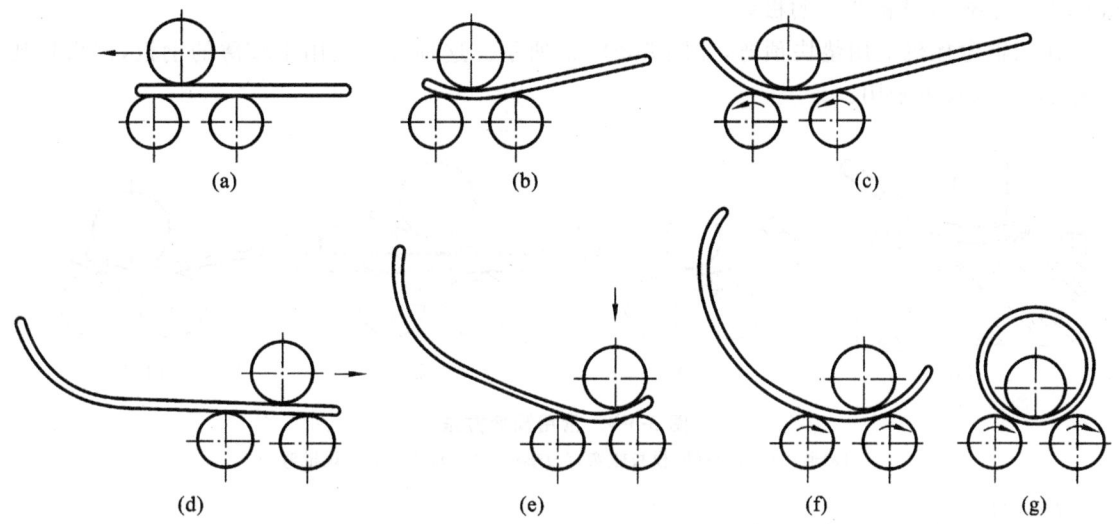

图 3-3-6　上辊可横移的开式三辊弯板机的工作示意图

②四辊弯板机。

其轴辊的布置如图 3-3-7 所示。轴辊 1 和 2 为主动辊,轴辊 3 和 4 为从动辊。轴辊 1 安装在固定的轴承内,其余三根轴辊被分别安装在可做升降调节的轴承内。弯制船体构件时,将要弯曲的钢板夹在轴辊 1 和 2 之间,通过对轴辊 3 和 4 做升降调节,将钢板弯制成构件所要求的弯曲程度。

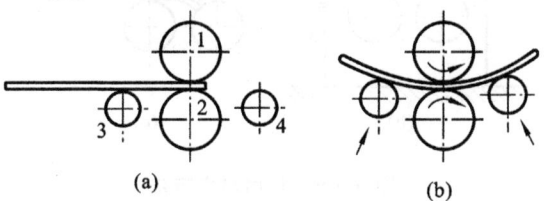

图 3-3-7　四辊弯板机示意图

4)辊弯的工艺过程

钢板辊弯由预弯、对中、辊制三个步骤组成。

(1)预弯。

辊弯时只有钢板与上轴辊接触部分才能得到弯曲,所以钢板的两端各有一段长度不能发生弯曲,这段长度称为剩余直边。剩余直边的大小与设备的弯曲形式有关,钢板冷弯曲时的理论剩余直边:对称弯曲是 $L/2$(L 是辊床侧辊中心距);不对称弯曲三辊是$(1.5\sim2)\delta$,四辊是$(1\sim2)\delta$,头压力机的模具压弯是 1.06,其中 δ 是钢板厚度。实际上剩余直边常比理论值大,一般对称弯曲时为 $6\delta\sim20\delta$,不对称弯曲时为对称弯曲的 $1/10\sim1/6$。由于剩余直边在辊弯时得不到弯曲,所以要进行预弯,常用的预弯方法如图 3-3-8 所示。

在压力机上用通用模具进行多次压弯成形,如图 3-3-8(a)所示。这种方法适用于对各种厚度的板进行预弯。

在三辊弯板机上用模板预弯,如图 3-3-8(b)所示。这种方法适用于 $\delta \leqslant \delta_0/2$ 和 $\delta \leqslant 24$ mm,并且不超过设备能力的 60%。

在三辊弯板机上用垫板、垫块预弯如图 3-3-8(c)所示。这种方法适用于 $\delta \leqslant \delta_0/2$ 和 $\delta \leqslant 24$ mm,并且不超过设备能力的极限。

在三辊弯板机上用垫块预弯,如图 3-3-8(d)所示。这种方法适用于较薄的钢板,但操作比较复杂,一般较少采用。

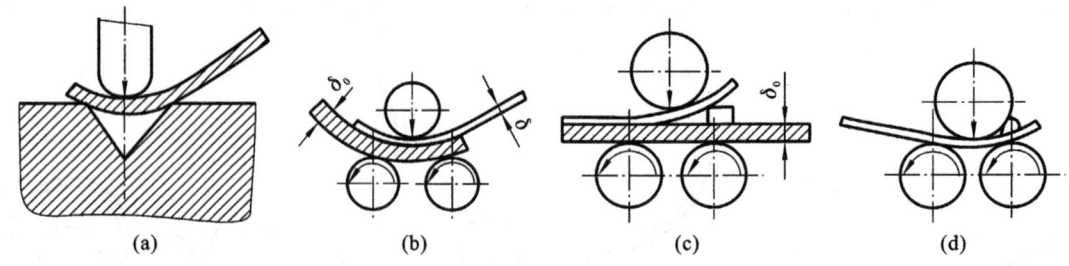

图 3-3-8　常用预弯方法

(a)通用模压弯;(b)模板辊弯;(c)垫板、垫块辊弯;(d)垫块辊弯

(2) 对中。

对中的目的是使工件的素线与轴辊轴线平行,防止产生扭斜,保证辊弯后的工件几何形状准确。对中的方法有侧辊对中、专用挡板对中、倾斜进料对中、侧辊开槽对中等,如图 3-3-9 所示。

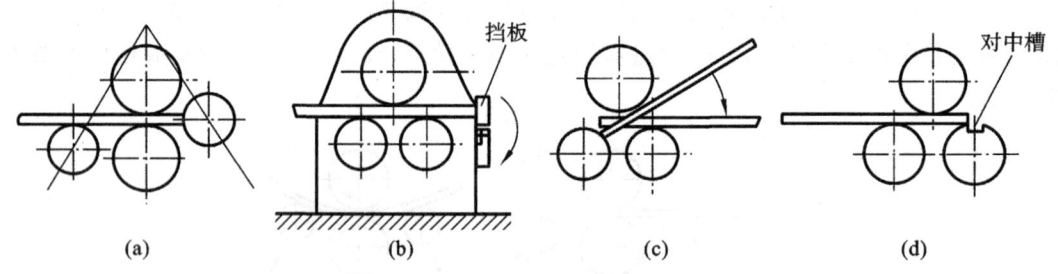

图 3-3-9　常用对中方法

(a)侧辊对中;(b)专用挡板对中;(c)倾斜进料对中;(d)侧辊开槽对中

(3) 辊制。

简单曲度板的辊弯成形主要是圆柱形钢板辊弯和圆锥形钢板辊弯。

① 柱面的辊制。

采用辊弯机弯制圆柱形钢板时,首先在钢板的两边和中间画出圆柱面素线。圆柱面的素线为相互平行的直线,因此在辊制柱面工作前,应检查辊弯机上、下轴辊是否平行,若不平行,则要进行调整。

按上述预弯方法先弯制钢板的边缘部分,然后弯制钢板的中间部分。弯制时应使钢板上所画的直素线平行地对准下轴辊上的纵向槽子,如图 3-3-10 所示。再调节上轴辊,使之压紧钢板,将钢板在辊弯机上来回滚动。

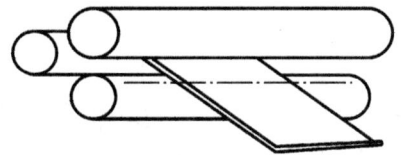

图 3-3-10　钢板中心素线对准下轴辊上的槽子

当分次进行辊制时,每次上辊的下降量为 5～10 mm,板越厚,下降量应越小。在弯制过程中应经常注意钢板上所画的直素线与下辊纵向槽子是否平行,并用内卡样板检查钢板弯制的曲度,用检查结果来调节上轴辊的升降,直至钢板的曲度与样板型线相符为止。辊制时由于钢料的回弹,所以必须施加一定的过卷量,在达到所需的过卷量后,还应来回滚动几次。对于高强度钢由于回弹较大,最好在最终辊制前进行退火处理。

对一些厚度较厚的圆柱体,辊制时须将两边缘辊制成 20～30 mm 的重叠,即圆柱体壳体直径缩小 10 mm 左右,这是考虑到圆柱体从三辊弯板机上取下后,用铁锤进行手工矫形时会引起圆柱体壳体二对接边的扩张,圆柱体直径会变大。如果已知辊弯机的轴辊半径和相对位置,则可根据所要弯制板料的曲率半径,计算出轴辊应调节的位置,具体位置的计算如图3-3-11所示。

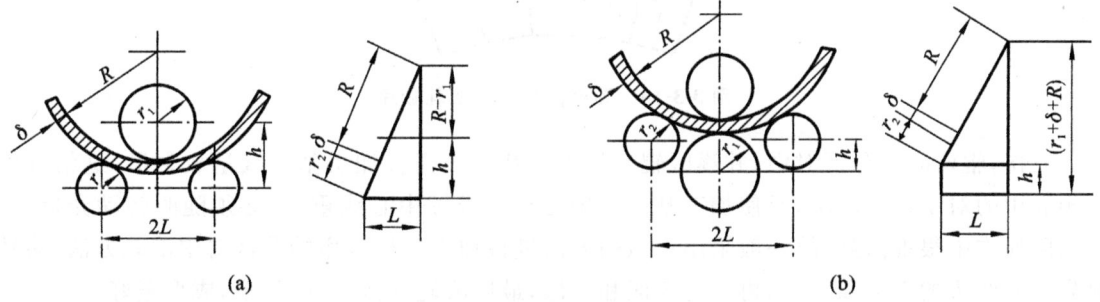

图 3-3-11　弯板机辊轴位置的计算

(a)三辊轴;(b)四辊轴

图 3-3-11(a)所示为三辊弯板机:

$$h = \sqrt{(R+\delta+r_2)^2 - L^2} - (R - r_1)$$

图 3-3-11(b)所示为四辊弯板机:

$$h = r_1 + (R+\delta) - \sqrt{r_2 + (R+\delta)^2 - L^2}$$

由于钢板的回弹,所以按图理论求得的值,供初辊时参考。在弯板机上所能辊弯的最小圆筒直径取决于上辊的直径,考虑到圆筒辊弯后的回弹,能辊弯的最小圆筒直径为上辊直径的1.1～1.2 倍。

②圆锥面的辊制。

由于圆锥面两端的曲率不同,在钢板上事先画出的素线是不平行的,而弯制锥形板同样要始终保持其素线与上轴辊重合才能准确地弯制成形。因此,用一般通用弯板机弯制锥形板时,必须采取一定的工艺措施,使其近似地弯曲成形。一般可采用如下的工艺措施:一是为了能获得锥形板两端不同的曲率,辊制圆锥面时,把上辊与侧辊的中心线调节成倾斜的位置。一般情况下,上轴辊处于倾斜,低的一端是小口的一端,高的一端是大口的一端,其倾斜度是随着钢板弯曲的程度而逐渐加大的,如图 3-3-12 所示。二是将锥形板作如图 3-3-13 所示的 5 等分的划分,并分别对其进行辊制。

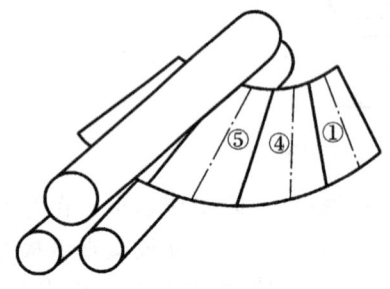

图 3-3-12　倾斜轴辊

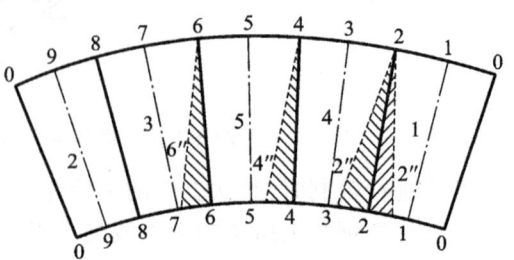

图 3-3-13　圆锥面的分区辊弯图

圆锥面的辊弯过程与圆柱面相似,先预弯后辊制。

圆锥体壳板的滚轧可分为压头、对中、滚轧与卸车四个步骤。具体操作步骤如下:

首先,要对下好料的工件画加工基准线区分加工区。如图 3-3-14 所示为 5 个加工区,在加工基准区中可画出一根中心线。

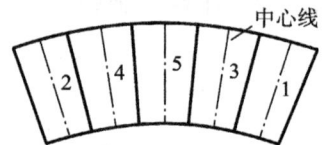

图 3-3-14　圆锥体加工与滚轧顺序

其次,辊弯时要分区对中,并逐区辊弯加工。圆锥体壳板加工基准线呈放射形,这给圆锥体辊轧中的对中带来困难,要使加工基准线始终与上辊轴中心线重合,必须随时转动壳板,这在实际操作中很难做到,故一般采用近似的方法进行加工。最常用的分区对中滚轧方法,滚轧时先滚轧两边的 1 区和 2 区,再滚轧 3 区和 4 区,最后滚轧 5 区,分区越多,成形越好。

最后,在辊弯中不断用样板进行复核,达到与样板相符的弯曲半径。

5)复杂曲度板的冷弯成形

具有双向曲度或多向曲度的板称为复杂曲度板。其冷弯成形设备主要是液压机,也有少数船厂使用万能弯板机来弯制复杂曲度板,但是它要求操作技术高度熟练,而且成形质量不易控制,弯板的劳动强度大,因此使用并不广泛。对于双向曲度不大的构件,也可在三辊弯板机上进行冷弯。

船体外板的弯曲形式除了柱面和锥面单向曲度外,还有几种双向曲度不大的弯曲形状。

• 帆形板:其弯曲特点是纵、横向弯曲同向;
• 鞍形板:其弯曲特点是纵、横向弯曲反向;
• 螺形板:其弯曲特点是横向弯曲按螺线变化。

双曲度外板加工工艺:

①根据工件的分段号、零件号、肋位号制作样板;
②依据样板的曲度劣势,在滚板机上调整外板的辊弯方向;
③进行外板辊弯,在辊弯中用样板复核;
④在辊弯结束后将样板及外板交火工进行水火矫正。

6) 数控弯板简介

目前,弯板工作虽然改变了过去火工弯曲的落后状况,但与其他工序相比,生产效率仍然很低,劳动强度仍然很高。因此,如果能应用数控技术进行自动化弯板,则不仅会大幅度地提高弯板工作的生产效率、减轻劳动强度,而且会提高弯板精度、从而减少装配和矫正工作量。如果同其他数控加工装置一起使用,则能实现船体加工车间综合机械化、自动化、提高综合生产能力。正因为如此,国内外多年来十分重视数控弯板的研究,并先后研制出几种数控弯板机的样机,其中最典型的是多压头式(或称多柱塞式)数控弯板机。

图 3-3-15 为多压头式数控弯板机弯板原理示意图。弯板时,运用数控程序将其下模(或上模)的各压头逐个自动加以调节,使其改变高度,形成与所要求的钢板形状相同的曲面(考虑回弹量在内)。当被弯钢板定好位后,上模(或下模)的各个压头下降(或上升),钢板就可弯成所需要的各种形状。

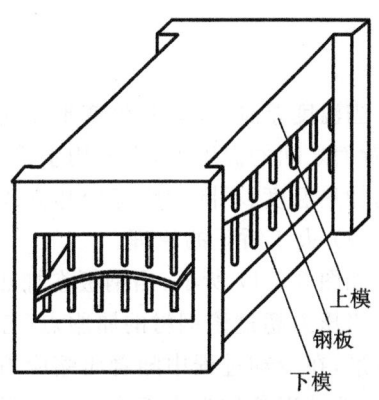

图 3-3-15 　多压头式数控弯板机弯板原理示意图

上模
钢板
下模

2. 钢板成形的热加工

对于双向或多向曲度的板,其冷弯成形设备主要是液压机或辊弯机,热加工是用水火弯板方法。热加工的加工过程是在火工加工平台上进行的。90%以上的船体复杂曲度外板都可用此法加工。水火弯板具有生产率较高、成形质量好和设备简单等优点,特别是在单件生产和小批量生产时更为适用。

对钢材加热至一定温度再进行加工或矫正成形的工艺,称为火工,包含了火工加工、火工矫正两个方面。

对于火工加工,目前常用两种工艺方法:一是采用氧-乙炔火焰,对钢板表面进行局部加热,利用钢板热胀冷缩的原理使钢板弯曲成形;也可在局部加热的同时,浇水冷却使钢板弯曲成形即水火弯板。所谓水火弯板,是指沿预定的加热线用氧-乙炔炬对板材进行局部线状加热,并用水进行跟踪冷却(或让其自然冷却),使板产生局部塑性变形,从而将板弯成所要求的曲面形状的弯板方法。也可称为线状加热法。它利用材料热胀冷缩时自由收缩成形,无需繁重的体力劳动,设备简单,显出其独特的优点。一种是将钢板放入专用加热炉进行整体或分区加热,主要利用钢材加热后强度明显下降、塑性增大的特性,然后再加外力强制钢板弯曲成形。各船厂广泛应用的是第一种方法。

我国于 20 世纪 60 年代初期开始研究水火弯板工艺,目前是大多数船厂弯制复杂曲度板和船体内部大型构件的主要工艺方法。

1) 基本原理

(1) 火工加工的原理。

由火工定义可知,它主要是利用钢材加热后塑性增大、强度降低的特点,强制施以外力,使之发生永久性变形,从而达到想要的形状。而船厂使用最多的是水火弯板的方法。所谓水火弯板是指沿预定的加热线用氧-乙炔火工矫正炬对板材进行局部线状加热,并用水进行跟踪冷却,使钢板产生局部塑性变形,从而将钢板弯成所要求的曲面形状的一种弯板方法。

当氧-乙炔火焰对钢材局部加热到 600～700 ℃以上时,受热区发生膨胀,但周围温度较低的金属将限制并产生压缩应力,由于金属在高温时的塑性增大,使得受热区产生压缩塑性变形,在钢材冷却时形成收缩变形。在收缩时,由于钢板厚度的影响,加热面与背面存在着温度差,导致正面的压缩塑性变形量大于背面,因此形成了角变形 α,如图 3-3-16 所示。

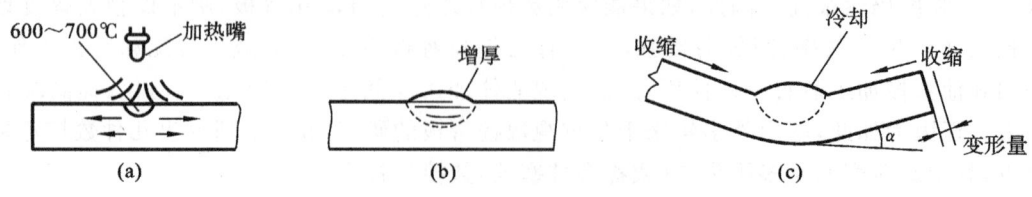

图 3-3-16　水火弯板原理
(a)加热;(b)膨胀;(c)收缩变形

当温度差越大时,其角变形量也越大。水火弯板就是利用这一原理,在加热时为了加大正、背面之间的温度差,常采用水跟踪冷却,可以提高冷却速度,从而使角变形量增加。采用不同的加热温度、不同的跟踪冷却方式,可以达到有效控制角变形量的目的。

(2) 火工矫正的原理。

如图 3-3-17 所示,当钢板在加热时,受热区(图中阴影部分)膨胀,受到周围冷金属区的压缩。当压力超过该钢材的屈服点(普通船用低碳钢的屈服点约为 235 N/m²)时,钢材将发生塑性变形,在冷却过程中随着压缩应力的释放,受热区金属并不能恢复到原有的长度,比原来缩短了,这种现象称为火工收缩。由于钢材的不均匀性、局部加热等,常使得该收缩不对称于材料截面的中和轴,所以会出现弯曲变形。

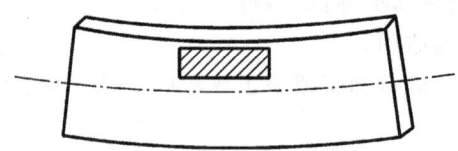

图 3-3-17　火工收缩原理

钢材的屈服点是随着温度上升而下降的,而压力则随着温度的升高而增大。因此加热温度越高,就越容易达到其屈服点,当加热到 600 ℃时,屈服点就接近于零。火工矫正就是利用火工收缩的原理,来控制达到所要求的变形。一般加热温度常在 500～900 ℃之间。

但由于受热区与周围的冷金属区之间并没有明显的分界,中间总是存在一定区域的过渡区,这将使得受热区受的压力因受热区、过渡区之间温差的减小而减小,为了保持压力,就必须降低冷金属区的温度,一般常采用水冷却,从而提高火工收缩的效果。水冷却的火工矫正是目前普遍使用的一种有效方法。

2) 加热形式对变形的影响

火工加热方式的不同,会使结构变形所达到的量也不一样,在选择时,应根据结构变形的特点、加工外板的线型、火工矫正的原理,再结合火工加热方式的适用范围,进行确定。否则将给火工加工、火工矫正增加困难,如产生相反的效果、浪费人力物力、影响美观等。

火工的加热方式主要有圆点形加热、半圆形加热、V 形加热及条状加热等。

①圆点形加热也叫烧火圈。一般是在钢板的中间部位(见图 3-3-18)烧火圈。加热时加热部位受四周阻碍,只好向上下两面膨胀,冷却时向着圆周中心收缩,产生收缩应力,将附近的材料收缩以产生所需要的变形。该方法的优点在于加热参数容易掌握,缺点在于加热面积过多、速度慢、工效低、易诱发其他方向的变形、加热区冷却后有明显局部增厚、加热时需进行锤击、

劳动强度大、噪声大、涂装后易留下明显痕迹等。适用于矫正各种厚度、各种结构形式的变形,特别适用于上层建筑的围壁的矫正,但由于工效低、质量差,现已很少使用。

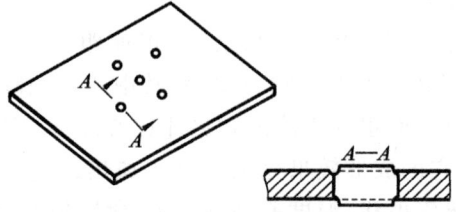

图 3-3-18　圆点形加热

②半圆形及 V 形的收缩原理是一致的。一般用于钢板的边缘部位使其产生收边的作用(见图 3-3-19)。钢板外边缘加热面积大,产生的热塑性变形也大,收缩时边缘收缩变形较 A 点大,所以能收边。三角形加热法的优点在于加热方法比较容易掌握,矫正 T 形、H 形和其他型材弯曲变形的效果较好,缺点是温度掌握不当容易产生新的变形。

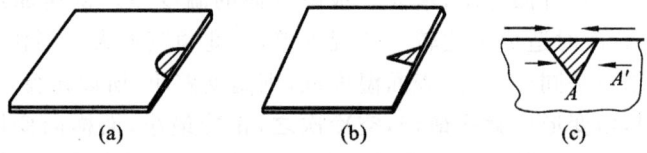

(a)　　　　　　　(b)　　　　　　　(c)

图 3-3-19　半圆形、V 形加热

该法适用于矫正 T 形、H 形结构和其他型材的弯曲变形,也可用于矫正分段自由边缘的荷叶状变形,如甲板开口、双层底边舱外板上口等。此法适用于水火弯板、水火矫正。

③条状加热也叫线状加热,即加热的形式是条状线,它相当于烧一条焊缝一样,其变形情况如图 3-3-20 所示。它将产生角变形、横向收缩和沿加热线长度方向的纵向翘曲。如果加热涉及钢板的整个厚度,将不产生角变形(见图 3-3-20(b))。

线状加热法适用于各种结构变形的矫正,特别是对于板架变形的矫正,如瘦马变形、波浪变形等。该法多用于水火弯板的加热、水火矫正,对于小于 4 mm 的薄板矫正效果也比较好,目前已被普遍采用。

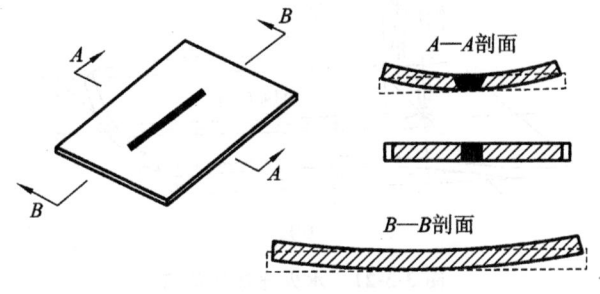

图 3-3-20　条状加热

3)加热速度与冷却方式对角变形的影响

水火弯板主要是在钢板表面进行条状加热,使加热区产生角变形和横向收缩变形,从而使钢板弯曲。合理地分布条状加热线,即可得到所要求的曲面形状。

由此可见,水火弯板的关键在于造成角变形,而角变形则取决于板厚方向的热塑变形差,而热塑变形差又取决于板厚方向加热区的温度差。温度差的形成要通过加热与冷却才能达到。

加热的作用已如上述。而冷却在这里能起到两种作用：一是阻止加热区的热量向周围扩散；二是加大板厚方向的温度差。

水火弯板的冷却方式有三种：背面跟踪水冷、正面跟踪水冷及空气中自然冷却，如图3-3-21所示。三种冷却方式对角变形的影响有差别，其中背面跟踪水冷的效果最好，空气冷却其次，只是在加热速度较大时正面跟踪水冷的效果才比背冷与空冷的好一些。

空气冷却：是自然冷却，它的成形效果完全取决于加热速度。低速时温度差小，角变形也小。逐渐提高速度，使得加热深度浅，温度差逐渐加大，所以角变形也加大，并达到最大值。在这之后，由于速度高，加热深度更浅，热塑性变形作用就小，所以角变形也随之减小。

正面跟踪水冷：水在受热的一面冷却，当加热速度较大时，加热深度就浅，背面温度自然就低，此时水冷主要是冷却四周，增强了四周金属的阻碍作用，所以角变形大，当加热速度正好使加热深度为板厚的三分之一时，角变形最大。如果加热速度低，使背面温度增高，钢板上温度差小，正面冷却更减小了温度差，所以角变形小，甚至有可能出现反向弯曲。

背面跟踪水冷：它是在背面冷却，增大了板厚方向的温度差。低速加热时，热源停留时间长，背面温度也较高，背冷时造成了比较大的温度差，因此角变形大。当快速加热时，表面的温度也低了，背冷的作用还是同样，但因表面温度低，则温度差小，所以角变形就减小。

上述三种方式中，角变形以背冷最佳，空冷次之，正冷最小；而横向变形则是以背冷最大、正冷其次、空冷最小。但就操作方便性来看，以空冷最简单，正冷其次，背冷操作极不方便。

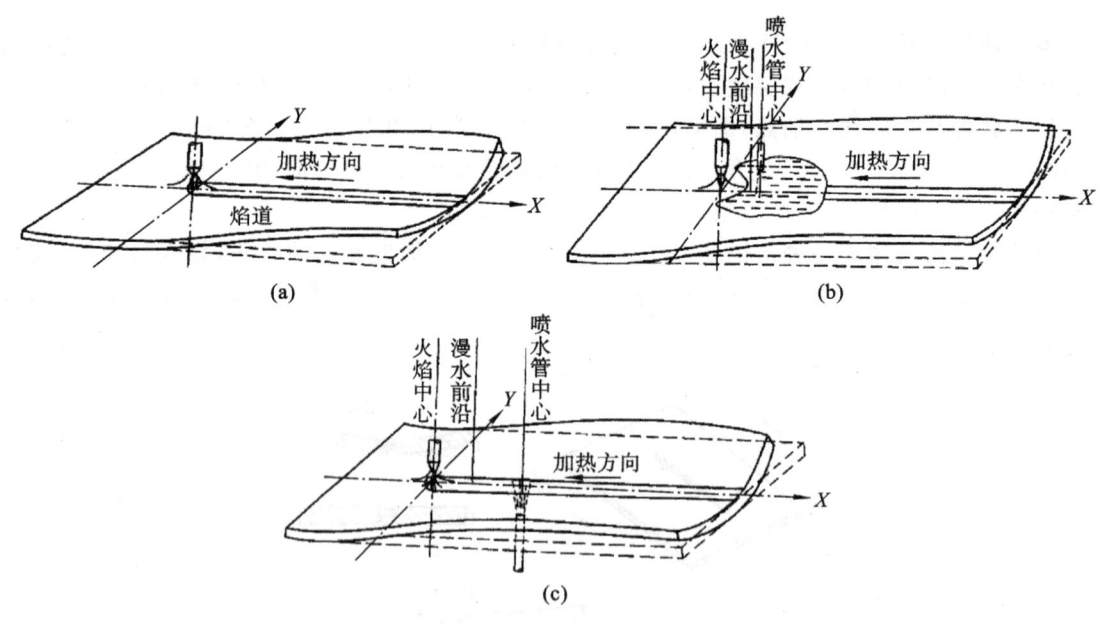

图3-3-21　水火弯板冷却法

(a)空气冷却法；(b)正面跟踪水冷却法；(c)背面跟踪水冷却法

4）加热线的安排

加热线安排得是否合理将会直接影响到钢板的成形效果。加热线间距一般为100~300 mm，但不小于80 mm，以免相互干扰而降低变形效果。加热线长度，一般越长成形效果越好，但长度不宜跨越弯曲横截面中和轴。当收边时，加热线的走向，宜由钢板内开始而终止于板边，则效果显著。加热线的布置随板的弯曲形状而不同，宜根据具体情况决定。

加热温度，薄板为 600～700 ℃，中厚板为 800～900 ℃。冷却水与火源的距离宜为 250～350 mm，如果距离太近，当缩小到 60 mm 时便会产生骤冷，这对成形效果与材质都不利，尤其是对调质型合金钢来说严禁使用。

水火弯板加热的重复次数，薄板只允许一次，厚板可达三次。

5）热加工主要参数

火工加工矫正的成形效果主要取决于相应工艺参数的确定，如焰嘴口径、火炬功率、加热温度、加热速度、加热深度、水火距、水流量等，这些参数对钢板的成形效果起着至关重要的作用，在实际操作中，应根据要加工的部位、工件的材料、变形情况等来选择合适的参数，以便达到最佳的成形效果。

（1）火焰功率。

火焰功率主要取决于氧-乙炔焰嘴的大小，焰嘴直径大，单位线热能就强，钢板的成形效率就可以提高。所以在对钢板进行施工时，应根据不同厚度，在不产生过挠的前提下，尽可能地采用较大的火焰功率，以提高生产效率。

（2）加热温度。

加热温度与钢板的横向收缩、角变形都有一定的关系。

横向收缩随温度的增高而增大，但当温度超过 900 ℃时，收缩量增大不显著。

角变形随温度的增高而增大，对于薄板，当超过 750 ℃后，角变形的增大不显著。

（3）加热速度。

加热速度是水火弯板中的一个主要参数，对成形效果影响较大，应该特别注意，尽量选用与板厚对应的最佳加热速度，以提高成形效果。加热速度的影响主要在于以下几点：

①一般而言，加热速度越慢，收缩量则越大；

②加热速度慢，钢板正反面温差小，成形角度即角变形也小；反之较大；

③在同一加热速度下，薄板的收缩要大于厚板；

④加热速度过快时，由于单位线热能减小，角变形反而减小；

⑤在板厚一定时，对同一加热、冷却方式而言，存在一个最佳的加热速度；

⑥一般选用的加热速度为 0.3～1.2 m/min，厚板时速度可稍慢。

（4）加热深度。

加热深度对钢板的成形效果也有较大影响。横向收缩随加热深度增加而略有增大。当加热深度在 1/2 板厚以内，角变形随加热深度增加而增大；超过 1/2 板厚后，由于逐渐趋向在整个板面上受热，造成钢板正反面温差减小，因而造成正反面塑性变形值减小，角变形减小。

加热深度与加热速度成反比关系，加热速度慢，加热深度就深，反之则浅。

（5）水火距。

水火距即浇水点至火焰点的距离。

随着水火距的增大，横向收缩量也跟着增大。当达到某一峰值后，继续增大水火距，则收缩量反而减小。

角变形随水火距的增大而减小。

（6）水流量。

水流量主要用于钢板的冷却，在使钢板受热区得到充分的冷却时，应能保证冷却后的钢板温度控制在 70～80 ℃，因此冷却后的钢板温度即使再低，也不会产生新的变形，因此水流量不宜过大，否则易造成浪费。

3.4　型材的成形加工

船体结构中常用的型钢种类有角钢和球扁钢，型材弯制工作量占船体钢材加工总量的 9％～16％。型钢构件主要有肋骨、横梁、纵骨等，其中以肋骨的弯曲工作量最大，因此本节将着重介绍肋骨的成形加工。

1. 肋骨成形方法及其分类

船体肋骨弯曲成形的方法很多，比较典型的有以下几种：

冷加工方法主要是在室温下使金属产生塑性变形的加工工艺，如冷轧、冷拔、冷锻、冲压、冷挤压等。

船体结构中常用的型材有角钢和球扁钢，型材构件主要有肋骨、横梁、纵骨等。型材成形加工的方法很多，有三支点逐段进给式肋骨冷弯机冷弯、纯弯曲原理肋骨冷弯机冷弯、型材矫直机冷弯、三轮滚弯机滚弯、多模头一次成形数控肋骨拉弯机冷弯等。目前各船厂对肋骨的冷弯曲主要采用型钢矫正机、肋骨冷弯机及液压机等加工设备，冷弯方法一般都采用逐渐进给，即型钢在机床上从一端开始，逐段进给加以弯曲，使每一段的弯曲部分都能达到所要求的形状。现在已将数控技术应用到肋骨冷弯机上。

目前大多数船厂都采用冷弯法来加工肋骨等型钢构件。肋骨冷弯成形的方法有三支点肋骨冷弯机冷弯、纯弯曲原理肋骨冷弯机冷弯、型材矫直机冷弯、三轮滚弯机滚弯、多模头一次成形数控肋骨拉弯机冷弯。使用最广泛的冷弯成形设备是逐段进给式肋骨冷弯机，且目前数控式肋骨冷弯机已应用到生产中。

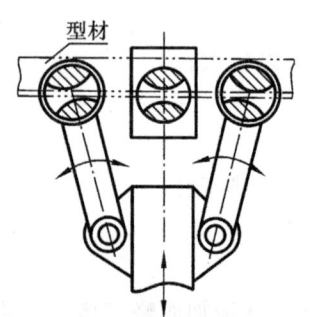

图 3-4-1　三支点式肋骨冷弯机工作部分示意图

（1）三支点逐段进给式肋骨冷弯机。

图 3-4-1 所示是这种机床的工作部分示意图。在冷弯某一段时，安装在固定夹头两侧的可动夹头连同所夹持的型材一起做如图 3-4-1 所示的进退和旋转，对型材施加外力，将型材弯曲成所需要的形状。

两可动夹头之间的距离 A 主要取决于型材高度 H，一般情况下 $\dfrac{H}{A} = \dfrac{1}{4} \sim \dfrac{1}{3}$。型材弯曲时分内弯和外弯两种，由于所受弯矩方向的不同，内弯弯曲后出现下挠现象，外弯弯曲后出现上拱现象。产生的拱挠曲度则由中间固定夹头的垂向液压装置加垫片予以矫正，或预先给予反变形来防止。

一段弯好后，再进给一段，这样逐段冷弯出整根肋骨。弯曲时，夹头上的夹紧装置将型材腹板夹紧，防止型材在弯曲过程中产生翘曲和皱折。这种肋骨冷弯机优点较多，使用较普遍，但也存在压痕大、加工效率不高的缺点，现在有很多船厂已实现数字程序控制，能自动地弯制出各种形状不同的肋骨。

（2）纯弯曲原理肋骨冷弯机。

图 3-4-2 所示为我国研制的 50 t 纯弯曲原理肋骨冷弯机的主要工作部分。该机采用四支点弯曲方法，其机械部分主要由水平弯曲机构、垂向反变形机构、进料机构、正位机构、仿形机构或数控机构等组成。适用于弯制中小型船舶的肋骨和横梁等型材。

水平弯曲机构采用液压传动装置。弯曲肋骨时，首先使三个垂直安装的夹紧油缸驱动三

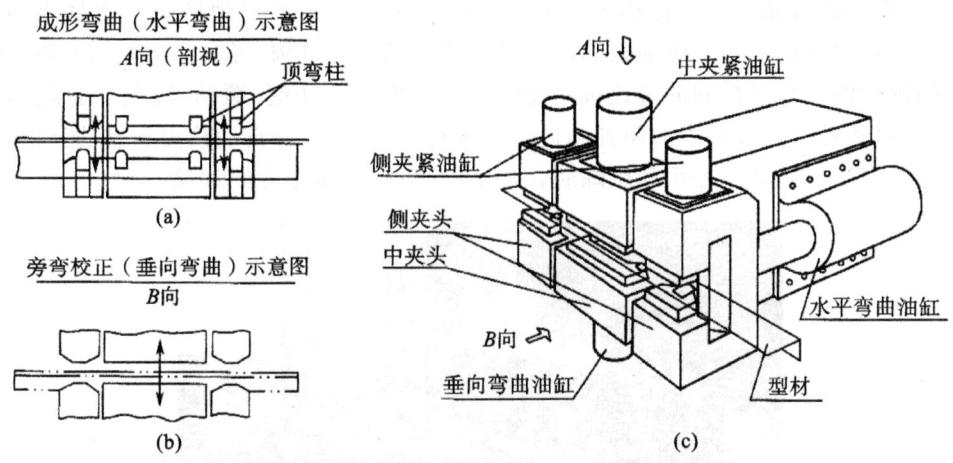

图 3-4-2　50 t 纯弯曲原理肋骨冷弯机示意图

个夹头夹紧型材的腹板,然后由两个水平安装的大小相同的弯曲油缸分别驱动两个侧夹头体做水平方向的前后移动。由于中夹头体上设置了两个顶弯柱,两个侧夹头体上各设置了一个顶弯柱,这样在型材上就形成四个支点,顶弯柱对型材施加弯曲力,在型材腹板所在的平面(即机床的水平平面)内按纯弯曲原理进行弯曲。逐段进给逐段弯曲,直到整根肋骨成形。

　　另外在弯曲过程中会产生中拱或下挠的旁弯现象,所以在机床上还安装了垂向反变形机构。在弯曲前,调整垂向弯曲油缸,升高或降低中间夹头,使中间夹头与两侧夹头高度形成一个差值,数值与该段型材在弯曲过程中产生的旁弯曲度数值大致相等,方向与旁弯方向相反,这样在三个夹头夹住肋骨后,就会产生反弯曲变形,以抵消弯曲过程中产生的旁弯变形。

　　与三支点逐段进给式肋骨冷弯机相比,纯弯曲原理肋骨冷弯机的优点是加工质量好、效率高、机床性能比较完善,可作为型材矫直机使用。

　　(3)多模头数控肋骨拉弯机。

　　为了扩大型钢冷弯加工的工作范围,提高生产效率,改善劳动强度,近几年来出现了数控肋骨冷弯机。这是一种先进的加工设备,根据程序它能自动地弯制出各种不同形状的肋骨。图 3-4-3 为多模头数控肋骨拉弯机示意图,它能够一次成形工件。

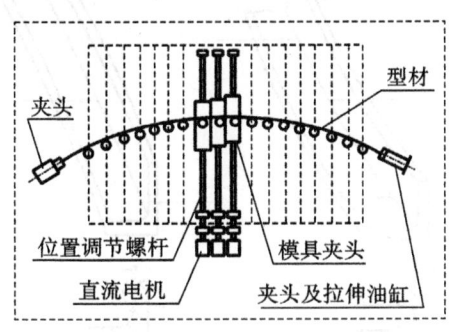

图 3-4-3　多模头数控肋骨拉弯机

　　(4)数控肋骨冷弯机。

　　如图 3-4-4 所示为某数控肋骨冷弯机。该设备的主要特点:能够实现进退料、弯曲、回弹和伸长的补偿,标记起点、终点和水线等肋骨。

　　在加工全过程的自动控制中,也能进行手动操作弯制肋骨。经过特殊设计的弯模和夹紧机构能满足正弯肋骨和反弯肋骨和 S 形肋骨多种弯制要求,并较好地解决了肋骨成形中的扭曲、皱折和旁弯现象的发生。由油缸和液压马达驱动的送料机构,可实现肋骨的分段和全长进退料,专门设计的计算机控制的避让机构使肋骨进退料机构快捷、顺畅,避免了受阻和卡死现象发生。能对肋骨弯曲过程中的回弹和伸长量进行自动预测,并自动检测和自动补偿,肋骨成形精度高、线型好。能动态显示和跟踪肋骨加工的全过程,操作方便直观。

图 3-4-4　肋骨冷弯机

2. 型材冷弯受力与变形

型钢的冷弯曲是在常温下直接通过施加外力使其产生塑性变形,从而达到所要求的曲线形状。其加工工艺基本上与型钢的矫正工艺相同,可在同一型钢加工机床上进行弯曲,区别仅仅是弯曲量的大小不同。

型钢弯曲时,由于有些型钢的中和轴与受力面不在同一平面上,所以不仅使型钢产生弯曲,而且伴随着断面变形。图 3-4-5 所示为角钢内外弯曲时的断面变形,角钢外弯时夹角增大(俗称开尺)并产生角钢上拱;角钢内弯时夹角变小(俗称拢尺)并产生角钢下垂。

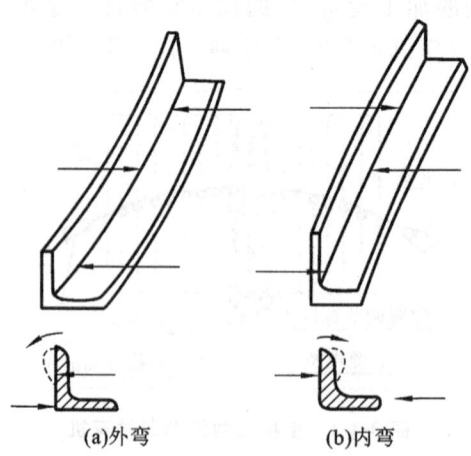

(a)外弯　　　　　　　　(b)内弯

图 3-4-5　角钢弯曲时的受力与变形情况

(a)外弯;(b)内弯

此外,由于型钢弯曲时,材料外层受拉应力,内层受压应力。在压应力的作用下材料易出现皱折变形,在拉应力的作用下材料易出现翘曲变形。如图 3-4-6 所示为 T 形构件的内外弯曲时的面板与腹板变形情况。

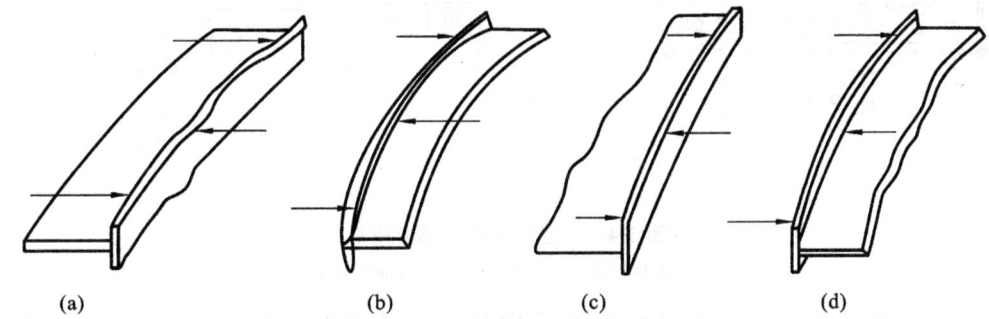

图 3-4-6　T 形构件弯曲时的受力与变形

(a)面板波形不平;(b)卷缩变形;(c)翘曲变形;(d)皱褶变形

图 3-4-6(a),由于 T 形材的面板在外弯时受压应力的作用,故在面板两缘产生波形不平。

图 3-4-6(b),由于 T 形材的面板在内弯时受到拉应力的作用,故产生卷缩变形。

图 3-4-6(c),由于 T 形材的腹板在外弯时受拉应力作用,故产生翘曲变形。

图 3-4-6(d),由于 T 形材的腹板在内弯时受压应力作用,故产生皱褶变形。

型钢弯曲加工中产生的变形程度取决于应力的大小,而应力的大小又取决于弯曲半径。弯曲半径越小则断面变形越大。

冷弯加工只适用于小尺寸或弯曲度不大的型钢,对大尺寸或弯曲度大的型钢,一般均采用热加工处理。

3. 型钢构件的热弯成形

船体肋骨以前大多采用大火热弯法弯制。大火热弯法的加工过程大致为:先将预先准备的肋骨铁样(或靠模)固定在铸铁平台上,从加热炉中取出已加热好的型材(一般在加热炉中将型材加热到 900~1100 ℃),将其一端固定在铁样(或靠模)的相应位置上,然后用羊角或风动锤弯曲型材,逐段地使它与铁样(或靠模)相吻合,如图 3-4-7 所示。在热弯过程中还必须随时用平锤等矫正型材面板和腹板产生的皱折和角变形。肋骨热弯成形后,在冷却过程中仍会产生变形,因此应该进行精度检查和矫正工作。

型材的热弯加热方法目前常用的为氧-乙炔加热器、地炉、专用炉和中频感应加热。型材弯曲大多采用大火加热弯曲工艺,也有少量采用小火加热弯曲,或在液压机上进行弯曲。低合金钢肋骨采用中频感应加热弯曲。在船厂普遍采用的是氧-乙炔(天然气、丙烷)气体进行加热,因为该法操作简便,不需添置其他设备。

(1) 大火热弯法。

大火热弯法是过去船体肋骨弯曲的常用方法,因耗费燃料多、工艺落后,现只在一些小船厂中使用。

型钢热弯时,先将按肋骨线预先准备好的铁样(或靠模)固定在铸铁平台上,从加热炉中取出已加热好的型钢(900~1000 ℃),将其一端固定在铁样的相应位置上,然后用羊角式风动锤(或大锤)弯曲型钢,逐段使它与铁样相吻合,如图 3-4-7(a)所示。热弯及成形后的冷却过程中会产生变形,应矫正和检验。

(2) 中频感应加热弯曲肋骨工艺。

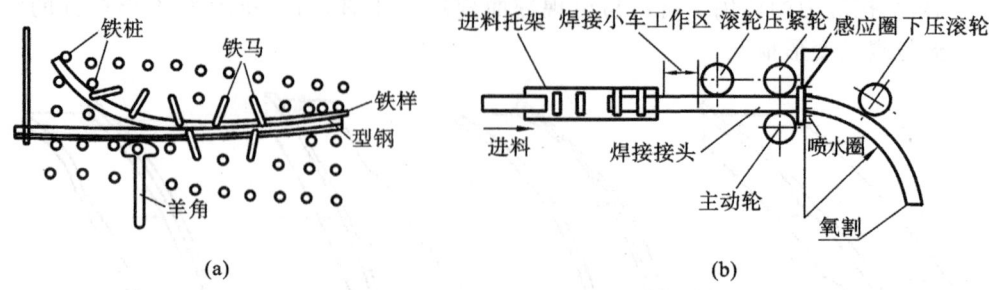

图 3-4-7　型材构件的热弯成形

(a)大火热弯法；(b)中频感应加热弯曲肋骨工艺

中频弯曲淬火工艺对弯曲某些低合金钢环形肋骨效果很好。其原理是利用频率为2500 Hz的电流通过感应器产生一个交变磁场，当肋骨以 2～3 mm/s 的速度从感应器中穿过时，钢在交变磁场下产生大量的热，把肋骨局部加热到淬火温度，即在 10 s 内达到 900～950 ℃。在高温下，钢的塑性增大，由于弯曲机床的下轮作用，在这个被加热区的狭窄带上发生弯曲，随后进行喷水淬火。肋骨经弯曲淬火后，放进大型回火炉进行回火，最后在液压机上矫正，如图 3-4-7(b)所示。

1) 型材热加工的变形及其防止方法

型材热加工成形的原理是通过外力的作用或由于型材局部加热后热胀冷缩的作用，使型材沿中和轴内侧发生压缩的塑性变形和沿中和轴外侧发生拉伸的塑性变形，从而达到弯曲成形。

型材加热后在冷却过程中会产生变形，主要表现在型材冷却后长度的缩短，影响成形尺寸的正确性，一些剖面不对称的型材，由于其表面冷却速度不同，会出现向表面积较大的一边弯曲的变形。这些变形的数值通常靠经验来判断。为防止变形，一般采取在制造模具时适当加放反变形加工余量及坯料下料时加放加工余量，或在加热时控制各部位的加热温度，以保证工件冷却后的尺寸与形状的正确性。

型材在弯曲时，内层受压、外层受拉，两层的长度均发生了变化，但在内外层之间有一层材料，其长度并未发生变化，这层称为中性层。中性层与纵向断面的交线称为中和轴。因此，中和轴的展开长度就是型材的展开长度，对于在弯曲方向剖面对称的型材，其中和轴就是弯曲宽度的中心，图 3-4-8 显示了几种对称型材的中和轴位置。

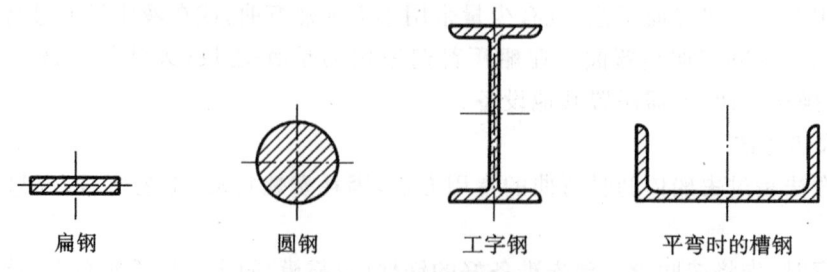

扁钢　　　　　圆钢　　　　　工字钢　　　　平弯时的槽钢

图 3-4-8　对称型钢的中和轴

为了使型材加热弯曲成形后，型材的长度既不太长、也不太短，以免造成返工，在型材加热弯曲之前，必须对型材的展开尺寸有一个精确的计算。对于对称型材，其中和轴位置易于确定。但对于不对称型材如船厂常用的球扁钢，其中和轴位置在中国标准出版社出版的《GB/T

9945—2012 热轧球扁钢》中可查得相应的尺寸。

2) 型材的单向弯曲

对于中小型船舶,其肋骨大多数采用角钢或球扁钢制成,因此对于型材的弯曲,主要以球扁钢为重点进行展开描述。

目前各船厂广泛采用肋骨冷弯机或液压机冷加工,但经冷加工成形的肋骨,还常需用火工进行最后的修正,其肋骨型线往往不是很光顺,平面也高低不平,如果继续用冷加工的方法进行修正,则速度慢、效率低,所以常用水火成形的方法进行修正。

(1) 球扁钢肋骨的弯制。

肋骨在进行冷弯成形加工后,经常需要火工的进一步修正,因此在冷加工后,其加工步骤如下:

首先,把肋骨放在火工平台上,检查肋骨平面是否与火工平台紧贴,如有不平则用火工矫正炬加热给予收平。

其次,用肋骨铁样检查线型是否正确、光顺,如图 3-4-9 所示。在使用肋骨铁样时,不能施加任何外力,应使其完全处于自由状态下。如与线型不符,仍用火工矫正炬加热进行修正,直到完全符合要求。

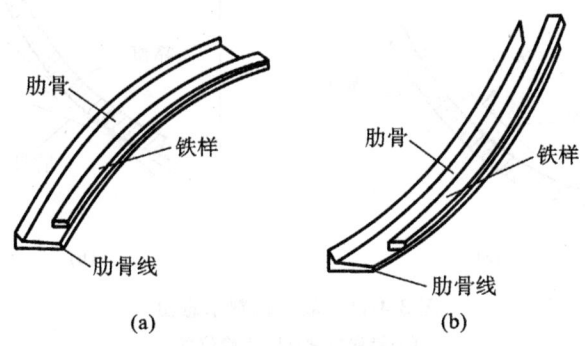

图 3-4-9　用肋骨铁样检验肋骨型线
(a)内弯肋骨;(b)外弯肋骨

最后,画出肋骨两端的加工余量并用气割割除。

(2) 球扁钢肋骨的手工弯制。

目前,还有一些小型船厂,因设备的限制,仍用加热法进行手工弯制球扁钢肋骨。

①靠模的制造。

a.选择靠模。

在手工弯制球扁钢肋骨时,常用靠模作为肋骨弯曲成形的依据,因此靠模位置决定了肋骨成形的成败,一般不论肋骨型线呈外弯、内弯或 S 弯,靠模均应设在肋骨型线的凹面,不能设在凸面。而且肋骨在弯制时,应该逐段进行,这样在每一段弯曲时不会引起整根肋骨的弯曲。若靠模设在曲线的凸面,则肋骨不能进行逐段弯曲,这样将导致任何一段的弯曲都会引起整根肋骨的变弯。这使得实际操作时产生很大的困难,而且弯制的曲线也不光顺。对于 S 形曲线,则必须做两只靠模。靠模位置如图 3-4-10 及图 3-4-11 所示。

b.绘制靠模曲线。

在火工平台上按肋骨铁样画出所需弯曲的肋骨型线。

作肋骨型线的垂直线,其间距按曲线的弯曲程度而定,弯曲度大的部位间距应小些;弯曲

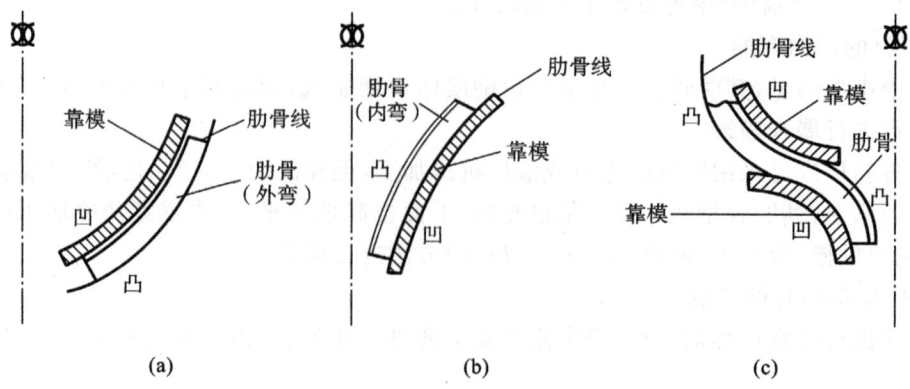

图 3-4-10　肋骨弯曲靠模位置的选择
(a)外弯曲线；(b)内弯曲线；(c)S形弯曲线

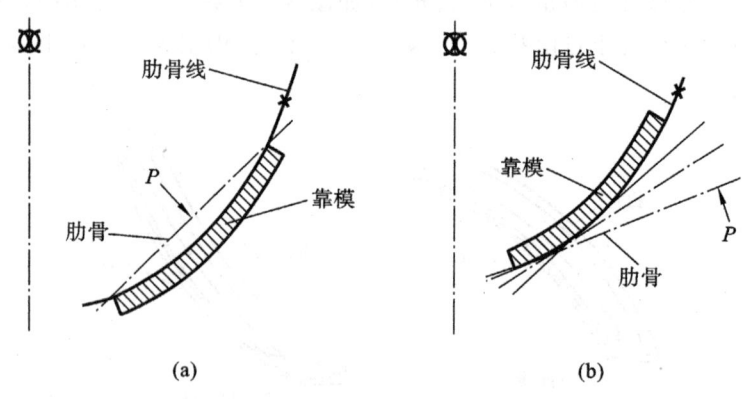

图 3-4-11　靠模位置示意图
(a)错误位置；(b)正确位置

度小的部位间距可大些。

　　在这些垂直线上量取所弯球扁钢的高度，把这些点连成光顺的曲线。该曲线即靠模曲线。图 3-4-12 所示为外弯肋骨靠模曲线的求法。

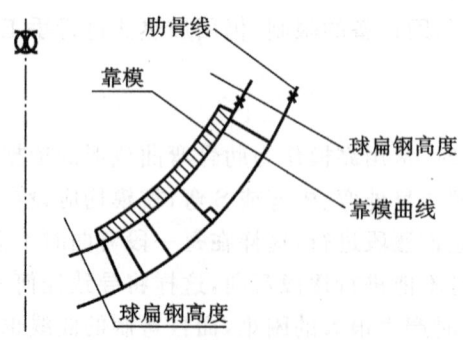

图 3-4-12　外弯肋骨靠模曲线的求法

　　c.弯制靠模。

　　肋骨靠模一般用 25 mm×25 mm 的方钢弯成，也可用平整的 10 mm 厚的钢板制成。

d. 固定靠模。

弯制好的靠模,用铁桩、铁马固定于火工平台上。

e. 绘制对核线。

由于球扁钢尺寸较小,为随时检验靠模在肋骨弯曲中是否变形,必须在平台上做出各种对核线。

② 肋骨的加热与弯制。

a. 肋骨的固定。

球扁钢肋骨是分段弯制的,每次的加热长度应根据操作人员的熟练程度来决定。

将加热的球扁钢置于火工平台上的靠模旁边,如图 3-4-13 所示,并用铁桩、铁马将球扁钢的一端固定牢,将羊角插入平台孔中,旋转柄端,加力于球扁钢,使其侧边贴紧靠模。

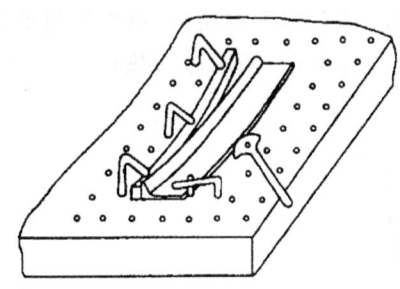

图 3-4-13　球扁钢肋骨的弯曲

如球扁钢产生上翘,应用平锤做衬垫,锤击平台,进行矫平,并随时用铁桩、铁马将弯曲好的部分固定牢。

b. 第 1 段弯曲后的检查。

当该段肋骨初步弯曲好后,拆除铁桩、铁马,在自由状态下检查其是否紧贴平台、肋骨型线是否与铁样相符。如有不符就用水火成形的方法进行矫正。

c. 其他段的弯制。

再以同样的方法弯曲第 2、第 3 段,直至整根肋骨弯制好。

d. 最后对整根肋骨进行检查与矫正。

为有利于肋骨型线的光顺,相邻两段加热弯曲时,必须重叠一段,长度约 300 mm。

e. 变形的矫正。

球扁钢在加热后将产生变形,其球头部分的收缩量要大于腹板边缘的收缩量,所以外弯肋骨冷却后,弯曲半径比靠模小;内弯肋骨冷却后,弯曲半径比靠模大。如图 3-4-14 所示。在矫正时,只要对球扁钢腹板边缘进行局部加热冷却,即可达到矫正目的,不必对球头区域进行加热。

为提高加工效率,在球扁钢弯曲时,操作人员往往采取外弯时弯过头,然后来矫直的方法。

3) 型材的双向弯曲

型材的双向弯曲——舷墙顶部球扁钢的弯制。

舷墙顶部的结构形式,一般采用球扁钢作为面板,如图 3-4-15 所示。

舷墙顶部球扁钢在水线面与纵剖面上都具有弯曲度。其弯曲顺序是先弯制水线面上的曲度,然后再弯制纵剖面上的曲度。

由于船体型线与结构的特征,决定了球扁钢在水线面的弯曲全部为外弯。外弯的具体方

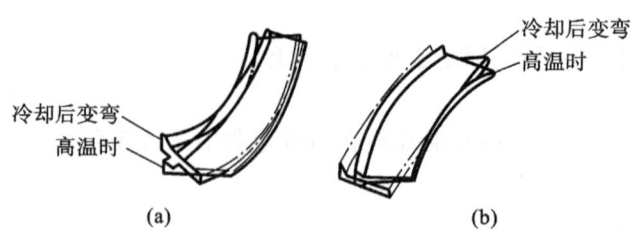

图 3-4-14　球扁钢肋骨热弯冷却后的变形

（a）外弯肋骨；（b）内弯肋骨

法与肋骨的方法相似，采用逆直线法，根据下料加工数据画出加工逆直线，可先在肋骨冷弯机上把水线面上的曲度弯制好，然后在火工平台上按样板弯制纵剖面上的曲度。

在弯曲纵剖面上曲度时，由于球头宽度很狭窄，单靠钢材的热胀冷缩不能产生很大的弯曲度，所以对一些曲度大的舷墙顶部球扁钢，采用边加热边用油泵加压的方法进行弯曲，以提高工效，如图 3-4-16 所示。

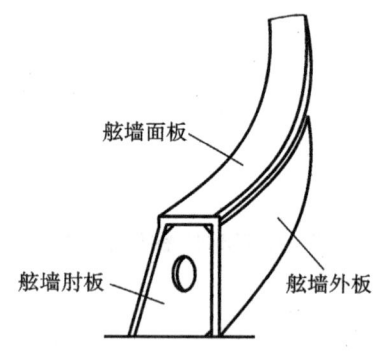

图 3-4-15　舷墙的结构形式

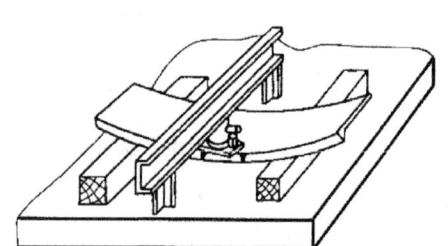

图 3-4-16　舷墙球扁钢面板曲度的加工方法

4. 检测和控制成形的方法

普通肋骨冷弯机工作时仅能对型钢施加外力，使其产生塑性弯曲变形，然而要将型钢腹板边缘弯得与要求的肋骨线开头完全一致，则在加工过程中需要不断进行检查和测量，因而需要采取一定的检测、控制方法。目前在生产中应用的控制成形方法有以下几种：

（1）用铁样（或样板）人工对样。在加工肋骨前，先按放样台上的肋骨型线敲好铁样或做好样板，在肋骨加工过程中，不断地用铁样（或样板）检查被弯型钢的腹板边缘，看其是否与铁样（或样板）的型线一致，并依据检查结果来判断是否还需要进行弯曲。这种方法不仅相当烦琐，而且对工人技术水平要求较高。

（2）逆直线法。型钢弯曲加工中的逆直线是指一根特殊的直线：弯曲前在平直的型钢上是一根曲线，当型钢腹板边缘被弯成与肋骨型线吻合后，该曲线正好变为一根直线。这样，在肋骨弯曲加工过程中，可通过不断检测该曲线是否变直，以此来控制肋骨的成形形状，如图3-4-17所示。

（3）仿形控制法。这是国内有关单位根据目前数控肋骨冷弯机尚未普及的现状，为解决肋骨冷弯时人工对样的困难而研究的一种新的成形控制方法。

所谓仿形就是在肋骨冷弯机上装一套仿形装置，弯肋骨时，使肋骨和铁样同步进给，经过弯曲，只要保证每小段肋骨梁边缘和铁样边缘在 Y 方向的距离为一定值 Y_0，则该段肋骨就弯成了所要求的形状。也就是说，在坐标系中有一任意曲线 $f(x)$，将曲线上各点沿 Y 方向上作

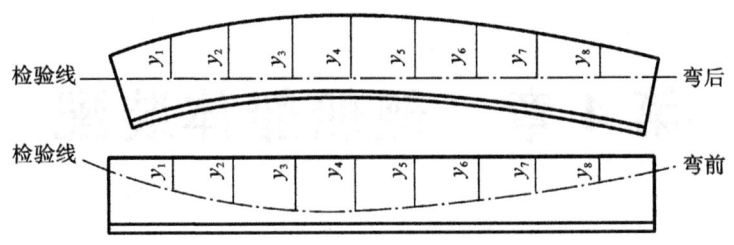

图 3-4-17 逆直线卡样

距离为 Y_0 的平移，所得各点构成的新曲线 $F(X)$，它与原曲线 $f(x)$ 形状完全相同。

这种成形控制方法操作简单可靠，可解决肋骨加工中人工对样的问题，不足之处在于仍需要铁样。

思 考 题

1. 钢料加工的类型有哪些？
2. 加工对钢材性能有哪些影响？
3. 简述钢材预处理的含义及其过程。
4. 船厂常用的除锈方法有哪些？
5. 简述船体构件成形的加工方法。

第4章　舰船船体装配

加工合格的船体构件,有的要经过从零件→部件(或组件)→分段→大型分段(或总段)→船台的全部工序;有的不必经过部件装配,直接送往分段装焊区;甚至有的直接送往船台,在船台装配中进行装焊。这里,零件是指组成船体结构不可分的最小单位。这就形成了如图 4-0-1 所示的极其复杂的船体构件流动路线。然而,不论船体装焊工艺路线如何复杂,归纳起来都有以下四道工序。

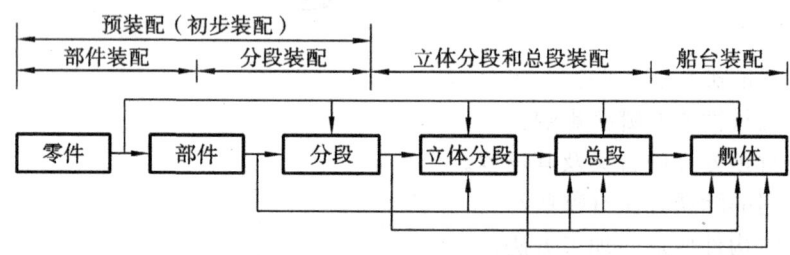

图 4-0-1　船体装配过程示意图

（1）部件装焊——将各个零件装配焊接成船体部件或组件。

（2）分段装焊——将零件、部件和组件装配焊接成各种船体分段。

（3）总组装——将平面分段、曲面分段和零、部件及组件装成大型分段或总段。

（4）船台装配——在船台(或造船坞)上将分段、大型分段(或总段)及少量零部件组装成整个船体。

通常,我们把前三个工序称为船体结构预装焊,它将大部分船体装配焊接作业从船台移至车间内场,在施工条件良好的平台或胎架上进行作业,既改善了劳动条件和作业安全性,又提高了生产效率。

由于船体装焊作业大量采用手工操作,使它成为船体建造中劳动强度大、生产效率低的作业。同时,船体装焊工时一般占船体建造总工时的一半以上,据日本船厂对一万至九万吨级油轮和货轮的工时统计,船体装焊工时占船体建造总工时竟高达 $77\% \sim 79\%$。所以,开发先进的造船方法,选用合理的装焊工艺,对提高生产效率、降低成本、缩短造船周期和改善劳动条件等起着极其重要的作用。

4.1　船体结构与装配常用的工装设备

船体结构预装所使用的主要设备,有起重机、电焊机、气割和压缩空气的设备及管道、平台和胎架等。平台和胎架是预装焊作业所特有的主要工艺装备,也是决定装焊车间生产能力的重要设备。

1．平台的种类和用途

平台是大而平坦的工作台，它有固定平台和传送带平台两大类。

固定平台有蜂窝平台、钢板平台、型钢平台和水泥平台四种。主要用于装焊船体部件、组件、平面分段和带有平面的立体分段等，也可作为胎架的基础。为保证船体构件的装焊质量，它应具有坚固的基础、足够的结构刚性和平整的表面。要求平台四角水平的偏差不超过±5 mm，平面不平度每米的偏差不超过±3 mm。

传送带平台有链式传送带平台、辊式传送带平台、圆盘式传送带平台和台车式平台四种，它设有相应的传送装置，既可用于装焊部件、组件和平面分段，又可用来运送这些工作物件，是组建流水生产线的重要工艺装备。

1）蜂窝平台

蜂窝平台是一种表面具有许多蜂窝状圆孔的平台，过去多用铸铁制作（又称铸铁平台，见图4-1-1），主要用于热弯肋骨和外板。近年来出现了一种钢板蜂窝平台（见图4-1-2），就是钢板上开有蜂窝状圆孔，并在圆孔处加焊开有同样大小圆孔的复板。它便于固定船体构件，主要用来装焊部件、组件和矫正变形。

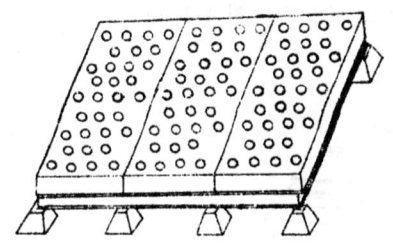

图4-1-1　铸铁平台

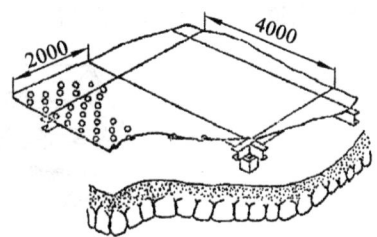

图4-1-2　钢板蜂窝平台

2）钢板平台（实心平台）

钢板平台是在水泥墩上铺设22～24号槽钢或工字钢，并在槽钢上铺设厚度在10 mm以上的钢板构成的平台（见图4-1-3）。平台高度约300 mm，用于建造小型舰船，其结构刚性较弱。

钢板平台主要用来绘制全宽肋骨型线图，供制作肋骨框架时使用，还可用作装焊其他部件、机座和平面分段的工作台。

3）型钢平台（空心平台）

它的制作要求和钢板平台相同（见图4-1-4）。既可用来装焊平面分段，又可作为胎架的基础。平台高度一般与钢板平台相同，若需要在平台下面作业的，则平台高度应不小于800 mm。

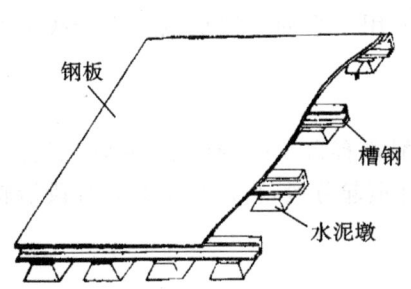

图4-1-3　钢板平台

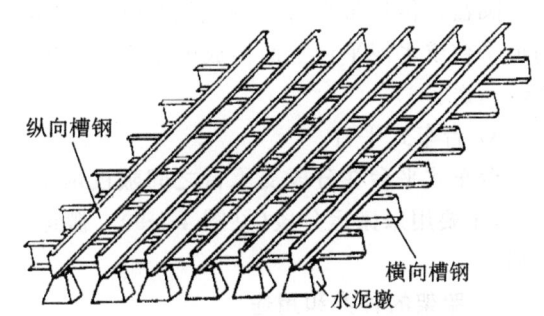

图4-1-4　型钢平台

4）水泥平台

水泥平台是将扁钢或型钢以 500～1000 mm 的间距平行埋在钢筋混凝土中,并使扁钢表面与水泥台面平齐而构成的平台(见图 4-1-5)广泛用作胎架的基础。但它有受高温后易爆裂和扁钢易锈蚀等缺点。

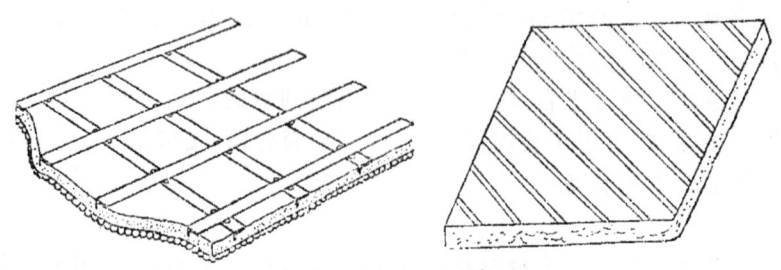

图 4-1-5　水泥平台

5）链式传送带平台

在槽形钢盘混凝土基础上,按 1.5～2 m 的间距敷设角钢或槽钢强力构件,并在角钢上安装链条导向轨道,再在轨道上配置链条,即构成链式传送带平台(见图 4-1-6)。

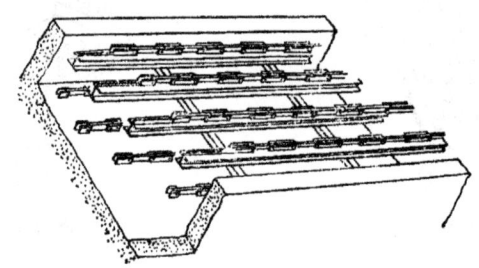

图 4-1-6　链式传送带平台

因为制造链式传送带平台的投资大,所以一般不用它作分段装配平台,主要用作流水线上改变运送方向的横向传送带,或部件装焊流水线的传送带。

6）辊式传送带平台

辊式传送带平台是用直径为 100～150 mm 的钢管制作成辊筒,将这些辊筒按 1～1.5 m 的间距,平行地组装进钢板平台缺口中而构成的平台(见图 4-1-7)。有的平台在辊筒支承梁下设置升降用油缸,使辊筒可作上下调节。它主要用于平面分段机械化生产线的拼板工位。

7）圆盘式传送带平台

圆盘式传送带平台是将直径 200～250 mm 圆盘,按间距 1.0～1.5 m 纵横交错地配置在钢板平台或水泥平台上而构成的平台(见图 4-1-8)。它主要用于平面分段机械化生产线中的分段运送。

8）台车式平台

台车式平台在分段支承台之间敷设两条轨道,在其上配置有台车(具有油缸升降机构)的平台,主要用来搬运分段(见图 4-1-9)。搬运时,首先用油缸顶起分段,再由台车载着分段沿轨道移动。

2. 胎架的种类和用途

胎架是装焊曲面分段和带曲面立体分段的工作台,它的工作曲面应与分段曲面相吻合,以

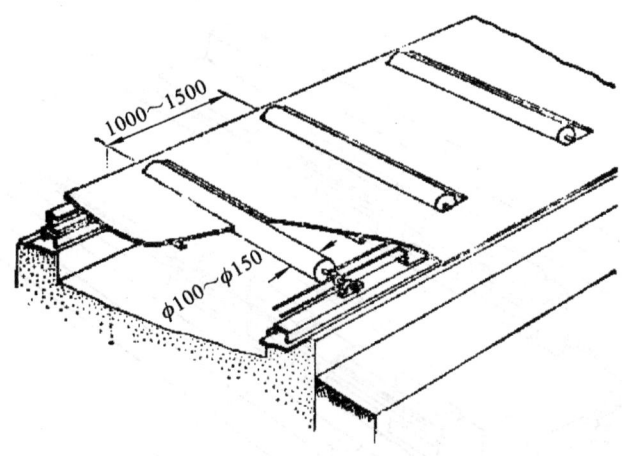

图 4-1-7　辊式传送带平台

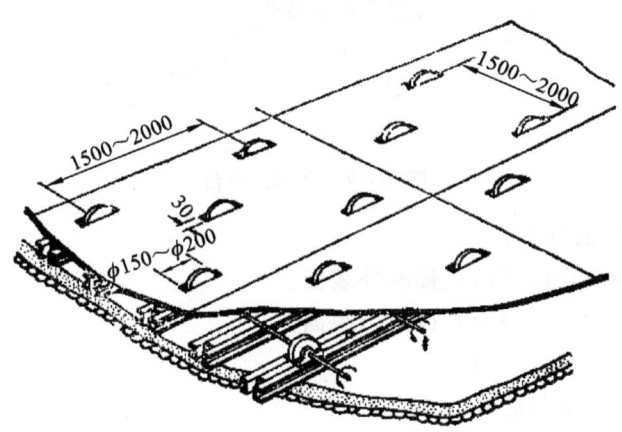

图 4-1-8　圆盘式传送带平台

保证分段型线和尺度,为分段装焊创造好的工作条件。为了防止胎架在使用时产生变形,胎架的制作除了要保证工作面正确的线型以外,还应保证具有足够的结构刚性。而且,在使用过程中必须对胎架作定期检查和修正。

1) 胎架种类

胎架的种类很多,归纳起来,可按下列不同方法进行分类:

(1) 按胎架结构形式分类。

固定胎架:胎架固定于基础上。

活动胎架:胎架可由机械带动产生回转或摇摆运动,使结构焊缝处于水平或与水平成较小角度,以利于焊接,因此,活动胎架主要是一种焊接胎架。

(2) 按胎架的适用性分类。

专用胎架:专供特定分段使用。

通用胎架:可供多种分段使用,它往往做成可拆卸的插板式模板,更换模板便可供不同分段进行装配。

(3) 按胎架的用途分类。

龙骨分段胎架、舷部分段胎架、上层建筑分段胎架、首尾端部胎架以及特殊分段的胎架等。

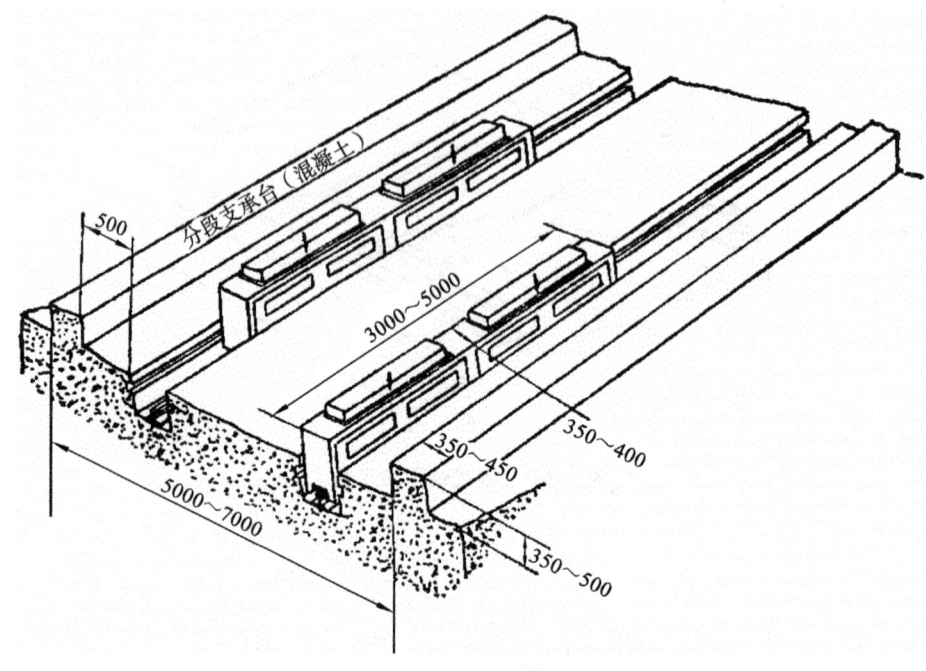

图 4-1-9　台车式平台

（4）按胎架的安装面分类。

外胎架：胎架的曲形表面表示壳板的外表面。

内胎架：胎架的曲形表面表示壳板的内表面。

（5）按胎架基准的切取方法分类。

正切胎架：胎架基准面与肋骨面垂直。

斜切胎架：胎架基准面与肋骨面成某一夹角。

2）胎架结构

图 4-1-10 所示为龙骨分段装配用正切胎架，由模板、底座和撑架三部分组成。模板数量根据分段情况确定，一般每挡肋骨面设置一块，也可间隔设置，但模板最大间距不得大于 1.5～2 m；分段两端的构架下必须设有模板。

模板的曲线形状根据实际肋骨线型制成，模板与分段的接触面一般做成锯齿形，以使两者较好的接触，并减少模板曲线表面加工的批磨工作量。底座是由槽钢沿纵横方向排列焊接而成的刚性框架，用来支撑与焊接模板。底座可以直接固定在平台上，也可以用螺栓连接于水泥基础上，当分段装配结束后，可解开螺栓将胎架拆卸移走，以节省施工场地。撑架一般用角钢焊接而成，以增加模板的稳定性，防止模板倾倒。

图 4-1-11 为声呐导流罩装配用的内胎架。导流罩结构本身由水平支骨、垂直支骨及不锈钢壳板组成。导流罩不仅形状复杂、容积小，而且支骨安装的方向性要求很高，支骨要求沿声源发射方向布置，以减少支骨对声源发射的屏蔽影响。若用外胎架，先装壳板后装支骨，不仅容积小施工不便，而且支骨装配与焊接后的位置无法保证。采用内胎架，先装焊支骨，后安装导流罩壳板，则容易保证支骨的装配要求。

导流罩内胎架由竖立的模板及平台组成。模板焊于平台上，模板上有安放水平支骨的槽口，槽口按放样线型由钳工精加工制成。平台上有与槽口相对应的导流罩线型，用来核对垂直

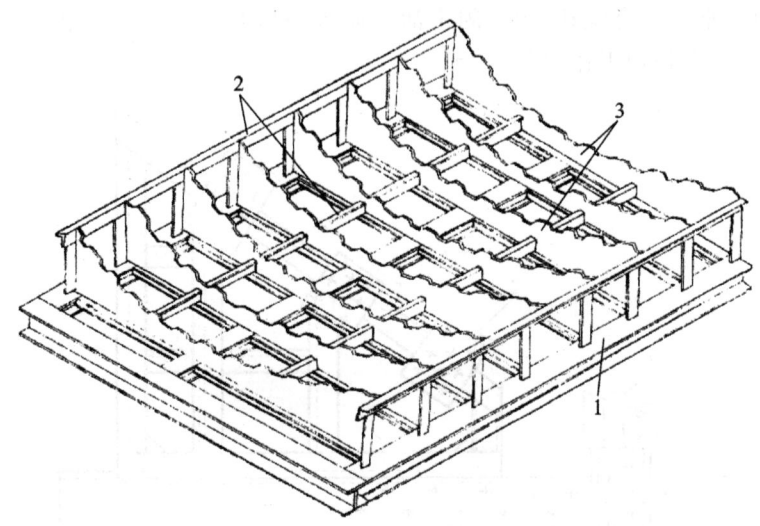

图 4-1-10 龙骨分段胎架

1—底座;2—撑架;3—模板

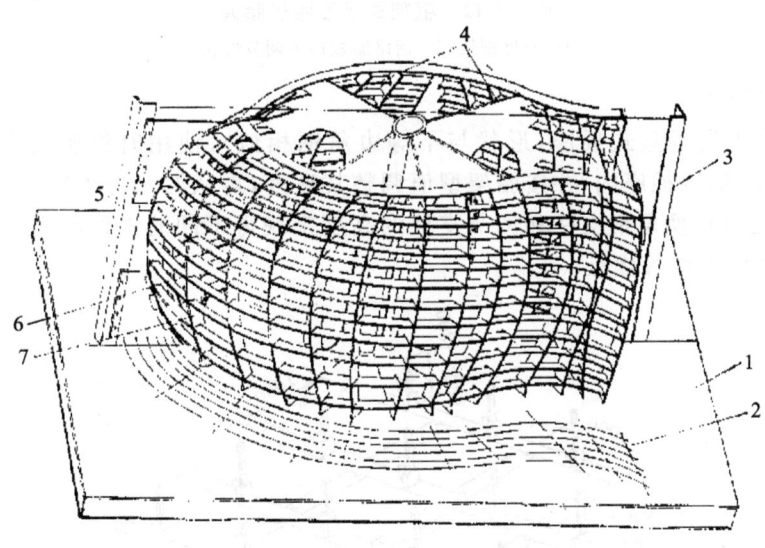

图 4-1-11 声呐导流罩胎架

1—平台;2—导流罩线型;3—拉线架;4—胎架模板;
5—导流罩艏端垂直支骨;6—导流罩水平支骨;7—导流罩中间垂直支骨

支骨与水平支骨的位置。支骨装焊结束后,再贴上不锈钢壳板,此时支骨已焊接牢固,刚性较强,再装焊壳板,既能保持壳板线型,又能保持支骨的准确位置。

由于是内胎架,装焊后为了取出分段,将导流罩做成两片式,艏端垂直支骨由两块形状相同的零件合成,装配时先临时搭焊,导流罩装焊结束后,铲除搭焊缝,便可从胎架两边取出分段。

制作胎架要耗费许多材料和工时,在单件和小批量的造船生产中,对生产成本和造船周期的影响极大。所以应尽力研制和使用通用胎架。下面介绍几种通用胎架的形式。

(1)框架式活络胎板胎架。

它由角度框架和活络小胎板组成。一般有 30°、40°、50° 及 60° 四种不同的固定角度框架,角度框架的斜向角钢上开有螺孔,用于固定活络胎板(见图 4-1-12)。通过更换角度框架和调节小胎板高度,可获得各种工作曲面。

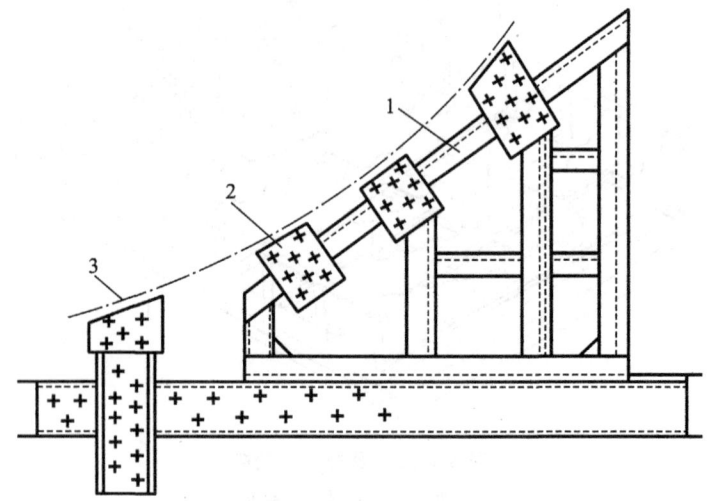

图 4-1-12　框架式活络胎板胎架

1—角度框架;2—活络胎板;3—调节螺孔

(2) 插座式胎架。

在水泥平台上设置盒式插座(形状与不等边角钢相似),使用时将胎架支柱($L = 800 \sim 1800$ mm 的角钢)插入插座内,并按胎架型值调整其高度,再从两侧打入铁锲加以固定(见图 4-1-13)。它可通过更换角钢支柱和调节支柱的高度来获得不同的工作曲面。这种胎架具有设备投资少和调整方便等优点。

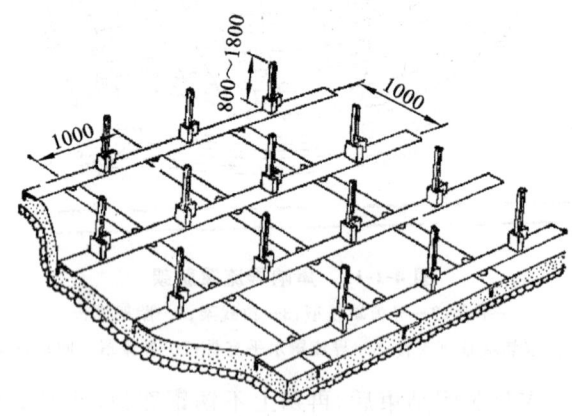

图 4-1-13　插座式胎架

(3) 套管式胎架。

这种胎架的每根胎架支柱由两根直径不同的钢管(钢管上各按不同间距钻有数排销孔)内外套接而成(见图 4-1-14)。使用时按胎架型值调节支柱高度,并将销轴插入销孔加以固定。由许多高度不同的支柱顶点构成的曲面,就是胎架工作曲面。由于其调整范围有限,所以不能用来装焊曲形过大的分段。

施工中胎架种类的选取一般依据以下原则:

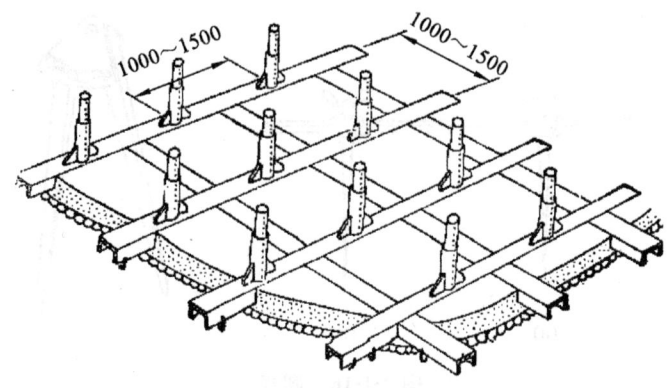

图 4-1-14　套管式胎架

①军品及要求较高或批量较大的产品宜选用刚性好、结构强的单板式胎架；

②一般产品或单船建造可选用桁架式胎架；

③型线比较平坦的分段可用支点式简易胎架；

④应尽可能扩大支柱式通用胎架的使用范围。

3. 船体装配工具及测量方法

1）船体装配工具

船体装配所使用的工具很多，随着造船工业的技术进步，装配工具也不断改进和创新。现将常用的装配工具作一简单介绍。

（1）度量、画线工具。

①度量工具。

量具是测量物体大小和形状的工具，用于测量工件加工后的几何尺寸和形状是否符合精度标准。有平尺、木折尺、钢皮卷尺、角尺（分活络和固定两种），如图 4-1-15 所示。此外还有卡钳，分内卡钳、外卡钳、八字形卡钳三种。卡钳的大小视工作物需要而定。外卡钳是用来测量钢板的厚度，使用时调整两钳的距离，使它正好等于被测物的厚度。然后放置尺上，读出量值。为测量炉中高温状态下的钢板厚度常采用八字形卡钳。

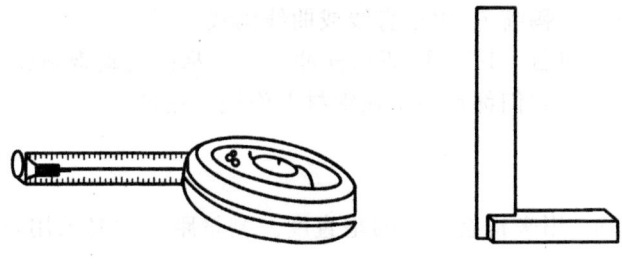

图 4-1-15　卷尺与角尺

②画线工具。

画线工具是用来在钢材、样板等处画线及做出标记的工具。有圆规、粉线、各种画笔（石笔、画针、鸭嘴笔）及样冲（铳）、锯子等。

a.圆规　如图 4-1-16 所示，由两根钢针铆合而成。在钢针的中部较靠近铆合的地方，装有滑槽和元宝螺丝，借以调节两根钢针的距离。使用时，先从尺上量出需要的尺寸，将元宝螺丝旋紧即可。

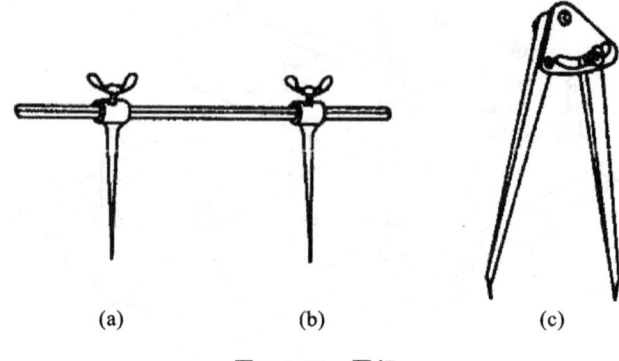

图 4-1-16　圆规

b. 粉线　如图 4-1-17(a)所示,一般都用 0.5 mm 直径的腈线,将其绕于圆盘内,用于测量较长距离的工作物的不平度和扭曲度,也可以弹直线用。

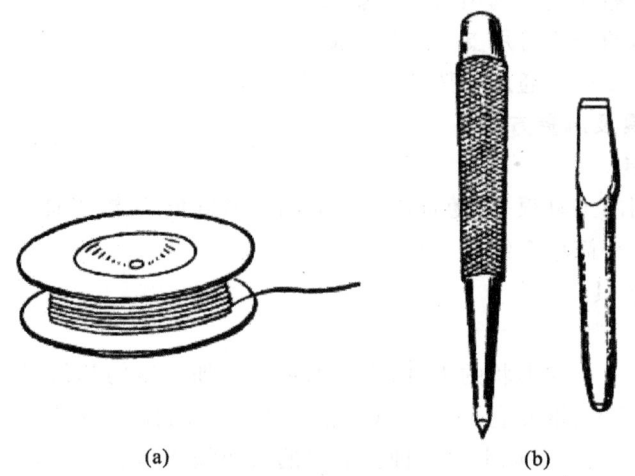

图 4-1-17　粉线、样冲与锗子

(a)粉线;(b)样冲与锗子

各种画笔(石笔、画针、鸭嘴笔)用于直线或曲线画线。

c. 样冲(铣)、锗子　如图 4-1-17(b)所示样冲与锗子都由高碳钢制成。样冲的工作尖端和锗子的刀刃经过淬火处理,它们都是用来在钢材上作记号用的。

(2)测量工具。

①线锤。

如图 4-1-18(a)所示,用来检查零件的垂直度。测量距离大时采用重线锤,距离不大时采用较小线锤。

②水平尺。

如图 4-1-18(b)所示,用于测量物件水平度和垂直。

③水平软管。

如图 4-1-18(c)所示,用于测量较大构件的水平度。由一根较长橡皮管和两根短玻璃管组成,从一端向管内注入液体,冬天注酒精或乙醚等不冻液体,如图 4-1-19 所示。

④水准仪。

如图 4-1-20 所示,主要用来测量构件的水平线和高度,它由望远镜、水准器和基座等组

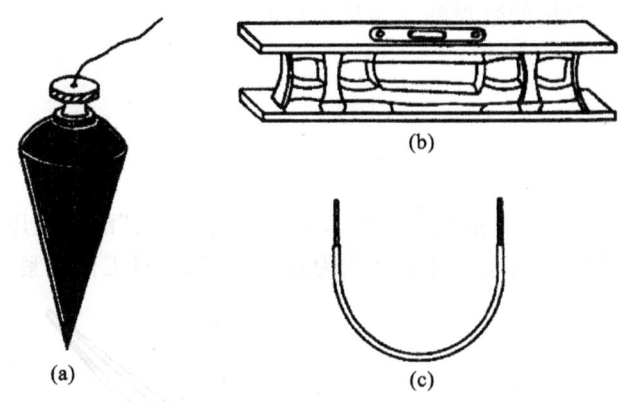

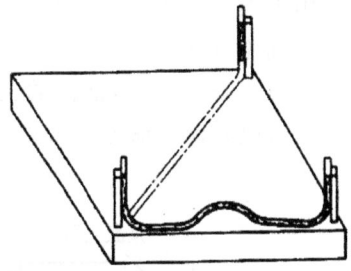

图 4-1-18　线锤、水平仪和水平软管

(a)线锤；(b)水平仪；(c)水平软管

图 4-1-19　水平软管的应用

成,它的主要功能是给予水平视线与测定各点间的高度差(见图 4-1-21)。

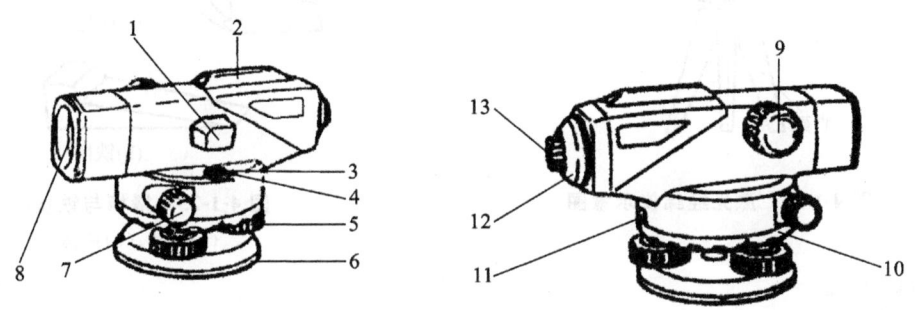

图 4-1-20　水准仪

1—反射镜；2—瞄准器；3—圆水准校正螺丝；4—圆水准器；5—脚螺旋；6—底板；7—水平微动螺旋；8—物镜；
9—物镜调校螺旋；10—水平度盘位置改变环；11—水平度盘观察窗；12—十字丝校正螺丝护罩；13—目镜

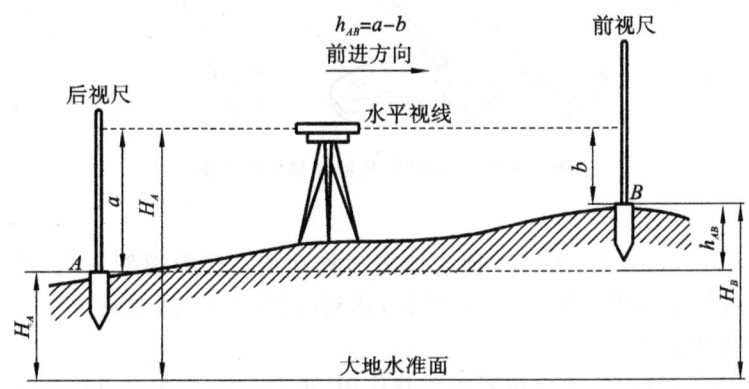

图 4-1-21　水准仪及其应用

⑤激光经纬仪。

激光经纬仪如图 4-1-22 所示,经纬仪主要由望远镜、竖直度盘、水平度盘和基座等部分组成。它可测角、测距、测高与测定直线等。激光经纬仪是在经纬仪上加设一个激光管构成的,一般用氦氖激光管。由激光电源通过激光管发射出的激光束,在望远镜所观察到的目标处形

成肉眼可见的清晰的红色光斑,提高了观察目标的直观感和测量的精度。

（3）装配工夹具。

①榔头。

用于钢结构的定位矫平。

②撬棒、铁楔。

如图 4-1-23 所示,撬棒的工作端做成铲形,用来撬动工作物。铁楔与各种"马"配合使用,利用锤击或其他机械方法获得外力,利用铁楔的斜面将外力转变为夹紧力,从而对工件夹紧。

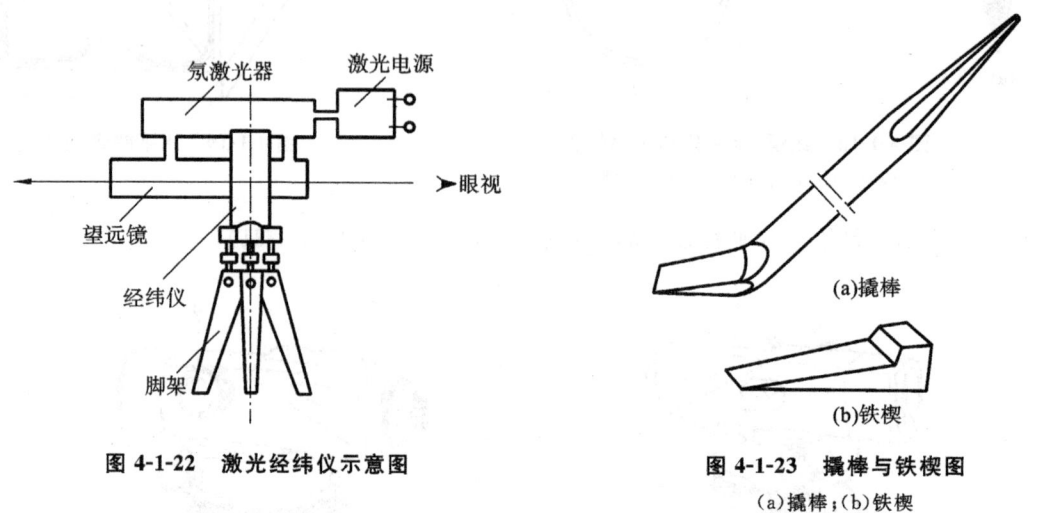

图 4-1-22　激光经纬仪示意图

图 4-1-23　撬棒与铁楔图

（a）撬棒;（b）铁楔

③杠杆夹具。

杠杆夹具如图 4-1-24 所示,是利用杠杆原理将工件夹紧的。

图 4-1-24　常用的几种简易杠杆夹具

④螺旋式夹具。

如图 4-1-25 所示,具有夹、压、拉、顶与撑等多种功能。弓形螺旋夹是利用丝杠起夹紧作用的。固定用螺旋压紧器借助 L 形铁、门形铁,达到调整钢板的高低及压紧的目的。

⑤拉撑螺丝和花篮螺丝。

如图 4-1-26 所示,拉撑螺丝起拉紧或撑开作用,不仅用于装配也可用于矫正,花篮螺丝用于构件的拉紧与固定。

⑥千斤顶。

如图 4-1-27 所示,是一种支承重物、顶举或提升重物的起重工具。起升高度不大,但质量可以很大,广泛在冷作件装配中作为顶、压工具。

⑦风动角向砂轮。

如图 4-1-28 所示,风动角向砂轮是以压缩空气为动力的新型机械化工具,用于清理钢板

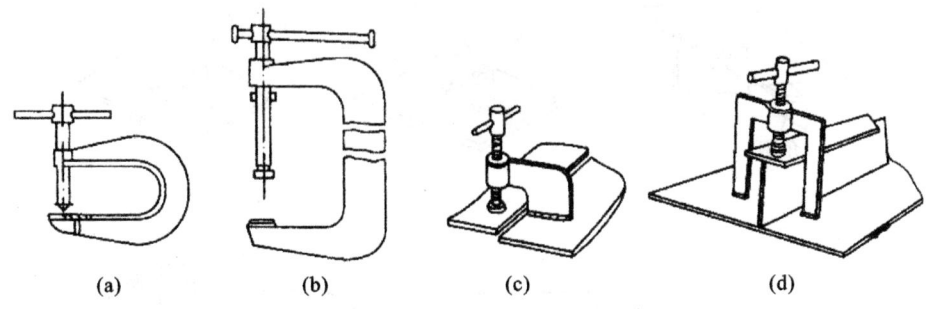

图 4-1-25　常用的螺旋式夹具

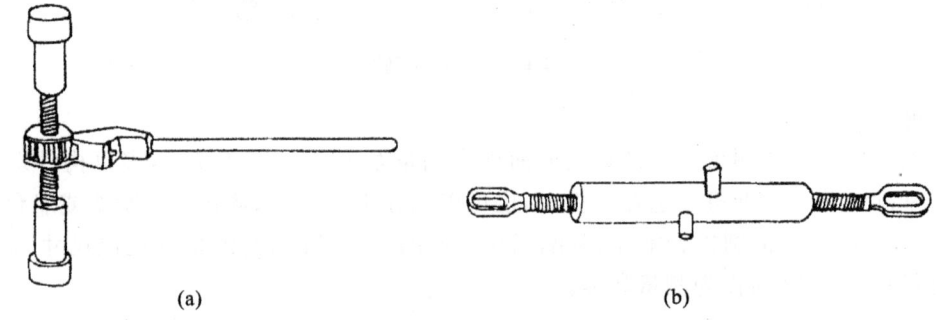

图 4-1-26　拉撑螺丝和花篮螺丝

（a)拉撑螺丝；(b)花篮螺丝

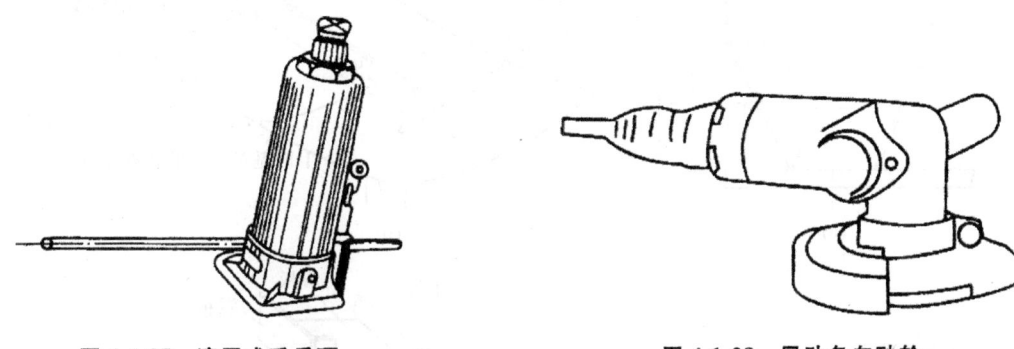

图 4-1-27　液压式千斤顶　　　　　　　**图 4-1-28　风动角向砂轮**

边缘的毛刺、铁锈，修磨焊缝及钢板表面氧化皮等工作。

⑧"马"。

常用"马"如图 4-1-29 所示，有 L 形、V 形、门形、弓形、梳状等多种形式，除弓形马和梳状马外，一般都与铁楔配合使用，其作用是使工件连接部位贴紧及固定，便于装配，并可防止焊接变形。

2）船体装配测量方法

船体结构装配过程中的定位、画线以及结构装焊结束后的完工检查，都必须进行相应的测量作业。装配测量技术包括：合理选择或设置测量基准；正确使用测量工具和仪器；进行相关的计算，准确而迅速地完成规定项目的测量。结构装配中的测量项目主要有：线性尺度测量、平直度测量、水平度测量、垂直度测量以及角度测量。

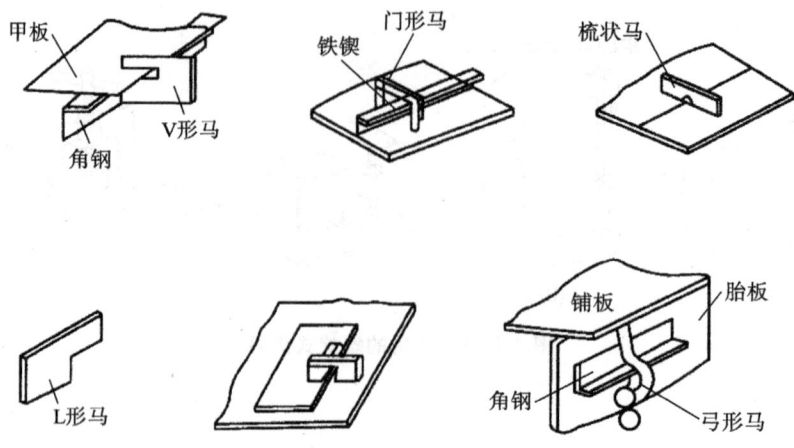

图 4-1-29　各种"马"

（1）测量基准。

技术测量中被选作测量依据的点线或面称为测量基准。一般情况下，多以构件定位基准作为测量基准。测量基准可以选在工件上，也可以选在工件外，如选在平台胎架或船台上。

图 4-1-30（a）所示的圆锥台漏斗，装配漏斗上面的小法兰时，要测量其定位尺寸 b，即以漏斗上的直径较大的 M 面作为测量基准。

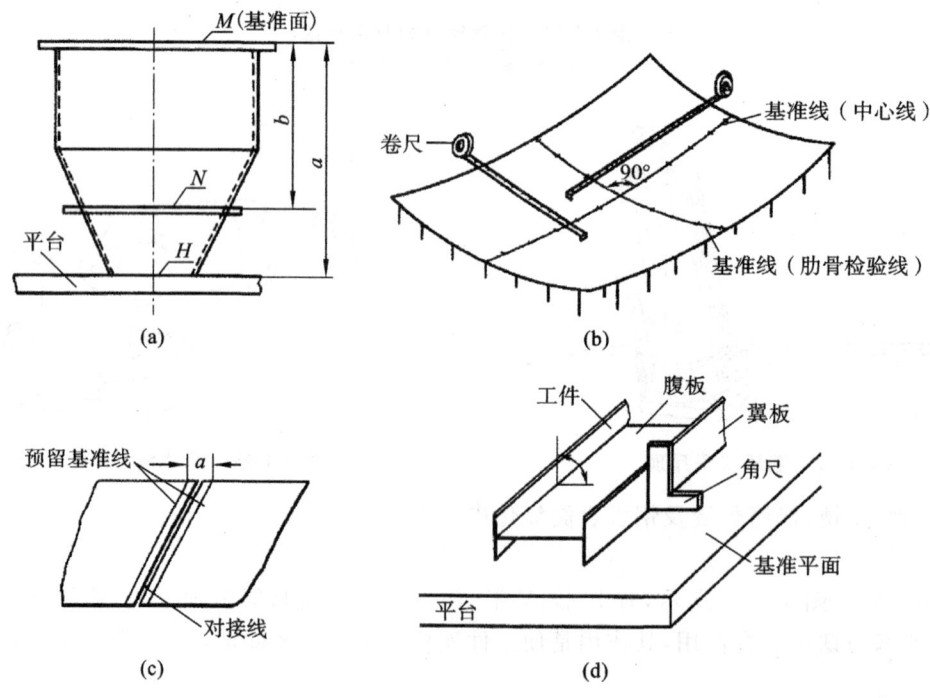

图 4-1-30　测量基准

（a）圆锥台的定位基准；（b）分段板上的基准线（十字线）；（c）工件上预留的基准线；（d）以平台作为测量基准

在分段装配过程中，常在板件上预先作出两条相互垂直的线，俗称十字线，以此作为构件定位的基准，同时也作为测量的基准，如图 4-1-30（b）所示。图 4-1-30（c）所示为预留在工件上的测量基准线。在工件边缘切割后进行对接时，测定其间的预留距离 a，以保证其正确的对接尺寸。上述基准都是选择或预留在工件上的基准。

当结构在精度较高的平台上装配时，常以装配平台作为测量基准，既容易测量，也能保证测量结果的准确。如图 4-1-30(d)所示，在平台上装配工字梁时，测量腹板和翼板的垂直度，就可以用角尺测量翼板与平台的垂直度来代替。

当在胎架上装配分段时，常在胎架上用水准仪或水平软管预先设置一个水平面，作为确定胎架支撑面(胎板型线)的测量基准，也作为在分段建造过程中检查胎架有无变形的基准。设置在胎架上的中心线则作为分段宽度方向的定位测量基准。

(2) 测量方法。

①平直度测量。

构件平直度指构件边缘的直线度和结构平面的平整度，构件边缘的直线度可直接用钢尺或拉粉线检查。精度较高的装配平台本身也可作为检查构件边缘直线度的依据。长度较大时则拉钢丝或用激光经纬仪检查其直线度。图 4-1-31 所示为用激光经纬仪检查完工船体的船底纵向直线度的方法。以激光线为基准直线，测量船底外板各处的挠度，即可测定其直线度。

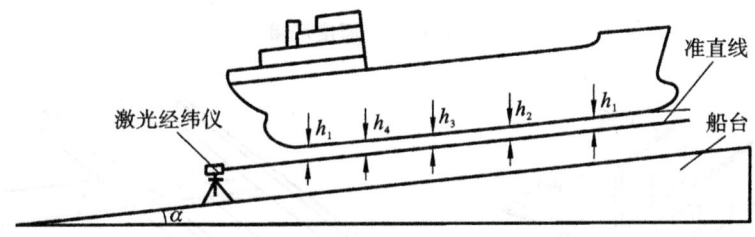

图 4-1-31　检查船底纵向直线度

结构的平面度可以交叉拉粉线检查。如检查分段骨架上缘是否在同一平面，可在分段四角的上缘选取 A、B、C、D 四点，各向上 15 mm，用粉线对角相连(见图 4-1-32)。若两条粉线恰好相交，则两条相交直线形成了一个基准平面。以此平面为准，从一点(图中的点 B)向不同方向拉粉线，当骨架上缘各点距粉线均为 15 mm 时，说明骨架上缘平面度良好；若有高度误差，则需要修整该处构件的边缘。平面度也可用激光经纬仪检查，当仪器整平后，将望远镜的仰角定为零度，当望远镜绕竖轴旋转时，激光束扫过一个水平面，以此为准即可检查构件上缘的平面度。

②线性尺寸的测量。

线性尺寸是指被测的点线、面与测量基准间的距离。它包括结构的绝对尺寸(形状尺寸)和构件间的相对尺寸(位置尺寸)。线性尺寸测量是装配中最频繁的测量项目。在进行其他项目的测量时，往往也要辅以线性尺寸的测量。

进行线性测量，主要使用钢尺、卷尺和木折尺。在船体装配中，有时也使用画有标志的样棒。例如，在槽钢上装配立板时，为确定立板与槽钢结合线的位置，需要测量其中一块立板距槽钢端面的尺寸 a 和两立板间的距离 b，具体方法见图 4-1-33(a)所示。

在分段上划骨架位置线时，经常根据画线草图上的数据，用卷尺直接量取尺寸，如图 4-1-33(b)所示。有时，某些线性尺寸是根据所给数值，或根据肋骨型线驳取在样条上，再用样条在分段的板上进行画线测量。在图 4-1-33(c)中，外板的纵桁和纵骨的位置，就是用样条画出的。在图 4-1-33(d)中，舷侧分段在水平船台上定位时，宽度方向的位置是在悬挂线锤后，再用卷尺进行半宽值的线性测量。高度方向，则用水平软管以高度标杆为依据进行测量。这些

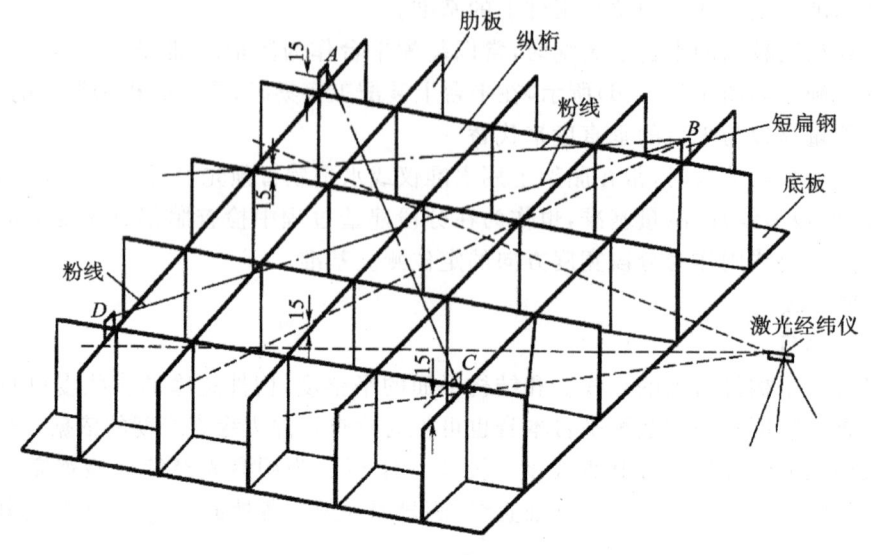

图 4-1-32　平面度测量

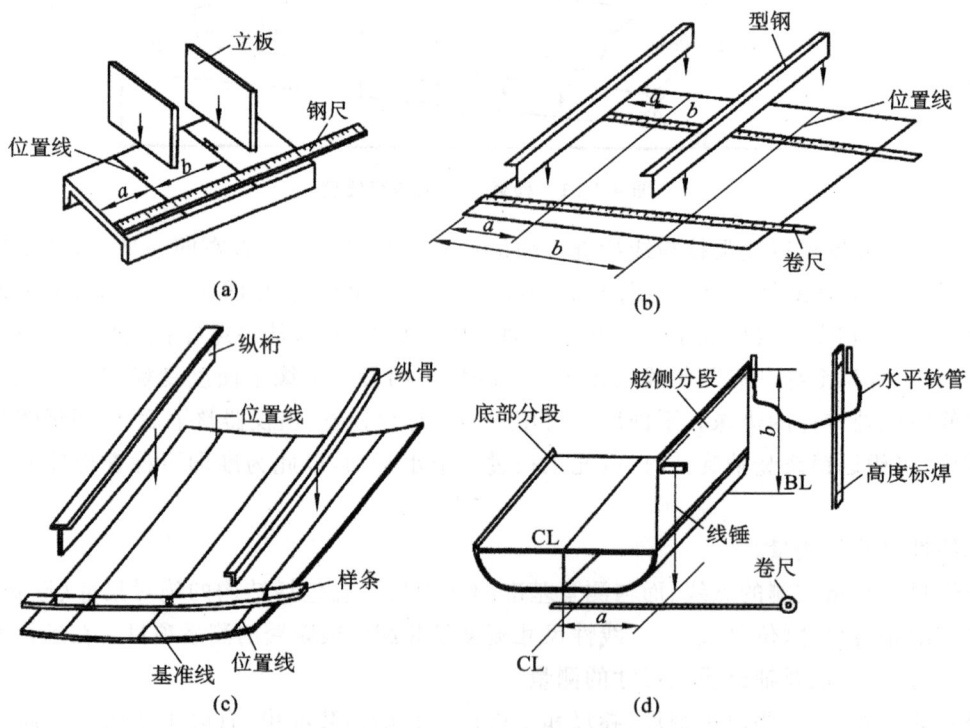

图 4-1-33　线性尺寸的测量

(a)用钢尺量取线性尺寸;(b)用卷尺量取线性尺寸;
(c)用样条量取线性尺寸;(d)用水平软管进行分段位置的线性测量

都属于线性测量的范围。

　　构件上的某些线性尺寸,有时因受形状等因素的影响,不能用刻度尺直接测量而需要借助其他工具达到测量的目的。在图 4-1-34 中,是以平台为基准,由轻型工字钢和卷尺相配合测量工件的整体高度。

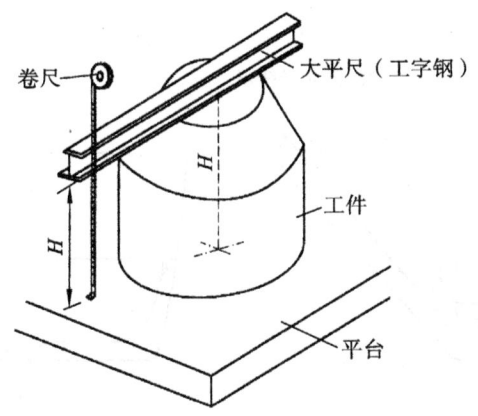

图 4-1-34　线性尺寸的间接测量

③平行度、水平度的测量。

a. 相对平行度的测量。

相对平行度是指工件上被测的线或面,相对于测量基准线或面的平行度。通常是在两条线(或面)上选定若干对应点,进行线性测量。若测得的尺寸都相等,说明两条线(或面)互相平行。因为平行线(或面)之间的垂直距离是处处相等的。

b. 水平度的测量。

装配中常用水平尺、水平软管水准仪或激光经纬仪进行构件水平度的测量。

• 用水平尺测量　水平尺是测量水平度最常用的工具。当管中气泡处于正中位置时,说明构件被测面水平。为避免因构件表面的局部凹凸不平影响测量结构,有时需在水平尺下面垫一平直的厚木板或钢尺,以使测量结果反映的是整个平面的水平度。图 4-1-35(a)所示为在水平船台上用水平尺测量机座水平度的方法。在倾斜船台上测量机座水平度时,需在水平尺下垫斜度样块,样块的斜度就是船台的坡度,如图 4-1-35(b)所示。

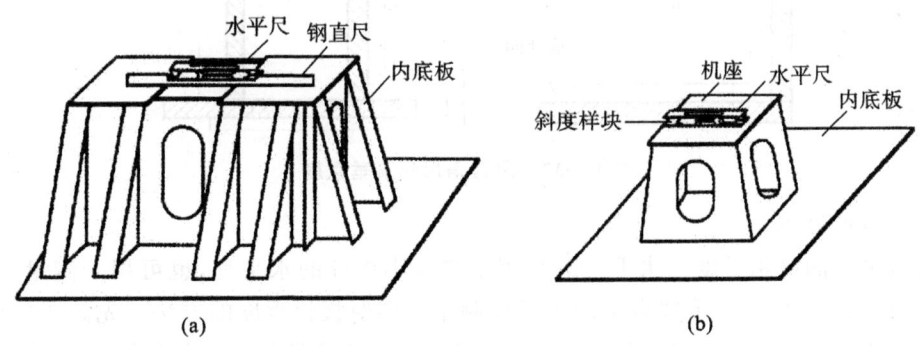

图 4-1-35　测量船台上的机座水平度

(a)水平船台上的机座水平度测量;(b)斜船台上的机座水平度测量

• 用水平软管测量　图 4-1-36(a)所示为在内底板上运用水平软管测量底部分段水平度的方法。取两根画有相同刻度的标杆,把玻璃管分别贴靠在标杆上。其中的一根标杆立于被测平面的一角,另一根标杆连同玻璃管先后置于其余三个角点上。若观察到玻璃管内水面的高度值都相同时,即管内水平面与两标杆上的标志线都重合时,说明分段成水平状态。图 4-1-36(b)为用水平软管测量横舱壁的左右水平度。这时是以画在横舱壁上的一条水线作依据。

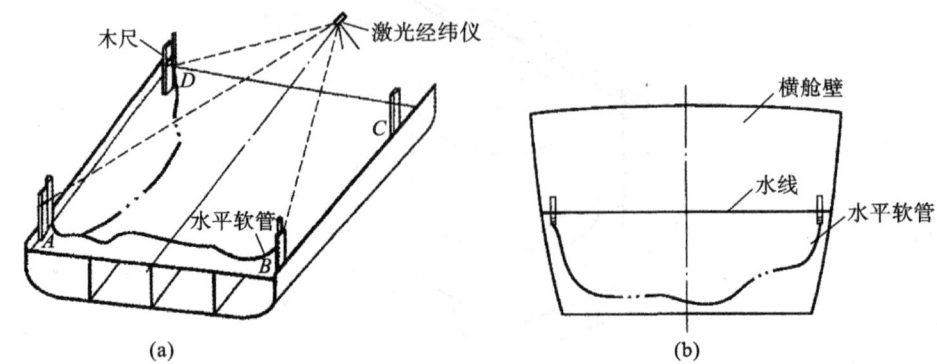

图 4-1-36　水平软管测量水平

(a)分段水度测量；(b)横舱壁水平度测量

④垂直度、铅垂度的测量。

a.垂直度的测量。

相对垂直度是装配中经常进行的测量项目。相对垂直度通常都用直角尺直接测量（见图 4-1-37）。当两测量面分别与直角尺的两个工作尺面贴合时，说明两平面垂直。使用直角尺测量垂直度，角尺规格应和被测平面的尺寸相适应。当构件的被测面长度远远大于直角尺的长度时，测量结果就不够准确。垂直度也可以通过间接的方法测量。具体方法如图 4-1-38 所示，图(a)为测量对角线 ab、cd 是否相等，检查型钢框架的四角是否垂直；图(b)则为利用勾股定理测量两平面或两直线的垂直度。

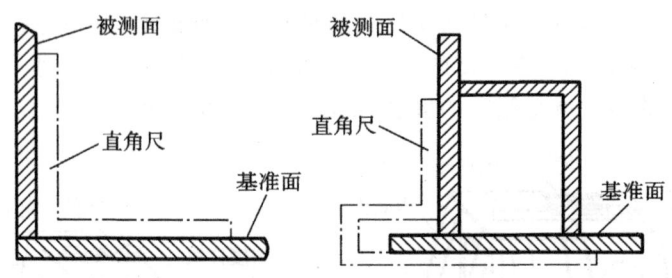

图 4-1-37　用直角尺测量垂直度

b.铅垂度的测量。

•用水平尺测量铅垂度　水平尺既可用于测量小构件的水平度，也可用于测量小构件的铅垂度。图 4-1-39(a)为在平船台上同水平尺测量舷墙肘板铅垂度的方法。先如图(a)中的 1，将水平尺置于肘板的直边上，如果气泡居中，表示肘板直边（即在横剖亩方向）成垂直状态。再如图(a)中的 2，将水平尺置于肘板的侧面，测量肘板纵向是否垂直。在倾斜船台上测量舷墙肘板的纵向铅垂度时，由于船台坡度的影响，需在水平尺下垫放斜度样块，如图 4-1-39(b)所示。在分段上安装肋板、纵骨和纵桁时，也都用水平尺测量其铅垂度。

•用线锤测量铅垂度　在船体装配过程中，比较大的构件都通过悬挂线锤来测量其铅垂度，如图 4-1-40(a)所示，在舱壁左右两边扶强材位置的上端，各焊一扁铁，距舱壁板 S 荡下线锤，在舱壁下端用木尺测量线锤至舱壁的距离。若 $S_1 = S$，舱壁为铅垂；若 $S_1 > S$，舱壁为向船首方向倾斜；若 $S_1 < S$，舱壁为向船尾方向倾斜。有艏、艉倾斜时；调整舱壁位置，直至 $S_1 = S$

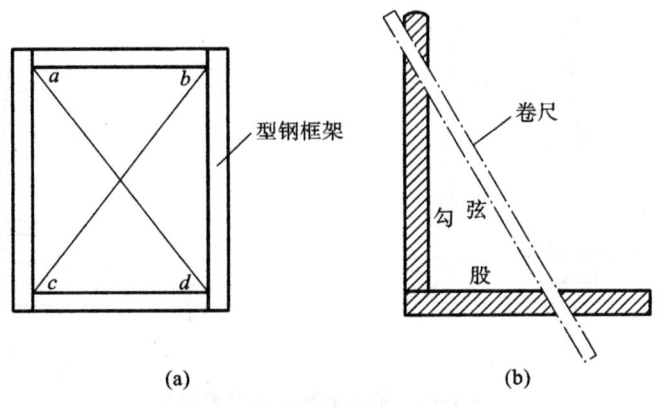

图 4-1-38　垂直度的间接测量

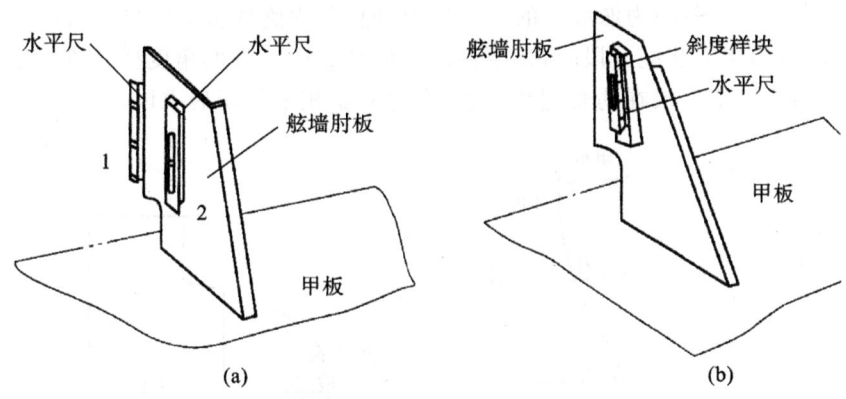

图 4-1-39　船台上的铅垂度测量

(a)水平船台上铅锤度测量；(b)斜船台上铅锤度测量

时为止。

　　在倾斜船台上,由于船台表面与水平面成一倾角 α。当舱壁和船台(即船体基线)垂直时,若从舱壁上端荡线锤,则线锤和舱壁之间也有一夹角 α,见图 4-1-40(b)。

$$\frac{S}{L} = \tan\alpha$$

式中：α——船台倾斜角度；

　　　L——锤线长度。

　　如果船台倾斜度(坡度)为 1/20,则 $\tan\alpha = 1/20 = 0.05$。

　　当 $S = 0.05L$ 时,舱壁垂直于基线；

　　当 $S > 0.05L$ 时,舱壁向船尾倾斜；

　　当 $S < 0.05L$ 时,舱壁向船首倾斜。

　　由于船台坡度 α 很小,在测量中可认为 $\alpha = \sin\alpha$,以便于计算。一般情况下,船体基线都平行于船台表面,基线的坡度也就是船台的坡度。

　　⑤角度的测量。

　　在船体结构中,某些相邻构件之间都有一夹角,而这些夹角并不是一个定值,在各个肋位上,不同的剖面位置是变化的。装配这类结构时,需要有一个定位的角度样板,测量两构件间的夹角是否正确,如图 4-1-41 所示,图(a)为舷侧纵桁和舭龙骨的夹角样板,图(b)为散装时的

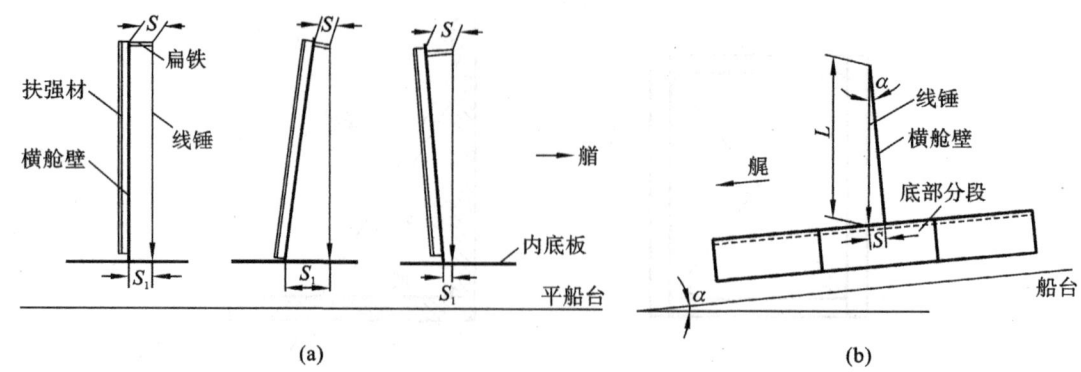

图 4-1-40　船台上测量舱壁铅锤度

(a)在平船台上测量舱壁铅垂度;(b)在斜船台上测量舱壁铅垂度

艉部斜肋骨夹角样板,图(c)为舷墙板的定位样板,图(d)为艉柱板的定位样板。

此外,在斜切胎架上装配分段时,还要使用横向和纵向构件的角度样板进行定位测量。相邻构件间的夹角一般都反映在肋骨型线图中,有时需做相关剖切后求取。

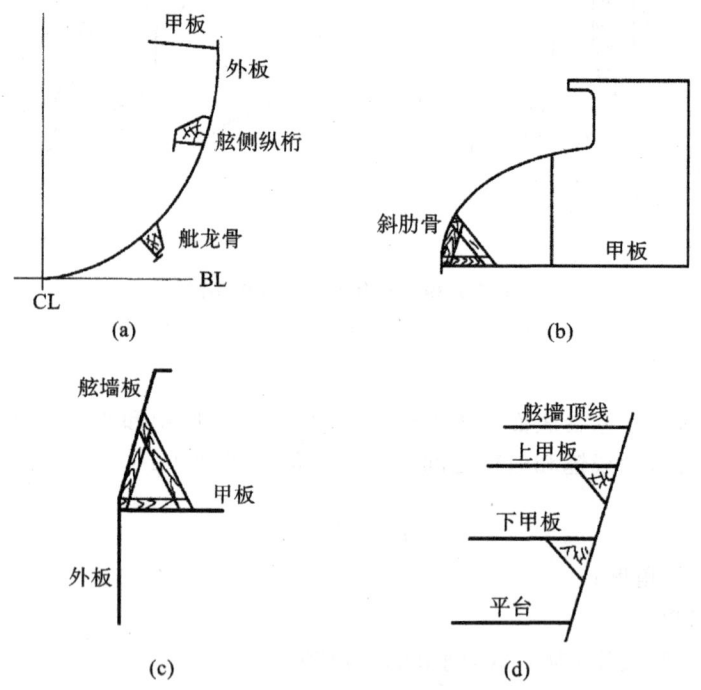

图 4-1-41　用样板测量夹角

(a)舷侧纵桁、舭龙骨夹角样板;(b)艉斜肋骨夹角样板;(c)舷墙板定位样板;(d)艉柱板定位样板

4.2　船体结构预装焊工艺

船体结构预装焊,包括部、组件装焊,分段装焊,大型分段或总段组装等作业,加工出来的船体构件绝大部分要经过这个工艺过程,再送往船台装焊成船体。预装焊工艺水平直接反映了船厂的生产能力和生产效率。

1．部件装配焊接工艺

部件装焊包括板列拼接，T 形梁装焊，肋骨框架装焊，桁架装焊，主、辅机基座装焊和首、尾柱装焊等内容。

1）T 形梁装焊工艺

T 形梁可分为 T 形直梁和 T 形弯梁，一般由腹板和面板组成，有些宽腹板 T 形梁，腹板上还装有一定数量的扶强材。

T 形直梁通常采用倒装法装焊，首先将面板固定在装配平台上，划出腹板位置线，再将腹板安装在面板上，然后将它翻倒，按腹板上的扶强材安装线安装扶强材（见图 4-2-1(a)）。

T 形弯梁的面板是弯曲的，一般采用侧装法进行装配（见图 4-2-1(b)）。

T 形梁装焊的技术要求，主要有构件安装位置的正确性、腹板与面板安装角度的正确性和控制焊接变形等。控制焊接变形的措施有加设临时加强材和采用合理焊接工艺等。此外，为便于检验和矫正焊接变形，装配完工后可在腹板上划出辅助检验线（见图 4-2-1(c)），以检验 T 形梁焊接后的型线是否满足设计要求。

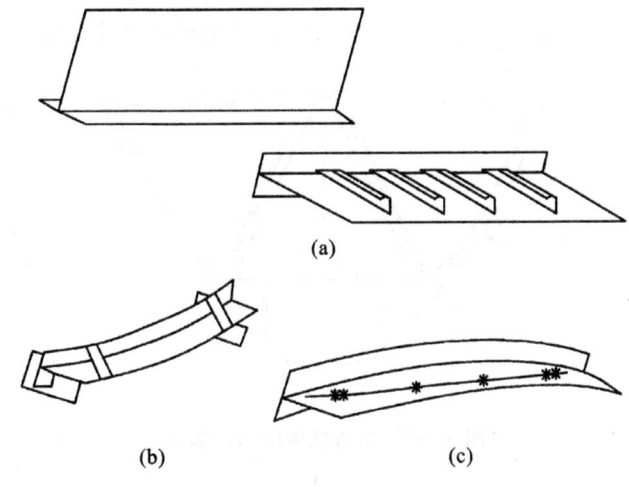

(a)

(b)　　　　　(c)

图 4-2-1　T 形部件装配示意图

根据 T 形梁装焊的工艺特点，有船厂研制成功 T 形梁自动装焊机，可以自动完成 T 形直梁的装焊作业，从 T 形直梁的上料、装配和焊接，直至翻落在地面的整个装焊工艺过程实现机械化。若与切割机械、装焊腹板扶强材和矫正变形等工序连接起来，则可建成 T 形直梁的专业流水生产线。

2）肋骨框架装焊工艺

肋骨框架由横梁、肋骨、肋板和肘板组成，它具有保证分（总）段型线的重要作用。

肋骨框架装配前，应先在钢板平台上划出全宽肋骨型线图（见图 4-2-2），作为装配时对线定位和检验的依据。根据肋骨框架的结构特点和技术要求，其装焊工艺过程大致如下。

将肋板、肋骨和横梁与平台上同号肋骨型线对准定位→安装肘板并定位焊→安装临时加强材→划安装线和检验线（桁材位置线板缝线，中心线和某号水线）→焊接→框架翻身→焊接→检验→吊运。

装配时，应使横梁和肋骨与平台上的相应型线自然吻合，若发现不吻合时，不得进行强制性吻合，应将它矫正到与型线自然吻合后，再进行装配定位，否则会使装焊完的肋骨框架在解

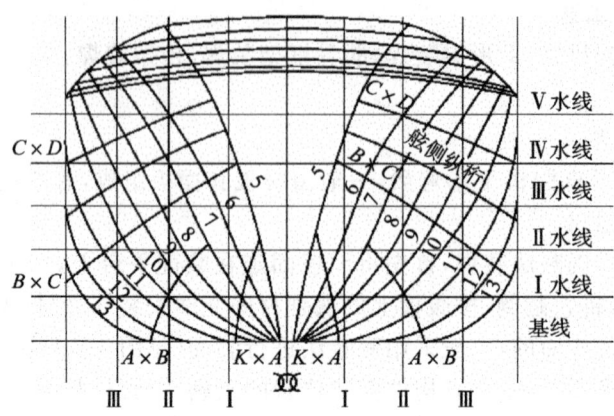

图 4-2-2　钢板平台上的肋骨型线图

除固定后因回弹而产生变形。同时还应使各构件的腹板保持水平,并使它们的安装理论线置于同一平面内,以免造成质量事故。

安装临时加强材(见图 4-2-3)是为了防止肋骨框架吊运时产生变形。

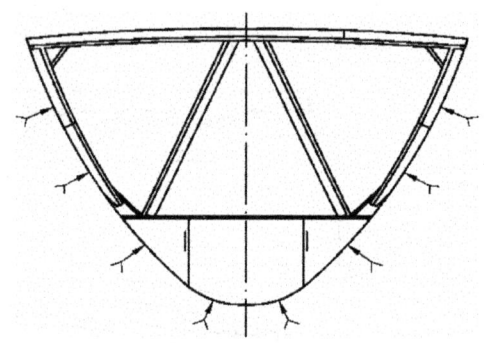

图 4-2-3　肋骨框架的临时加强

3) 部件装焊检验

部件矫正检验要求每个部件、组件装焊后均经水火矫正后才能转入分段装配工序,以减少分段装焊后矫正的工作量,确保分段外形的准确。部件完工质量是确保分段装配质量的关键,图 4-2-4 为部件检验示意图,部件装焊检验项目、内容及检验方法见表 4-2-1。

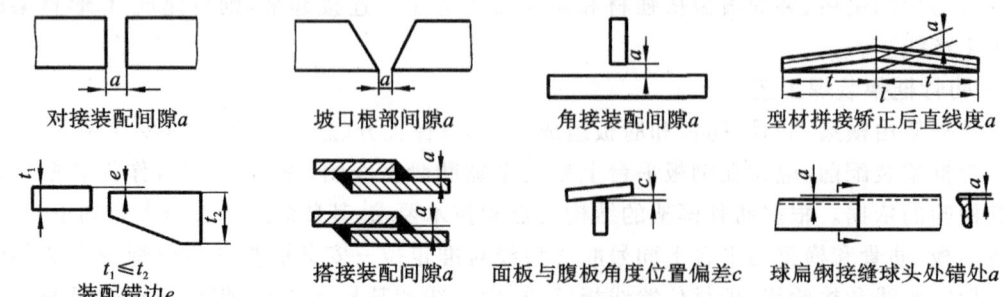

图 4-2-4　部件检验示意图

表 4-2-1　部件装焊检验表

项目	检验内容	检验方法
埋弧自动焊焊缝	装配间隙	用塞尺测量
对接缝	装配错边	用短钢尺测量
手工对接缝	坡口根部间隙	用塞尺测量
角接缝	装配间隙	用塞尺测量
搭接缝	装配间隙	用塞尺测量
组合型材	腹板安装位置偏差	用钢直尺、角尺测量；主机座面板不允许内倾
	面板与腹板角度位置	
	焊完且矫正后面板位置偏差	直线形用拉线法；弯曲形拉腹板上检验直线
型材拼接	角钢、球扁钢接缝焊完且矫正后直线度	用卷尺、拉线测量
	球扁钢接缝球头处错边	用钢直尺测量
框架	(1) 框架线型与铁样台线型偏差； (2) 框架上各种划线的位置偏差	用钢直尺测量
扶强材	(1) 扶强材安装位置偏差； (2) 角钢、球扁钢垂直度； (3) 组合型扶强材垂直度； (4) 舱壁划线，角尺垂直度	用钢尺、角尺测量

2. 分段装配焊接工艺

船体分(总)段装焊是船体建造过程中工作量最大而又极为重要的一个工艺阶段。高质量精度的分段装焊能够减小焊接变形，保证船体装焊质量，改善劳动条件，便于同时投入较多的劳动力，缩短船体建造周期。

1) 分段的种类

分段的种类很多，按照其外形特征大致可以分为下列几类(见图 4-2-5)。

(1) 平面分段。

平直板列上装有骨材的单层平面板架，如舱壁分段、围壁分段、平台甲板分段、平行舯体部分的舷侧分段等。

(2) 曲面分段。

曲面板列上装有骨材的单层曲面板架，如单底分段、甲板分段、舷侧分段等。

(3) 半立体分段。

①两层或两层以上板架所组成的不封闭的分段；

②单层板架带有一列与其成交角的板架的分段。

常见的有带舱壁的甲板分段、带舷侧的甲板槽形分段、甲板室分段等。

(4) 立体分段。

①两层或两层以上的板架所组成的封闭形分段；

②由平面或曲面板架所组成的非环形立体分段。

常见的有双层底分段，边水舱分段，首、尾立体分段等。

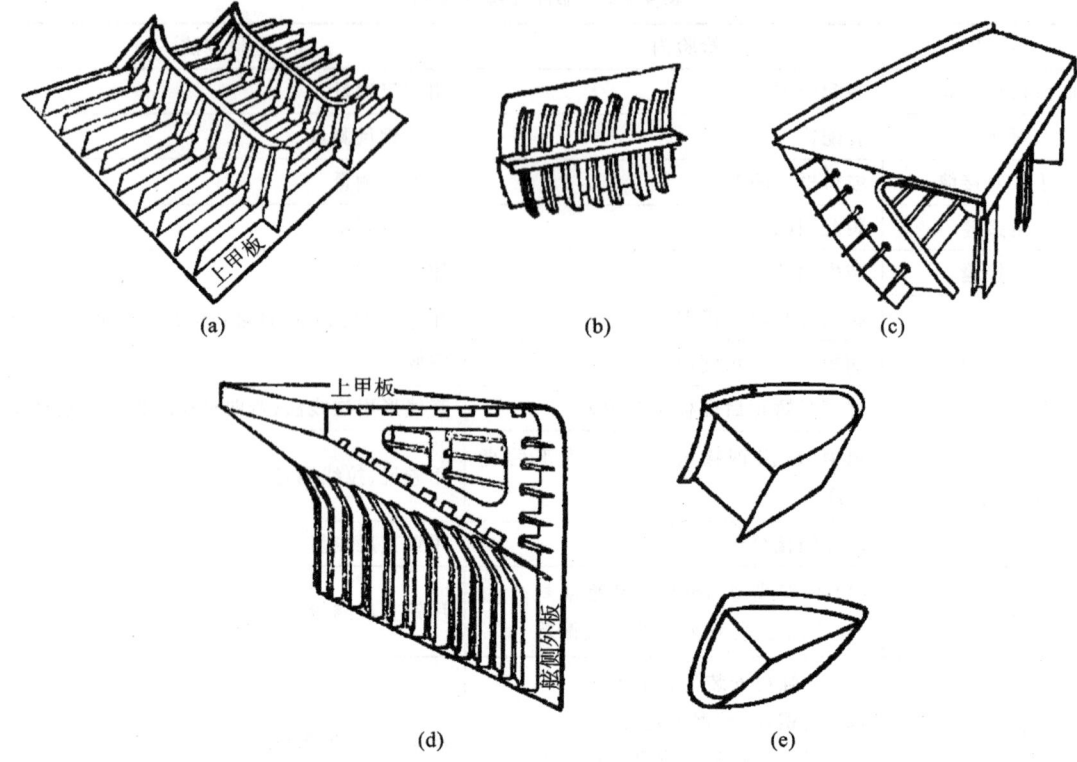

图 4-2-5　分段的类型

(a)平面分段(油船上甲板分段);(b)曲面分段;(c)半立体分段(机能外板上 L 形分段)

(d)立体分段(散装货船的边水舱);(e)总段

(5)总段。

①主船体沿船长方向划分的,其深度和宽度等于该处船深和船宽的环形立体分段。

②两个或两个以上分段组合而成的更大的分段,也称为总段。

典型的总段有首总段、尾总段和上层建筑总段(采用整体吊装工艺)等。

2)分段划分

分段划分不仅关系到产品建造质量的高低,也决定了劳动力和原材料的合理消耗,并牵涉舰船的建造周期。一般在初步设计阶段确定船体建造方案时,就应进行初步的船体分段划分。这是一项十分细致而复杂的工作,牵涉面广,需对产品和船厂能力有全面的了解,经过反复分析比较,才能得到合理的划分方案。国外已有使用"生产总成本"的比较方法进行定量分析、选取最佳划分方案,我国目前仍以定性分析为主。

(1)分段划分原则。

①舰船本身的结构特点。

· 舰船结构的区域性　船体结构沿船长方向主要可分为尾部、机舱部、货舱部、首部及上层建筑部。各部分的结构特征不同,但都由底部、舷侧、甲板、舱壁或隔壁、围壁等组成,为使结构获得连续性,相互间主要采用肘板连接,故肘板部位往往是分段划分的自然界线。

· 结构的连续性　船体结构通常有纵骨架、横骨架及混合骨架三种形式,为了减少结构端接缝,横骨架式的船体宜进行横向划分,纵骨架式的船体宜进行纵向划分,这样可以避免过多地切断骨架,保证结构强度和施工的质量。

・足够的刚性　为了保证船体线型正确,防止分段在吊运、翻身过程中发生变形,分段本身应具有足够的刚性,必要时可进行临时加强。

・分段具有足够的空间,以利于进行舾装和涂装。

②船厂生产条件。

・起重运输能力　一般来说,只要起重运输能力许可,分段的尺寸和重量应尽可能大,从而减少分段数量和船台合拢工作量,使劳动条件得到改善,也易保证产品质量,缩短建造周期。

・车间厂房设备能力　分段在厂房内建造,应考虑厂房的高度,车间出入口的尺寸等,同时要考虑车间内加工设备和起重设备的能力。

・分段堆场的条件　堆场宽裕,可以考虑多划分一些平面或曲面分段,以便扩大作业面,改善作业条件;如场地有限,则应多划分一些立体或半立体分段。

③钢材利用率。

分段划分时应尽可能考虑充分利用钢材,如分段的长度宜取钢材长度的整数倍,纵向接缝线的布置亦尽量考虑用足钢板的宽度。

④工艺合理性。

・各分段之间的大接缝应尽可能布置在同一横截面上,使船台合拢工作不致因分段对接缝错开而受到牵制,并可简化合拢工艺,有利于采用垂直自动焊,还可使焊接收缩变形均匀。

・应考虑扩大自动焊的应用范围,尽可能多地划为平面分段,给自动焊、半自动焊的应用创造有利条件。

・应考虑改善施工条件,尽量在大接缝处创造较好的工作条件。狭窄的空间、难以立足的地方都将给合拢工作带来困难,故应尽量避免。例如,不要将大接缝划分在双层底的污水井处,也不要划分在狭小的隔离舱内。

⑤劳动负荷的均衡。

各分段工作量和船台工作量的均衡,以及整个生产衔接的紧凑性,在分段划分时也需一并考虑。既要保证分段供应及时,不至于使总装因分段没有完工而停工;也不能过早完工,造成分段堆场周转困难。

(2) 大接缝位置的确定。

①横向接缝宜设在肋距 1/4 处附近。因为该处的弯矩最小(视作受均布载荷的单跨梁),且接缝区域的钢材有适当的柔性,便于外板接顺。

②底部分段与舷侧分段之间的边接缝宜布置在舭肘板附近。若采用正装法建造,接缝设在舭肘板上缘,便于安装;若采用反装法建造,舭肘板为散装件,接缝不宜过高,以免引起"波浪变形";也不宜过低,以免型线变化大,外板难以接顺。

③舷侧分段及甲板分段接缝的确定,应考虑尽可能使分段跨及一道横舱壁,以减少船台合拢时作为临时支撑的假舱壁数量;同时,甲板分段的端接缝尽量布置在横舱壁附近,因为该处甲板纵桁通常用肘板与横舱壁连接,断在此处,可保持其纵向构件的连续性。

④上层建筑在条件许可时,应作为一个总段来建造;如无可能,则可按层划分和作横向划分。

⑤舱壁分段通常独立作为一个分段,上连甲板,下接内底板,小船或起重能力许可,宜采用总段建造法将舱壁划入总段内。

3) 分段装焊工艺

(1) 分段建造方法。

①按装配基准面分。

正装法：分段建造时的位置与实船上的位置一致。

倒装法：分段建造时的位置与实船上的位置相反。

侧装法：分段建造时的位置与实船上的位置成一定角度（或垂直）。

三种建造方法比较见图 4-2-6 和表 4-2-2。

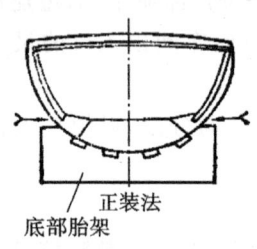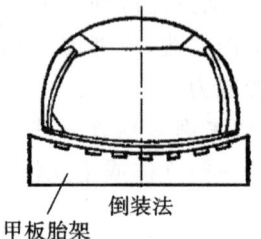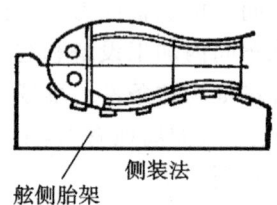

正装法　　　　　　　　倒装法　　　　　　　　　　侧装法
底部胎架　　　　　　甲板胎架　　　　　　　舷侧胎架

图 4-2-6　分段建造方法

表 4-2-2　分段建造法比较

建造方法	优点	缺点	适用范围
正装法	施工条件好 线型有保证	胎架复杂 划线工作量大	单底分段，机舱分段，批量生产
倒装法	胎架简单 可减少一次翻身	施工条件稍差 型线易产生误差	双底分段，以甲板为基面的分段，单船生产
侧装法	改善施工条件	胎架数量增多	舷侧分段等

②按构件安装顺序分。

a. 分离装配法（又称主向构件先装法）。

在作为分段装配基准面的板列上，先装布置较密方向（主向）的骨材，进行焊接后，再布置较疏（次向）方向的骨材，然后焊接（见图 4-2-7）。这是一种装焊交替进行的装配方法，有利于扩大自动焊和半自动焊的应用范围，适用于结构强、钢板厚以纵骨架式为主的大中型舰船，不至于产生明显的焊接变形，但装配工作不连续。

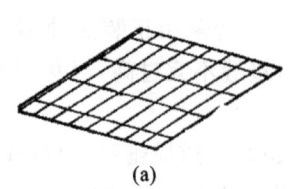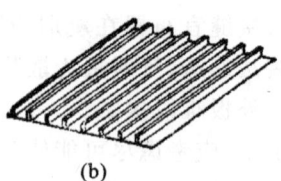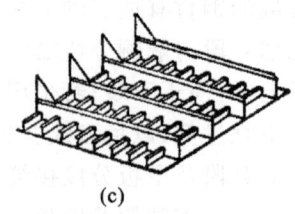

(a)　　　　　　　　　(b)　　　　　　　　　(c)

图 4-2-7　分离装配法
(a)划线，切割；(b)纵向骨材的配材、焊接；(c)横向骨材的配材、焊接

b. 插入装配法（散装法）。

在拼好的板列上，划好结构安装线，然后依次将纵材、肋板、桁材等构件装到板列上，最后进行焊接。构件的安装顺序多样，如图 4-2-8 所示。

图 4-2-9 所示为插入装配法：先安装间断的纵向骨材，然后将横向骨材插入，最后将纵向连续桁材插入横向骨材之中，故又可称为插入装配法。这种方法较适用于中型舰船分段的制

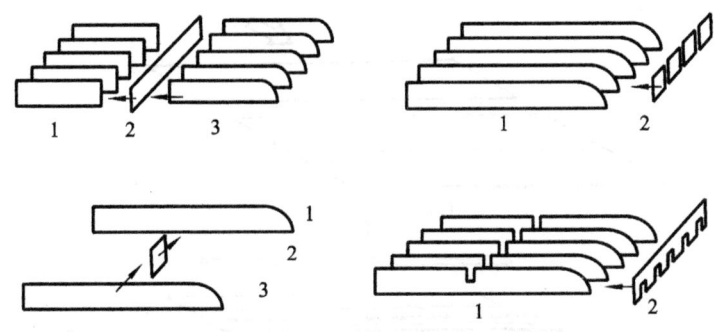

图 4-2-8　构件安装顺序示意图

造,因为这类舰船的骨架高度不大,有利于构件的插入,且板材也较厚,在修割余量时,容易保证间隙均匀。采用插入装配法可使构件吊装时间集中,不需吊车随时配合,对于某些起重设备负荷较重的工作场所特别适用。

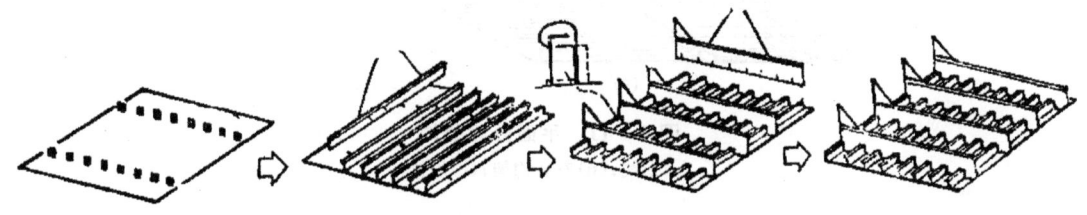

图 4-2-9　插入装配法

　　c. 箱形框架组装法。

　　将所有构件先组装成箱形框架,并焊好,然后再与板列组装在一起,形成分段。这种方法的优点在于:变竖焊为俯焊,便于框架采用机械化焊接;作业面铺得开,可缩短建造周期;有利于控制焊接变形,因为框架有足够的刚性。箱形框架组装法是国外采用较多的一种先进装焊方法,尤其适用于大型平直分段,箱形框架组装法的组装过程如图 4-2-10 所示。

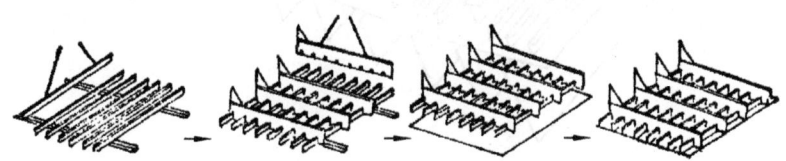

图 4-2-10　箱形框架组装法

　　(2) 典型分段装焊工艺。

　　① 平面分段。

　　通常在型钢平台或水泥平台上进行。板列由部件装焊阶段提供,其装焊步骤是:划线→安装构架→焊接,见图 4-2-11。

　　② 曲面分段。

　　通常在胎架上建造,作为装配基准面的构件大多在胎架上拼接,但对于某些板曲度和厚度都不大的甲板分段,往往先将甲板板在平台上拼成部件,整张吊上胎架,依靠重力自然成形,然后在甲板上划线,安装构架,验收后焊接。

　　舷侧分段一般采用侧装法,以舷侧外板为装焊基面,在舷侧胎架上制造(见图 4-2-12)。其装焊步骤为:胎架准备→拼板→划线→安装构架→焊接。

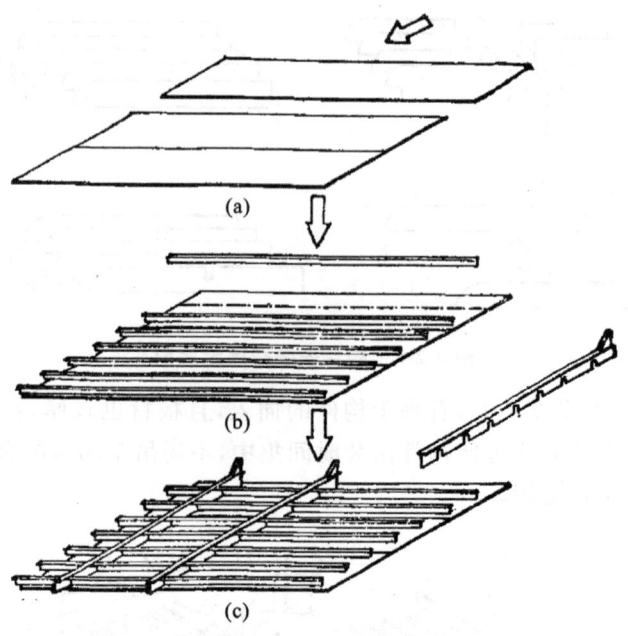

图 4-2-11　平面分段装焊

(a)划线;(b)安装构架;(c)焊接

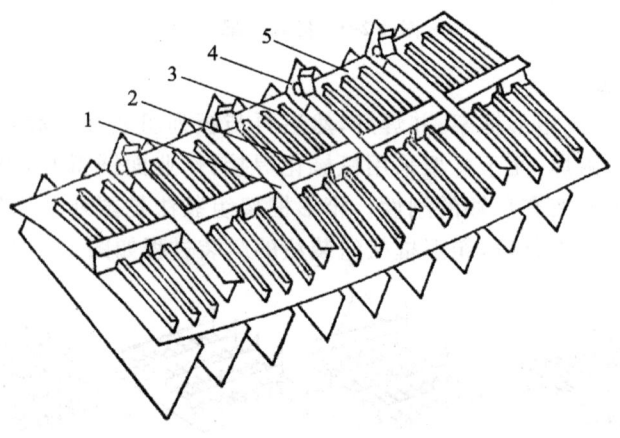

图 4-2-12　舷侧分段装焊

1—宽肋骨;2—舷侧纵桁;3—肋骨;4—横梁肘板;5—外板

③船舷侧半立体分段。

• 以甲板板架为基面,把舷侧框架吊装上去,形成小分段(见图 4-2-13(a))。

• 以舷侧板架为基面,把带框架的甲板板架小分段翻转 90°后吊装到舷侧板架上形成更大的小分段(见图 4-2-13(b))。

• 以底板板架为基面(见图 4-2-13(c)),把小分段再翻转 90°后吊装到底板板架上,最后形成半立体舷侧分段。

④边水舱立体分段。

边水舱立体分段装焊过程如图 4-2-14 所示,装焊工作分两步进行。

a.小分段装配阶段和顺序如下:

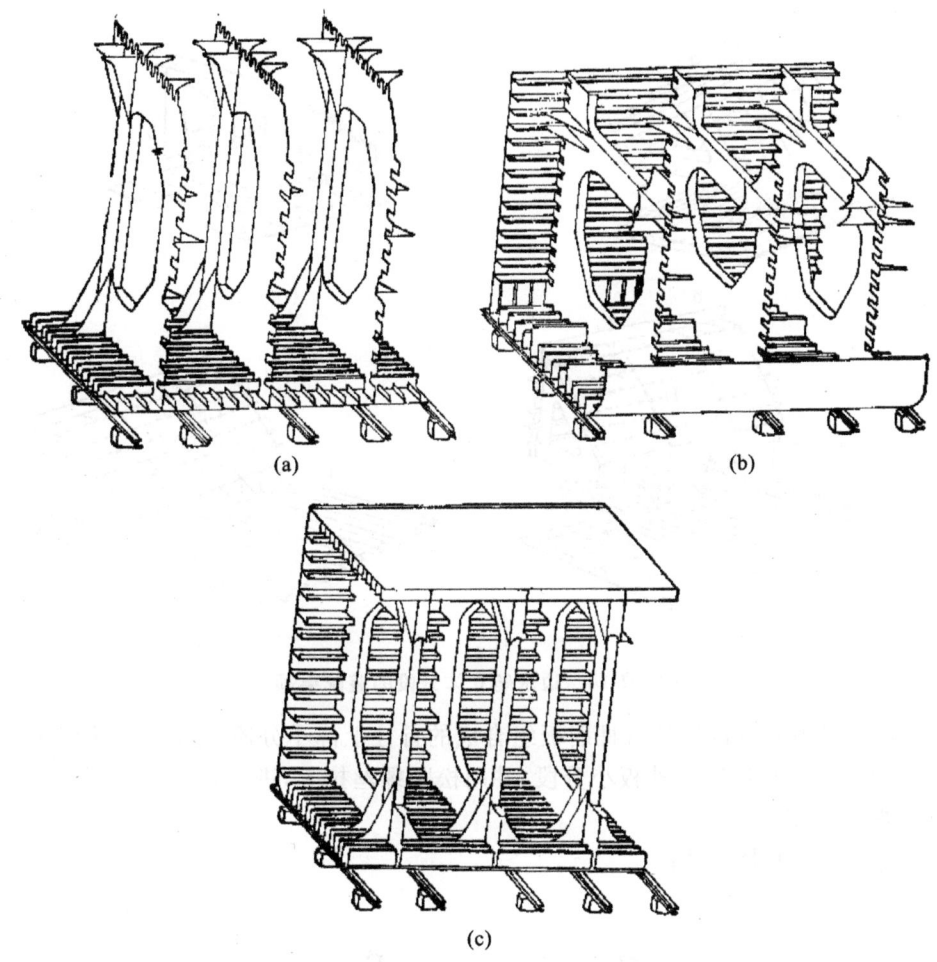

图 4-2-13　舷侧半立体分段的装配

以斜底板①为基面,把斜底板纵材 a、肘板 b 和甲板纵材 c 依次进行安装;焊接结束后翻身,进行以甲板为基面的小分段装配;

以甲板②为基面,把上阶段的小分段进一步进行装配;焊接完后,翻身,进行以外板为基面的分段装配。

b.分段装配阶段和顺序如下:

以外板③为基面,将肋骨 d、e 配材,放上以甲板为基面的小分段。小分段的定位、定位焊结束后,进行肘板 f 和小部件的装配、定位焊。在分段完工后,进行预舾装。

⑤首部立体分段。

一般采用倒装法,可大大简化胎架,施工条件也得到了改善,不足之处是分段的翻身比较复杂。具体装配方法如下:

a.在拼好板的首楼甲板上进行分段划线并切割四周边缘余量;

b.将甲板顶面朝上,倒放于带梁拱的甲板胎架上(见图 4-2-15);

c.放上横梁、纵桁等并进行定位焊;

d.安装首楼甲板与上甲板之间的立柱,并进行立柱与首楼甲板连接处的焊接;

e.调整立柱与上甲板的安装位置,装上已装配好的一甲板小分段,进行定位焊;

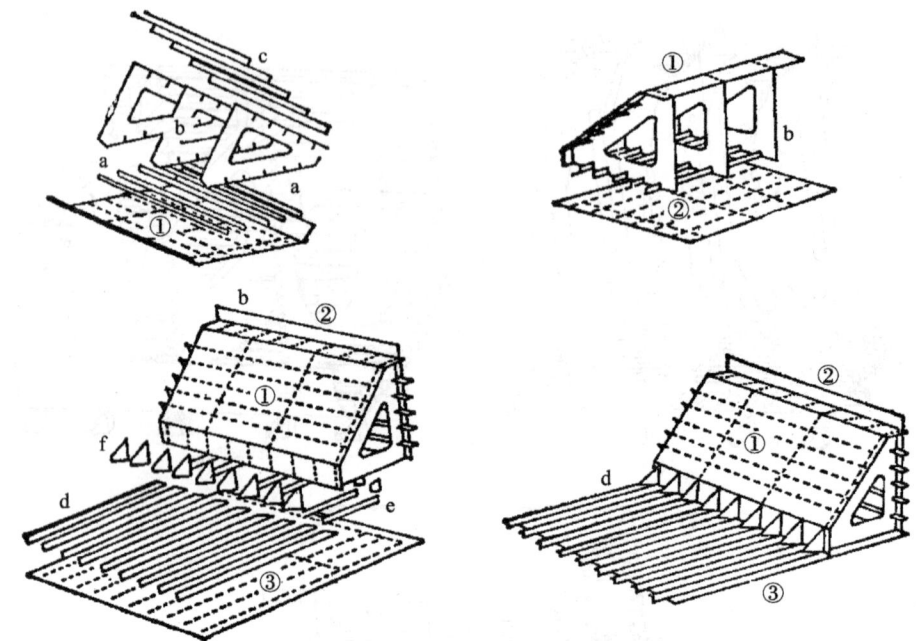

图 4-2-14　边水舱立体分段的装配要领

f. 从船首方向吊装由首柱和首柱肘板组合成的首柱上部小分段,定位后进行定位焊;

g. 从两侧安装已装焊好的外板小分段,并用松紧螺丝拉紧,进行定位焊;

h. 进行焊接工作;

i. 安装管路及其他舾装件;

j. 涂装,分段完工。

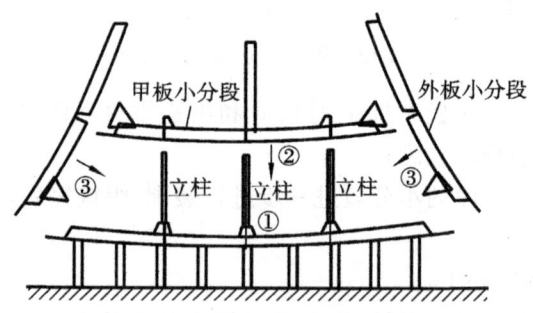

图 4-2-15　首部立体分段装配顺序

⑥尾部立体分段。

一般采用倒装法,装配方法如下:

a. 甲板拼板及划线(见图 4-2-16);

b. 肋骨框安装(见图 4-2-17);

c. 斜肋骨框及甲板纵桁安装;

d. 舷侧纵桁及横舱壁安装;

e. 板安装及焊接。

4) 分段装配检验

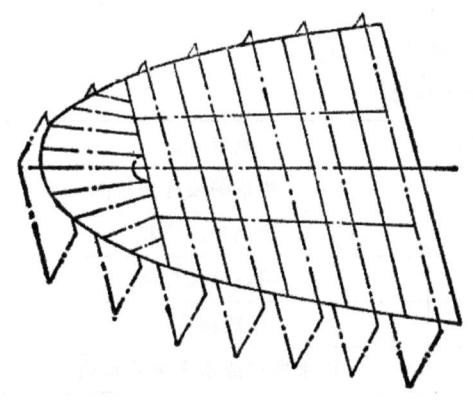

图 4-2-16 甲板拼板及划线

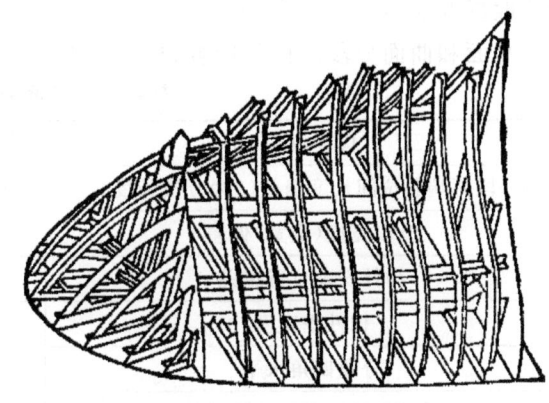

图 4-2-17 肋骨框安装

（1）胎架检验。

胎架是船体分段装配和焊接必需的工艺装备，它的作用是使分段的装配和焊接工作具有良好的条件。特别是对中小型船舶，船体线型变化大，船体钢板薄，要求胎架具有足够的强度和刚度来控制分段的外形，所以要求胎架的制造必须准确，在分段制造前，应认真检验胎架。

（2）划线检验。

胎架经验收合格，装配工在胎架上拼装外板或甲板且焊好，焊缝经外观表面质量检查合格，即可进入划线工序。划线操作应对照分段工作图，依据草图、样条、样板等，先用激光经纬仪画出角尺基准线，然后画出各种结构线、开口线和大接缝线，按分段焊接表，画出断续焊焊段尺寸，提交检验。

划线作业涉及船体建造流程中的各个工序，划线内容包括各种基线、结构线、开口线以及大接缝线等。分段制造中，划线位置正确与否，将决定分段中各零、部件装焊位置的正确性，尤其在分段大接缝处连续构件的位置以及外板、甲板、纵横舱壁上开孔位置与大小的正确与否，更影响到船体大接缝质量和外表的美观及强度。表 4-2-3 列出了划线检验的基本情况。

表 4-2-3 划线检验

检验内容	精度标准	检验方法
中线、结构线、开口线偏差	≤1.0	用划线草图或样条检测
构件厚度位置偏差	正确	按船体构件理论线图检查
端头肋位距大接缝尺寸偏差	±2.0	对预修整端头检查有余量即可
内底、平台、甲板宽度偏差	±2.0	用划线草图或样条检测

（3）平面和曲面分段检验。

在船体建造中，平面分段有纵横舱壁、平面甲板、平台、平行中体部位的外板及方艉船型的艉封板等板架。平面分段由于在建造过程中始终处于敞开状态装焊，施工条件好，便于使用高效焊接。因此，立体分段中的平面板架结构，应尽可能提前装焊成平面分段，且经火工矫正后再组装成立体分段，以缩短分段建造周期，提高建造质量。

在船体建造中，曲面分段有单层底的底部分段、单层舷侧分段、甲板分段、艏柱分段及艉柱分段等。曲面分段通常在胎架上建造，分段线型在脱胎架后有所缩小，火工矫正一般仅改善外板线型的光顺性，而难以复位至胎架线型。因此，对精度要求高的曲面分段，只能在胎架制造时采取反变形措施。

平面和曲面分段的检验内容、精度标准及检验方法见表 4-2-4。

表 4-2-4　平面和曲面分段检验

检验内容	精度标准	检验方法
分段两端肋位间长度偏差（l 为分段长度）	±0.75l/1000	用划线草图或样条检测
分段宽度（全宽）偏差	±4.0	用钢卷尺检测
构件安装位置偏差	≤1.0	用短钢尺检测
构件垂直度	≤3.0	用线锤检测
分段四角水平	±8.0	用水准仪或水平软管检测
主要构件十字接头的错位	≤1/4t	用短钢尺检测（t 为板厚）

（4）立体分段检验。

立体分段检验是对分段外形尺寸、构件尺寸、构架位置、零件数量、装配精度和焊接质量的检验。立体分段的建造质量是保证船体大接缝线型光顺、缩短船体建造周期的关键。表 4-2-5 至表 4-2-7 为各立体分段的检验情况，图 4-2-18 为尾柱立体分段检验示意图。

表 4-2-5　双层底分段检验

检验内容	精度标准	检验方法
分段两端肋位间长度偏差（l 为分段长度）	±0.75l/1000	用钢卷尺检测
分段宽度（全宽）偏差	±4.0	用钢卷尺检测
内底板高度偏差	±4.0	用钢卷尺检测
肋板、桁材垂直度	≤3.0	用线锤检测
四角水平度	±5.0	用水准仪或水平软管检测

表 4-2-6　主机基座检验

检验内容	精度标准	检验方法
轴中心线与船中心线偏差	≤2.0	拉轴中心钢丝后用线锤检测
面板高度偏差	±2.0	用直尺与钢卷尺检测
基座纵桁与轴中心线的距离偏差	±3.0	用线锤与钢尺检测
肋位位置偏差	≤2.0	用短钢尺检测

表 4-2-7　尾柱立体分段检验

检验内容	精度标准	检验方法
尾轴中心线高度偏差	±3.0	用卷尺检测
尾轴中心线与船体中心线偏差	±2.0	用线锤检测
轴壳后端与尾尖舱壁间距偏差	±5.0	用样棒、钢皮卷尺检测
上下舵承间距偏差	±4.0	用钢皮卷尺检测
舵杆中心线与轴中心线相交偏差	≤3.0	轴中心与舵柱中心钢丝线
上下舵承中心线偏差	≤5.0	用线锤检测

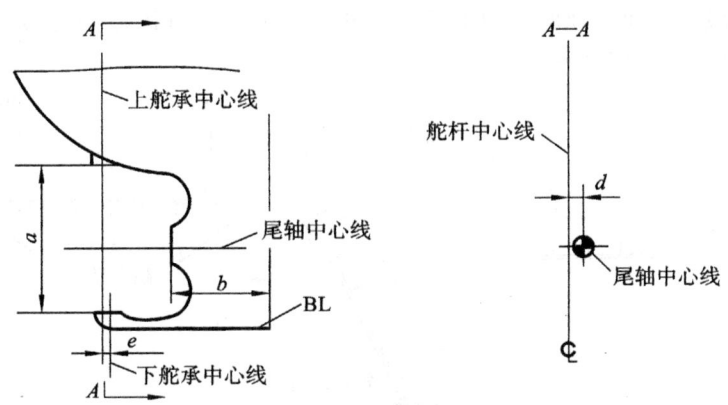

图 4-2-18 尾柱立体分段检验示意图

（5）分段完工检验。

分段的完工检验是在完成全部施工,包括对分段进行尺度和外形测量之后的完整性检验,它是船体建造过程中必须检验的项目。检验分段数量是按分段划分图中分段的数量进行的。

完工检验包括工厂检验部门的检验和工厂报请军代表检验。工厂检验部门在每个分段报验之前必须先自行检查,并提出检查意见,待施工部门修复后再请检验员验收合格,然后,通知军代表检验。检验按质量标准进行,对不合格的项目,用工艺符号在相应的位置标出,难以用工艺符号表达的意见,可在舱壁或显眼的位置用文字逐条写明并签名和填写检验日期。事后,检验员应及时督促施工部门尽快将遗留缺陷修复,并认真复验。

5）分段吊运与翻身

分段的吊运与翻身是船体建造过程中的一个重要工序。完工的分段需吊出平台或胎架,吊上船台。为使板材接缝的封底焊以及分段内部上下骨架的角焊缝处于俯焊位置,分段有时要进行多次翻身。随着船舶日趋大型化,分段的尺寸和质量都会相应增大。合理的分段安全的翻身和吊运就显得更为重要。分段翻身吊运工艺涉及吊环的安装、焊接、拆除、批平和打磨的工作量,涉及辅助性加强材料的消耗,涉及结构的受力和变形,影响到船体外表质量、施工工艺和制造周期。

（1）分段翻身的方式。

分段翻身有空中翻身和落地滚翻两种方式。

①空中翻身。

空中翻身可由一台吊车的主、副钩或两台吊车联合完成,如图 4-2-19 所示。在分段两端设置两组吊环,图中(a)为平面吊环,(b)为侧面吊环。如用一台吊车翻身,分段水平吊起后,副钩缓慢松钩,成直立状态时将分段转向,副钩再行吊起完成分段翻身。空中翻身的分段最大质量应小于主钩吊车的安全起重量。分段在空中无论作纵向或横向翻身,都应保证翻身过程中吊索不致损坏分段边缘的外板或围壁。

空中翻身动作平稳、施工方便,作业安全。分段上只需设置吊环和做一般加强,成本较低,被广泛采用。

②落地滚翻。

当分段尺寸较大,质量超过一台吊车的安全负荷时,就采用落地滚翻的方式,借地面支承力减小分段施加于主钩吊车的作用力。为不损坏分段落地边缘,分段的一端需加设滚翻装置,通常有圆弧式和啮合线式两种。图 4-2-20 为啮合线式装置的落地滚翻情况。在滚翻过程中,通过重心的垂直线始终通过地面上的支承点。分段处于动平衡状态,不会突然产生前冲力而带来不利影响,翻身过程安全平稳。

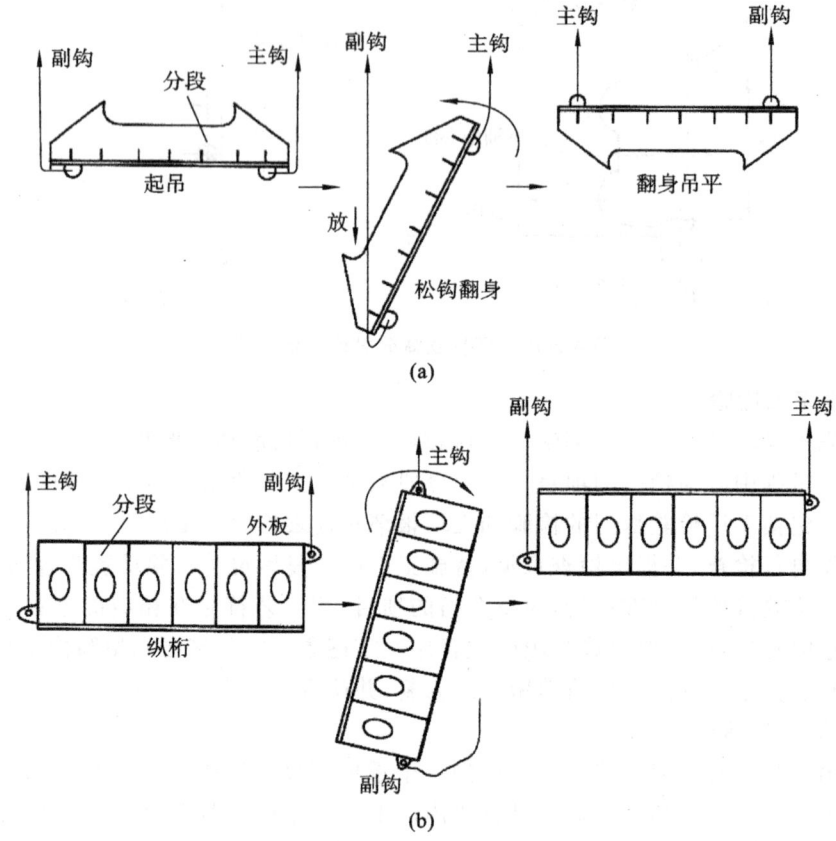

图 4-2-19 分段空中翻身
(a)平面吊环翻身;(b)侧面吊环翻身

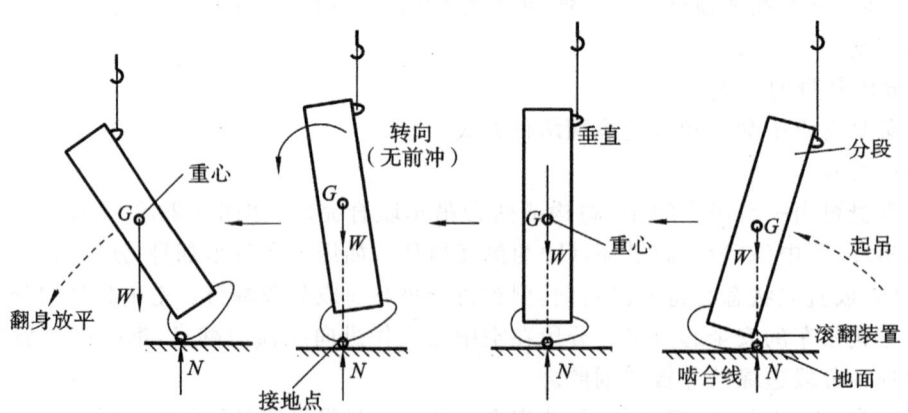

图 4-2-20 分段落地滚翻

落地滚翻还可在沙坑上进行,在翻身过程中利用沙子的阻力和缓冲作用,控制分段的翻身运动,并使结构不发生变形损坏。

(2)吊环。

吊环是分段吊运翻身的主要工具,有多种形式和规格。使用时根据吊环的特点和承受的负荷在标准吊环系列中选择。

　　吊环形式分平面型(无肘板,分 A,B 型)和组合型(有肘板,分 C,D,E 型)两种,如图4-2-21所示。有肘板的吊环都垂直于分段表面安装,它在平行和垂直于吊环竖板的方向上都有较好的刚性。无肘板的吊环一般与分段的骨架相搭接,它只在吊环平面内有较好的刚性。

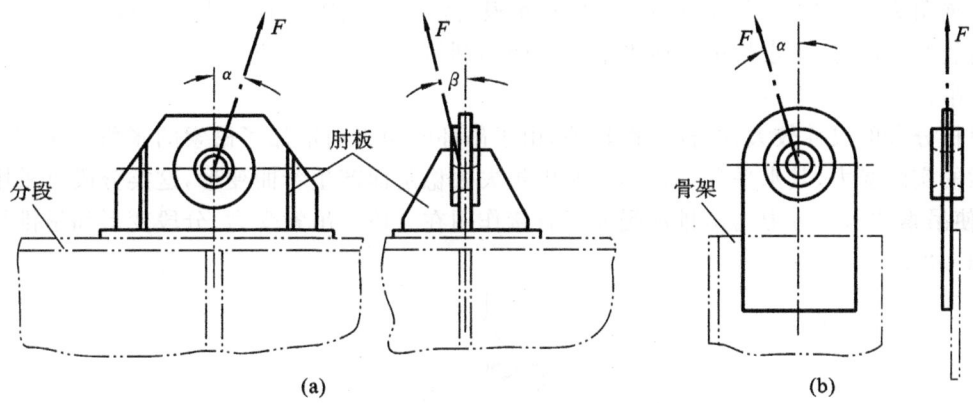

图 4-2-21　吊环的形式

(a)有肘板;(b)无肘板

　　吊环的数量要根据分段形状、分段在空中状态及吊运翻身方式确定。分段吊起后要求在空中处于垂直、水平或倾斜状态,以适应装配的需要,如图 4-2-22 所示。舱壁分段只需在分段上端安装两个吊环。甲板分段上船台合拢时,既要翻身,又要吊平。复杂的立体分段和总段往往要安装数量更多的吊环。

　　吊环应尽可能对称于分段重心布置,以使吊索受力均衡、吊运平稳。吊环应安装在纵横骨架交叉处,或至少布置在分段的一根刚性构件上。吊环间距应和吊索长度匹配,以使两根吊索间的夹角大于 60°。吊环及吊环下方结构的焊接应满足相应的要求以确保吊运的安全。

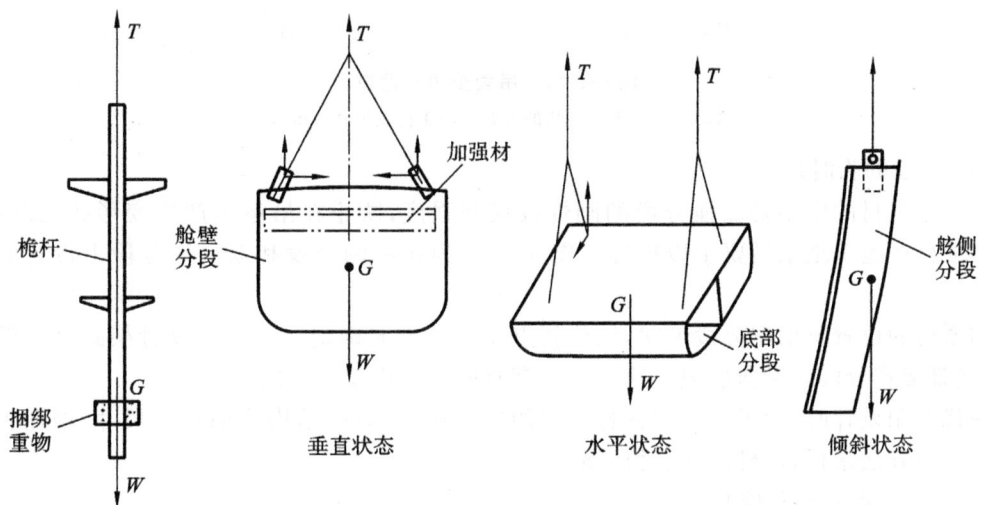

图 4-2-22　分段吊起后的空间位置

　　吊环拆除后,甲板上表面和外板外表面的焊脚应铲平磨光,保证美观,被绝缘材料覆盖的部位或隐蔽在结构中的吊环,拆除后可不清除根部。永久性吊环则不需拆除。

（3）吊索与吊排。

①吊索。

吊索是分段吊运的重要工具,要根据钢索的实际受力、安全系数来合理确定钢索直径。钢索的长度与分段尺寸有关。吊运时吊索的夹角越大,实际受力也越大,如图 4-2-23（a）所示。当吊索夹角为 120° 时,吊起 1000 kg 质量时每根吊索受力就达到 1000 kgf（1 kgf＝9.8 N）。在车间内装配分段时,吊索长度还应考虑分段能顺利吊出平台或胎架。

②吊排。

甲板分段的尺寸较大,结构刚性较差,由于吊环间距大而增加了吊索的张角。这不但加大了吊索的实际受力,其水平分力还容易使甲板失去稳定而产生弯曲变形,这类分段可采用吊排吊运,使吊索的水平分力由吊排承受而不直接作用在分段。吊索受力、分段变形和吊排的使用参见图 4-2-23。

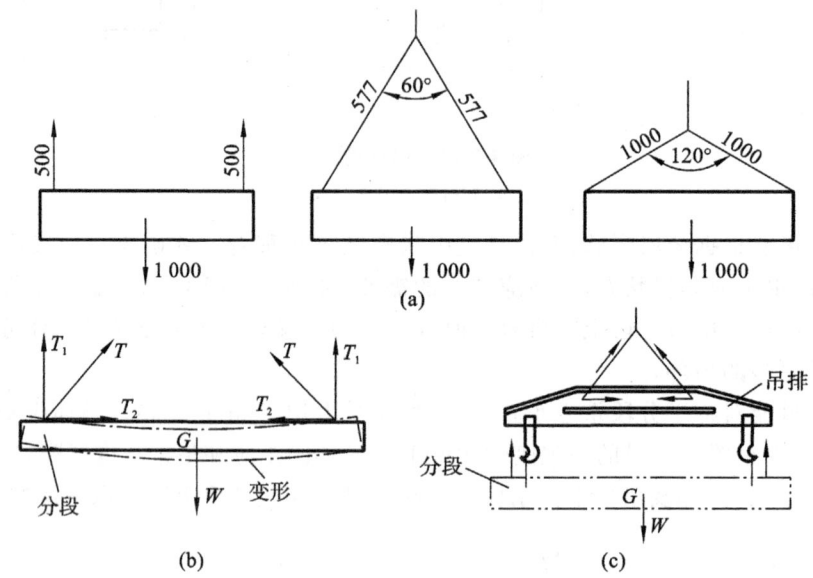

图 4-2-23　吊索受力与吊排

（a）吊索受力与夹角的关系；（b）工件变形；（c）吊排

（4）分段的临时加强。

临时加强材的作用是加强分段的刚性或局部强度,防止在吊运中产生变形或局部损坏。临时加强材在施工结束后要予以拆除。图 4-2-24 为在舷侧分段和双层底分段上设置的临时加强材。

加强材的设置要根据分段形状,结构特点及翻身方向确定。一般是纵骨架式分段做横向加强、横骨架式分段做纵向加强。这和分段翻身的方向也是一致的。

现代船舶设计时,为了减少加强材拆卸的二次作业,局部结构采用加大尺寸、增加板厚和加装肘板的方法来代替分段的临时加强。

6）分段装焊变形及控制

（1）分段变形。

分段在装焊过程中,将产生纵向和横向的收缩和翘曲变形。由于各个分段结构不尽相同,焊接程序不同,故每一分段变形的大小和现象也不一样,但分段的一般变形大致有以下几种情况:

- 分段两端上翘；
- 底部分段横向收缩；
- 甲板下塌，即甲板梁拱减小；
- 分段内构架的纵横向收缩和角变形。

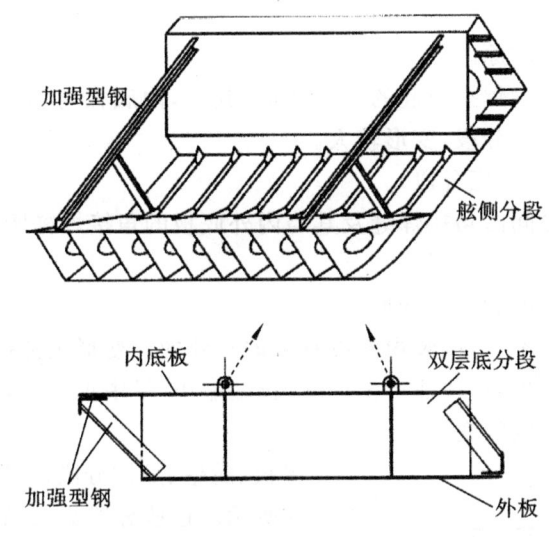

图 4-2-24　分段的临时加强材

（2）分段变形的原因。

分段变形的主要原因是因为焊缝位置不对称于中和轴，因此焊缝冷却收缩量不一致，以及在装配焊接过程中的工艺措施不当等因素所造成的。下面具体分析几种典型的分段变形原因。

①单底分段变形。

单底分段变形是宽度、长度缩小，四角上翘，底部中垂，边缘呈波浪形变形，如图 4-2-25（a）所示。

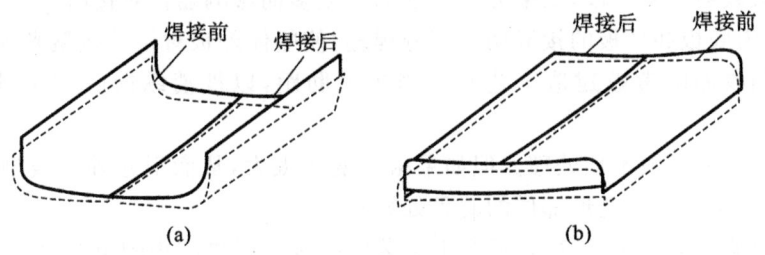

图 4-2-25　底部分段的变形

（a）正造单底分段变形；（b）反造双层底分段变形

单底分段变形的原因如下：

- 外板对接缝的焊接所引起的分段纵横方向的收缩。但由于外板的对接缝不多，且外板与胎架又用"马"进行固定，因此，这个因素所引起的变形是不大的。
- 纵横构架与外板的角接焊缝、构架相互之间的角接焊缝，引起分段的收缩变形和分段四角上翘变形，对于薄板分段和构架密集的分段，它的变形更为严重。
- 分段建造中的不合理工艺，如过大的装配间隙、构架安装不垂直、外板与胎架未加以固定过大的坡口及焊缝尺寸、不合理的焊接规范和焊接程序等都可能引起分段的变形。

②双层底分段变形。

双层底分段变形的情况与它的建造方式有关,建造方式一般分为正造和反造两种。

反造的底部分段焊后往往产生宽度、长度缩小,分段翻身搁置呈中拱状态,边缘呈波浪变形,如图 4-2-25(b)所示。

反造双层底分段变形的原因如下:

• 内外底板的对接焊缝焊接引起的分段变形,其中,内底板与胎架固定的分段变形较小;而外板是呈较为自由状态的分段,变形较大。

• 构架的焊接变形(同单底分段)。

• 分段内纵横构架之间的角接焊缝及其与内外底板的角接焊缝所引起分段的收缩和上翘变形最大。

• 分段翻身后的焊接继续产生变形。

• 分段翻身后如搁置不当,或装焊前没有采取有效的反变形工艺措施,也将引起变形。

正造的双层底分段装焊后,往往产生宽度、长度缩小,呈中垂状态,边缘呈波浪变形。

③甲板、舱壁、舷侧分段的变形。

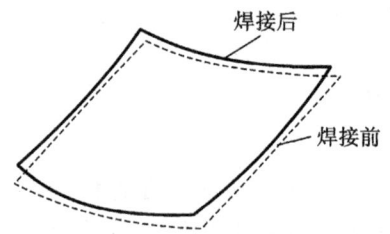

图 4-2-26　甲板、舱壁、舷侧分段的变形

甲板、舱壁、舷侧分段的装配,焊接后的变形如图 4-2-26 所示。这些分段焊接后往往产生长度、宽度缩小,边缘呈波浪形,甲板梁拱减小,舷侧曲率减小,舱壁表面拱出等变形。

(3)分段变形处理及预防。

①分段变形的处理方法。

分段产生变形后,为了不影响船台的装配质量,必须加以矫正处理。一般有以下几种方法:

• 分段压载重物矫正变形。对反造或正造双层底分段,可在分段翻身后将搁置分段的墩木设在分段的两旁。如果变形过大,还可在内底板或外底板的中部加压铁。

• 无论单底或双层底分段,如果分段宽度缩小太多而影响船台对接时,可对其邻近分段大接头处的肋板、内底板和外板的接缝切开部分焊缝,使船体外板对接处线型光顺。

• 分段纵向收缩除考虑建造工艺时适当扩大肋距,以抵消纵向收缩量外,一般不做预处理。

• 舷侧分段变形一般不预处理。但如果由于变形太大,从而引起外板线型变化大而又影响分段对接时,可用火工在变形部位的肋骨处矫正。

• 甲板分段梁拱的矫正,一般在船台上安装时处理。梁拱减小的甲板,可在分段下用千斤顶顶起;梁拱增大的甲板,可加压铁并配合火工矫正。

• 舱壁分段变形,一般在焊接后就进行火工矫正。

②控制分段变形的措施。

对于分段的焊接变形,一般以预防为主,以矫正为辅。在了解并掌握了上述变形规律的前提下采取一定的措施,以使分段焊接后的变形减少到最小。

a.结构设计上的措施。

合理的结构设计对减少分段装配、焊接变形有很大的作用,因此在结构设计中应注意以下几点:

• 在结构设计时,尽量减少板材的接缝,减少焊接工作量。

• 在保证设计强度的前提下,焊缝的熔焊金属或焊缝的坡口应尽可能取小。一般钢板对接缝的坡口有 V 形和 X 形两种,应尽量取 X 形。因为在同一板厚中,相同坡口角度条件下,X 形坡口的焊缝截面积是 V 形坡口焊缝截面积的一半。

• 广泛采用自动焊和半自动焊接,采用二氧化碳气体保护焊,减少线能量输入,从而减小焊接变形。

• 不同板厚的钢板对接时,应将厚板边缘削斜,使其与薄板等厚,削斜的长度要不小于四倍板厚差。

• 板缝布置尽量与船体中心线对称。

• 避免焊缝密集。平行焊缝的间距要大于 100 mm。

b. 焊接工艺的措施。

合理的焊接顺序能使焊接时的热量分布均匀,从而减小焊接变形,因此在焊接分段时应遵守以下规定:

• 长度为 500 mm 以上的连续焊缝应采用逐步退焊法,每段长 200～300 mm。

• 焊接人员的操作应以分段剖面(平面)的中和轴为中心对称进行。

• 对收缩变形大的焊缝应先焊。例如:在一结构中,既有对接缝又有角接缝,则应先焊构件间的各对接缝,再焊构件间的各角焊缝。

• 在板架结构中,应先焊构架间的各交叉接缝,后焊构架与板的角接缝。在焊构架与板的角接缝时,可采用由中心向四周逐格呈放射性的对称焊接法。

• 对薄板结构,为防止焊缝局部隆起,在每一焊缝焊完后,可用小锤敲打焊缝以消除部分应力,减少变形。

• 选择合理的焊接规范及焊缝规格。

c. 装配工艺上的措施。

• 提高零件加工质量和部件装配质量。

• 对线型复杂的分段(如带轴包板的尾部分段)采用正造法。用"马"将外板与胎架拉紧,强制减小分段的变形。胎架要具有一定的刚性。

• 构架曲形应与外板线型自然吻合。超差严重的应加以矫正后再装。

• 尽量减小构架与构架的安装间隙。

• 扩大平面分段的拼装范围,这样可减少分段或总段的焊接工作量,以减少船体总的焊接变形。

• 采用框架式装配新工艺。

• 采用反变形措施。在施工工艺条件相同的情况下,分段的变形有一定的规律。因此,可在胎架制造过程中,事先根据分段变形的相反方向,将模板放出一定的反变形值,用以抵消分段焊接后的变形。

d. 分段的合理加强及运输、搁置。

在分段制作中,对于易变形的部位,可增加临时加强材。如焊接甲板分段构架前,在一定肋骨间距中加装假宽横梁及纵桁,以增加分段刚性;双层底底部分段在内底板上加肘板和角钢,以支撑底板边缘部位;在焊接前,不拆除上层建筑围壁的临时支撑等,以防止焊后产生变形。

当分段翻身后,板对接缝进行封底焊时,一定要依据分段线型进行搁置,使垫墩与分段有较大的接触面。

在吊运分段时,稍有不当也容易产生变形,因此,吊运前要对分段适当加强,吊运时要避免碰撞,搁置时要平稳。

3. 船体分段制造生产线

船体装配和焊接是船舶建造中的重点工序,在船体建造中占很大比例。因此,实现装配和焊接工作的机械化和自动化,形成生产流水线作业,对缩短造船周期、降低成本、改善产品质量减轻劳动强度,有着极其重要的意义,是船厂进行技术改造的重要内容之一。平面分段生产流水线、立体分段和总装流水线都是装焊工作机械化和自动化的一个组成部分。

1) 平面分段机械化生产线

平面分段机械化生产线,是根据所选定的列板和交叉骨架的装焊方法及其机械装置,结合工艺流程和厂房特点,用机械化运输设备连接而成的生产线。

平面分段结构由平直板列和平直交叉骨架组成。因此,其制造机械可分为机械化拼焊板列和机械化装焊交叉骨架两部分。

(1) 机械化拼焊板列。

板列的拼装包括板材的输送、整平、定位及施焊固定等工艺操作。

板材的机械化输送,一般都采用电磁吊或真空吊将板材吊上传送滚道,再由传送滚道送入拼板工位。板列的机械化装焊,按采用的焊接方法不同可分为双面埋弧自动焊接和单面焊双面成形自动焊接法。前者在拼板流水线上要增设板列翻身工位,以便进行板列的翻身及封底焊。

(2) 机械化装焊交叉骨架。

骨架的机械化焊接按骨架装焊顺序可分为主向构件先装法和箱形框架组装法,如图4-2-27所示。目前,主向构件装焊和板列的移动、定位均已实现了机械化,但次向构件的装焊,多数采用手工作业。而箱形框架间的角焊缝的焊接,一般都专设工位,由专用自动焊机施焊;箱形框架与板列之间的装焊,可启动板列下面的油压千斤顶,使板列与框架贴紧,然后施焊。

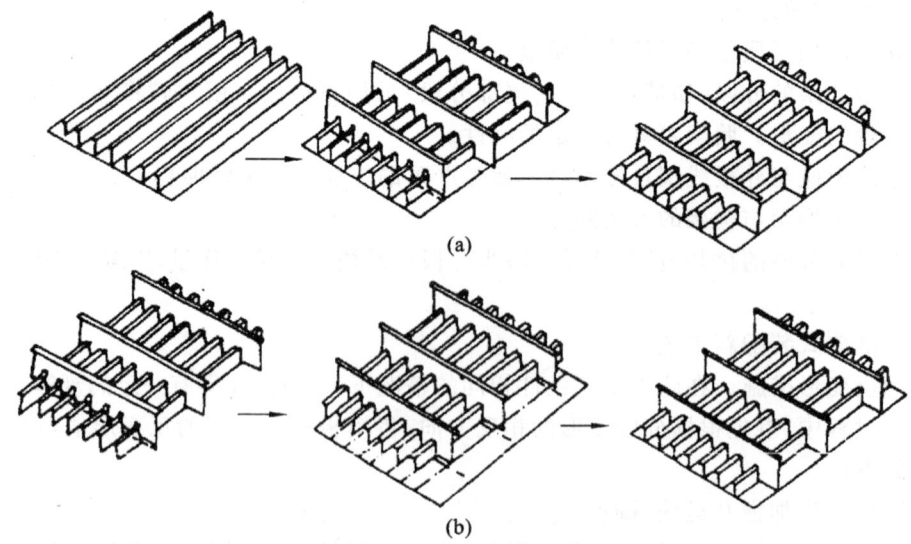

(a)

(b)

图 4-2-27 平面分段装配方式
(a)主向构件先装法;(b)箱形框架组装法

图4-2-28所示为我国设计的四工位平面分段机械化生产线。它采用单面自动焊焊接列板对接缝和主向构件先装法。第Ⅰ工位完成拼板焊接,形成列板的工作。第Ⅱ工位完成列板

焊接缺陷修补,分段画线、切割、列板回转和对接等工作。第Ⅲ工位完成主向构件的装焊和纵骨架式甲板分段的转向等工作。第Ⅳ工位完成其余骨架的装焊等工作。

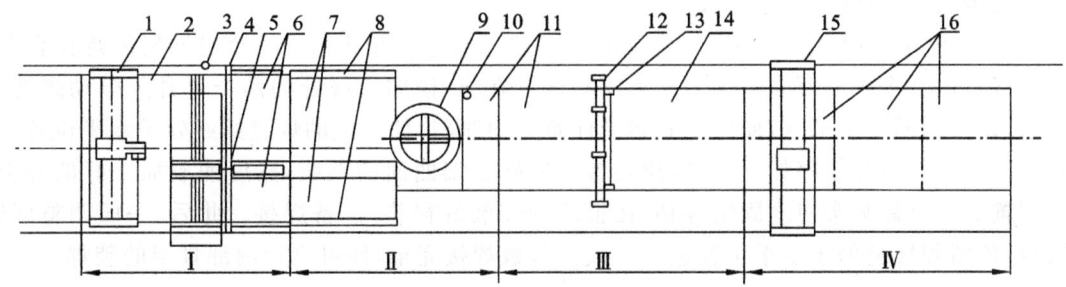

图 4-2-28 平面分段机械化生产线示意图

1—真空吊;2—材料堆场;3—定位销;4—12 m 板拼板机;5—6 m 板拼板机;6—辊道输送平台;
7—纵横向输送平台;8—切割区;9—转盘;10—定位销;11—输送平台;12—构架装焊机;
13—分段自动定位移位装置;14—被动辊道平台;15—行车;16—活络折角平台

2)曲面分段制造的机械化

曲面分段的形状和构件配置随分段不同而异,零、部件的装焊位置非常复杂,而且其装焊基准面是空间曲面,所以实现其制造工艺的机械化要比平面分段时困难得多,至今仍处在研究试验阶段。但由于在船体分段制造中,曲面分段占有相当大的比重,实现曲面分段制造机械化具有极其重要的意义。图 4-2-29 是曲面分段自动装焊示意图。

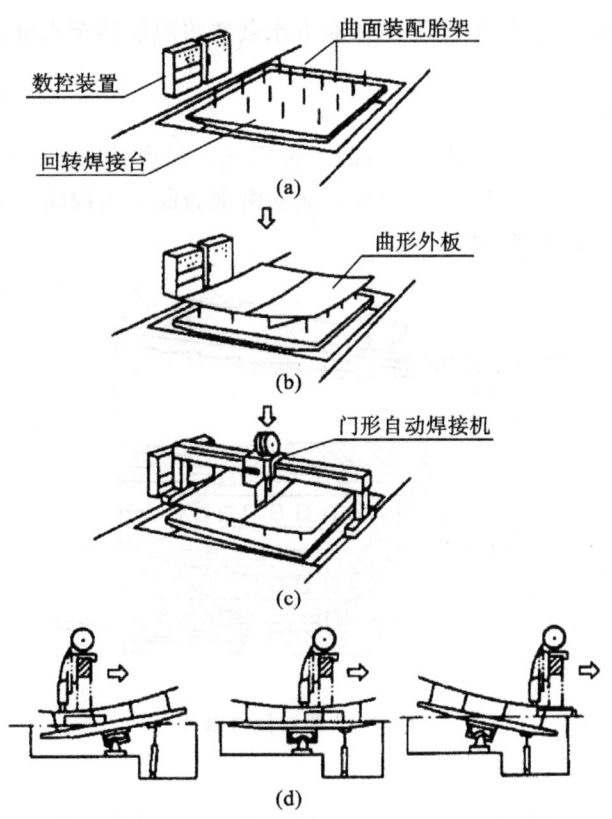

图 4-2-29 曲面分段自动装焊示意图

图 4-2-29(a)是数控调整式通用胎架,胎架是由一些可调节的螺杆构成,由电动机通过减速齿轮带动螺杆升降,达到调节胎架曲面的目的,可保证胎架曲面具有较高的精度。螺杆上端装有电磁吸头,用以吸牢固定钢板。

图 4-2-29(b)、(c)是曲形外板装配焊接示意图。整个胎架坐落在一个可回转的焊接台上,回转焊接台由一个中心万向联轴节支承座和设置在纵、横向边缘处的两个可升降电动螺旋支杆支承,调节这两个支承点,便可使胎架沿任意方向倾斜,使焊接的焊缝始终处于水平位置。

曲面分段的装焊工序如下:用数控装置调整好胎架曲面的型线,然后铺放加工好的外板,对准位置后用电磁吸头使之固定,同时在板缝处安装好衬垫,以备焊接。此后,一面调整回转焊接台,使所焊接缝处于水平位置进行焊接。外板焊接完毕,便可进行内部骨架的装焊。

4.3　船台装配

船台总装是将已预装焊的部件、分段或总段在船台上装配成完整船体的工艺阶段。它对保证船体建造质量、缩短舰船建造周期有着直接的关系。船台周期的长短,是体现一个国家造船技术与管理水平的重要标志之一。

1. 船台类型

船台(或船坞)是将各个零件、部组件、分段或总段组装成整个船体的场所。它应具有坚实的地基,并位于船体装焊车间附近,同时又濒临水域。

1)船台

船台是陆地上的舰船建造场所,又是依靠下水装置将舰船移至水域的场所,一般可分为倾斜船台和水平船台两类。

(1)纵向倾斜船台。

这是目前船体建造和下水采用较普遍的一种形式。船台平面具有一定的倾斜度(即船台坡度),通常为 1/14～1/24,如图 4-3-1 所示。地基由钢筋混凝土构成。为便于分段的总装,船台上通常配备有下列工艺装备。

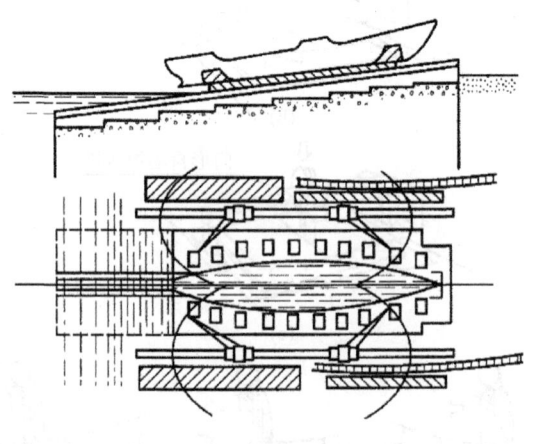

图 4-3-1　纵向倾斜船台

①船台中心槽钢。

位于船台中心线上,槽钢上划有中心线及肋位等标志(见图 4-3-2),作为分段或总段定位的依据。

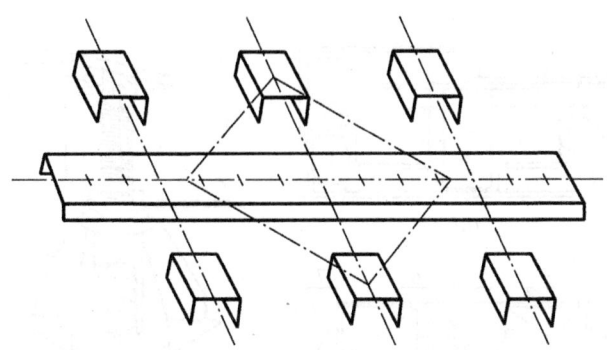

图 4-3-2　船台肋骨检验线槽钢

②高度标杆。

设置在船台的两侧,其上标有基线、水线、甲板边线及其他有关高度的检验线,作为分段安装高度的基准。

③船台拉桩。

埋置在船台地面上,供分段定位时拉曳用。

④脚手架。

船台装焊施工多数是高空作业,必须设置供往来和作业使用的工作台架,即脚手架。脚手架分为固定脚手架和可调节脚手架。

⑤墩木。

墩木(见图 4-3-3)直接接触并支撑船体。按布置位置分为龙骨墩和边墩;按构成材料分为木墩、水泥墩和活络铁墩。图 4-3-4 所示为可调节式墩木。

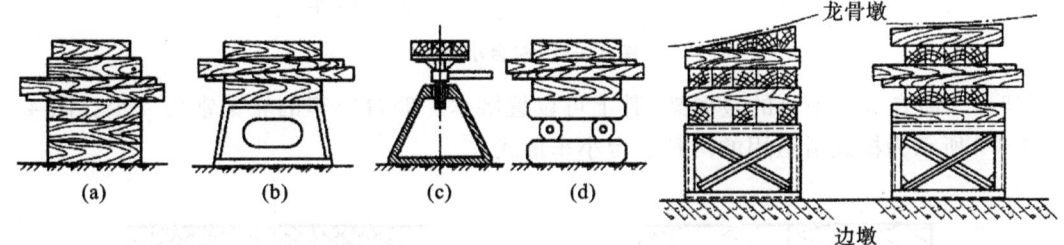

图 4-3-3　墩木

船台两侧铺设有平行的起重机轨道,配置有起重能力较大的起重机。此外,还设有电力、压缩空气、氧气、乙炔、水和蒸汽等动力供应设施和设备等。

(2) 水平船台。

水平船台是船台平面与水平面平行的船台。地基上铺设有供船台小车(或随船架)移动的钢轨。这种船台的优点是船舶呈水平建造,所以船体总装时的运输、划线、安装定位、测量和检验等作业都比倾斜船台方便,且下水安全可靠,而且能排列多个船位,装焊工作方便,并可以双向使用,能下水也能上排。水平船台通常与机械化滑道、升船机、浮船坞等下水设施结合使用。舰船建造很多都是在室内水平船台上完成的。

移船设备由船台小车和钢轨组成(或用钢柱滚道代替船台小车)的移动设备。船台小车分为自动船台小车和非自动船台小车两大类,如图 4-3-5 所示。

船台小车由两个金属架组成:底架——带有两个装着走轮的大梁,大梁中间装有油压千斤

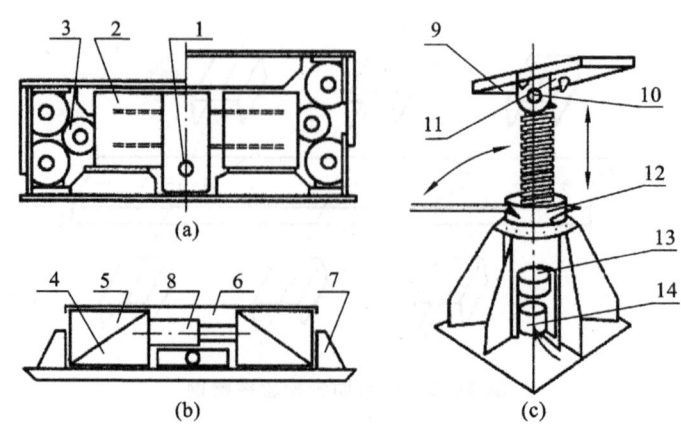

图 4-3-4　可调节式墩木

1—作用蜗杆轴；2—作用螺母；3—作用滚轮；4—下斜架；5—上斜架；6—拉紧板；7—支撑板；
8—滚压千斤顶；9—船底支撑台；10—头球部；11—支承；12—安全螺母；13—螺杆；14—可移油压千斤顶

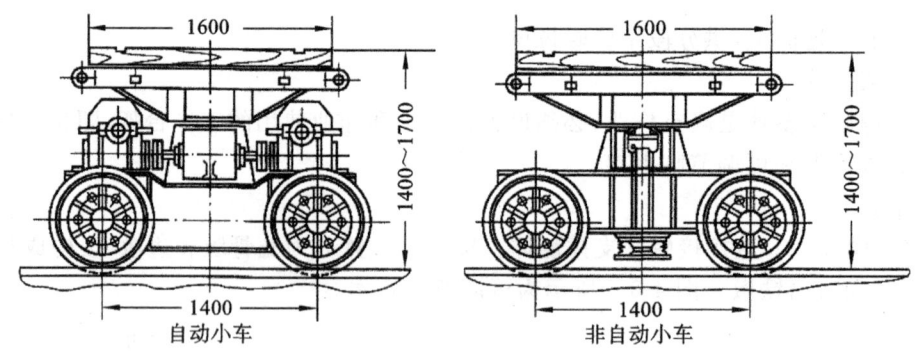

图 4-3-5　船台小车

顶；顶架——铺有木质平台的金属架，其上可设置墩木。船台小车的轮数常为 4 个。图 4-3-6 和图 4-3-7 所示为梳式滑道用的两种船台小车形式。

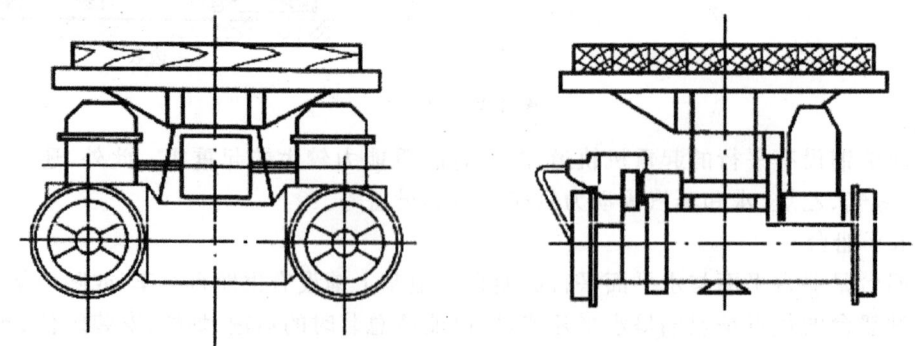

图 4-3-6　梳式滑道用自动船台小车

2）船坞

随着舰船建造的大型化，使得在船台上进行装焊和起重比较困难，而且大型船台造价昂贵，故目前超大型船多数在船坞内建造。

船坞除具有水平船台的优点外，还可降低起吊高度，并大大简化下水工艺。

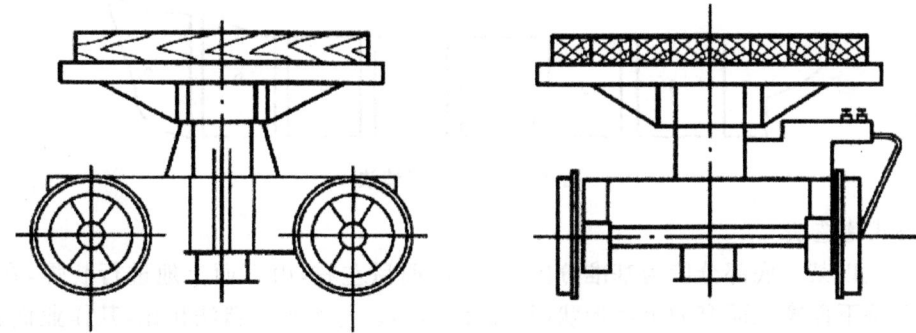

图 4-3-7　梳式滑道用非自动船台小车

造船坞是低于水面,端部设有闸门,在闸门关闭后能将水排干以从事船舶修造的水工建筑物。它具有水平船台的优点,船舶也是呈水平状态建造。而且由于建造船舶的坞底低于地平面,降低了分(总)段的起吊高度,可配置横跨船坞和坞侧预装焊区的大跨距、大起重量的龙门式起重机,使船舶建造的机械化程度大大提高,而且采用船坞下水能大大地简化船舶下水工艺,适合建造大型船舶。目前,已有可造 30 万吨级船舶的大型造船坞。

根据坞的深度,船坞分为两种:浅的用于造船,称为造船坞;深的用于修船,称为修船坞。造船坞一般都配置横跨船坞和坞侧预装配区的大跨距大举力的龙门式起重机。图 4-3-8 所示为造船浅坞。

船坞中总装所采用的工艺装备与水平船台基本相同,不再赘述。

图 4-3-8　造船浅坞

2. 船体总装方式

1) 单艘舰船建造

(1) 总段建造法。

以总段作为船体总装单元的建造方法。由于总段较大、刚性好,并有较完整的空间,因此能减少船台工作量和焊接变形,提高总段内的预舾装程度。但受船台起重能力的限制较大,一般只用于建造中小型舰船(见图 4-3-9)。

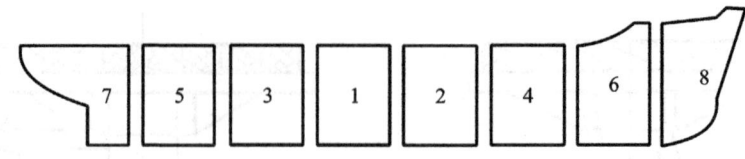

图 4-3-9　总段建造法

（2）塔式建造法。

在船台上以某一底部分段为基准分段，由此向前后左右，由下而上地进行装焊，在建造过程中始终保持下面宽上面窄的宝塔形状（见图 4-3-10）。与水平建造法相比，其作业面较广，刚性也稍好，但焊接变形仍较大。

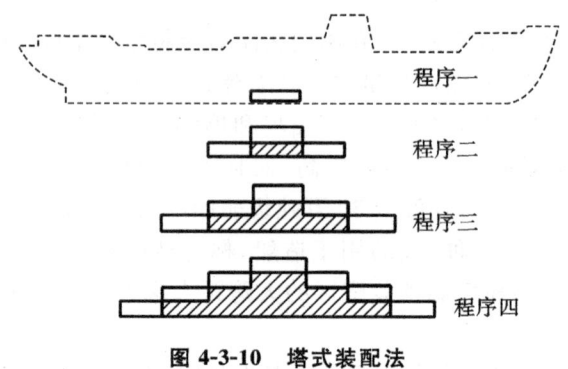

图 4-3-10　塔式装配法

（3）岛式建造法。

有两个或两个以上基准分段同时进行船体总装的建造方法。它由塔式建造法发展而来。岛与岛之间用一个嵌补分段连接。这种方法有两个或三个建造中心，可分别称为二岛或三岛式装配法（见图 4-3-11），它比塔式建造法作业面更广，焊接变形较小，适宜于造大船。但嵌补分段的安装难度较大。

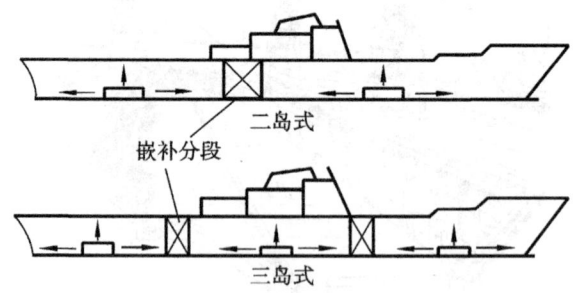

图 4-3-11　岛式装配法

（4）水平建造法。

在船台上先将船底分段装焊完毕，再向上逐层装焊直至形成船体的造船方法。它由整体造船法演变而来，将零部件上船台散装改为以分段为单位上船台安装。这种建造方法的船台周期较长、焊接变形较大，难以采用预舾装，可用于建造船台散装件较多的船（见图 4-3-12）。

（5）两段建造法。

两段建造法也称两段建造水上合拢法。它是将船体分为两段，在船台上分别建成后下水，然后再合拢成整个船体。合拢可在坞内进行也可在水上进行（见图 4-3-13）。该法可利用现有

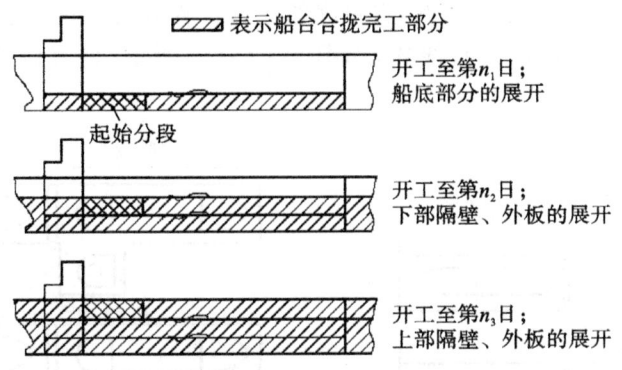

图 4-3-12 水平建造法

船台造船,节省基建投资,缩短船台周期,但在水上合拢需建造庞大的隔水装置。

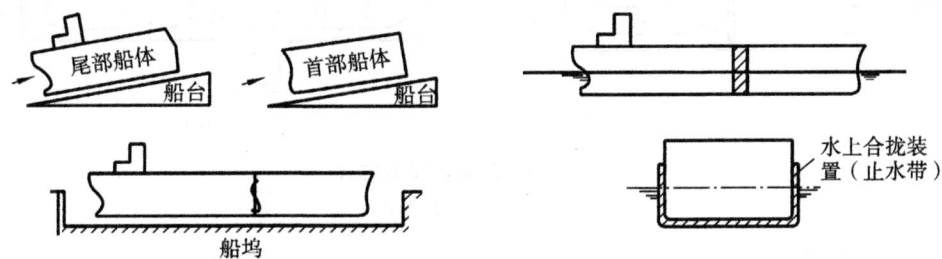

图 4-3-13 两段建造法

2）批量舰船建造

（1）串联建造法。

当第一艘船在船台末端建造时,第二艘船的尾部在船台前端同时施工;待第一艘船下水后,便将第二艘船的尾部移至末端,继续安装其他分段,形成整个船体。与此同时,可在船台前端开始第三艘船尾部的施工,如图 4-3-14 所示。

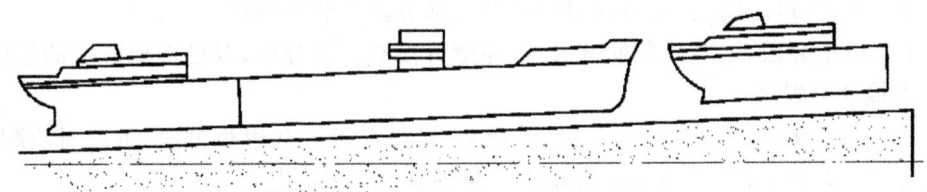

图 4-3-14 半串联建造法

此法的实质是将船体分为前后两个不同的建造区（岛）,后岛按塔式法建造,然后移位,因而岛与岛之间不必嵌补,而是直接拉拢对接,从而能提高船台利用率,缩短舰船建造周期;但需增加专用的移船装置,且移位要求较高。

采用半串联建造法的船台长度约为 1.5 倍船长;适用于批量建造大、中型尾机型船。这是考虑到尾机型船的机舱和泵舱均位于尾部,尾段提早形成有利于早期舾装工作的开展。

（2）多工位建造法。

这是 20 世纪 70 年代建造的船厂所采用的一种建造方式。它以在坞中舾装为目的,将建造工程分为几个阶段,以使船体和舾装的作业量均衡,并在坞中进行主机安装和试车,出坞后可立即进行试航。以三工位方式为例,它将舰船建造工程分为船尾建造、船首和平行舯体建造、舾装工作三个建造阶段。有直线式,如图 4-3-15(a)所示;也有侧坞式,如图 4-3-15(b)所示。

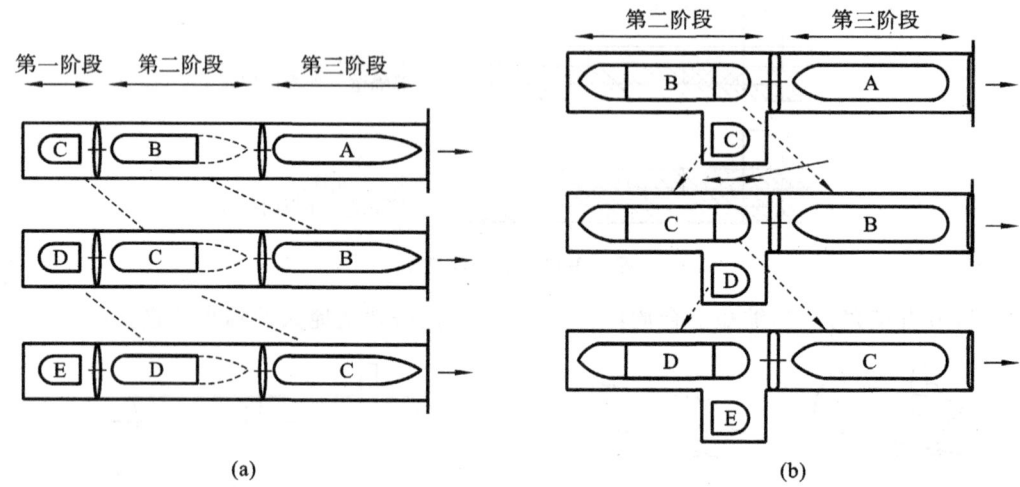

图 4-3-15　三阶段建造方式

(a)直线式;(b)侧坞式

3. 船台装焊工艺

塔式、岛式和串联等建造法,虽然在建造方法上有所不同,但在一个建造区内的分段吊装顺序和分段定位固定方法却是相同的。现以塔式建造法为例,讨论分段吊装和分段安装的有关工艺问题。

通常,塔式建造法的船台装焊顺序:

(1)吊装基准分段;

(2)吊装舱壁分段和基准分段前后的底部分段;

(3)吊装舷部分段,向首、尾方向继续吊装底部分段和舱壁分段;

(4)吊装甲板分段,继续吊装底部分段、舱壁分段和舷部分段;对已形成总段的船体部分,进行分段大接缝的焊接;

(5)继续向首尾方向吊装底部分段、舱壁分段、舷部分段和甲板分段,继续对装配完工的分段大接缝进行焊接,并对分段大接缝施焊结束的舱室开展舾装作业;

(6)吊装首尾分(总)段,继续完成分段大接缝的焊接工作和舱内舾装作业;

(7)吊装及焊接上层建筑,继续进行舾装作业。

在采用岛式建造法时,建造顺序中应增加吊装嵌补分段,将各个建造区连接起来。

在生产实际中,有时由于分段供应,起重设备合理利用以及其他临时因素的影响,要求调整某些分段吊装的前后顺序。对此应从实际出发,只要不会导致船台装焊的困难,可以允许作出适当的调整。

船台装配的具体施工实质上就是各类分段在船台上的装配工艺问题。表 4-3-1 至表 4-3-4 列出了底部分段、舱壁分段、舷部分段和甲板分段在船台上的装配工艺。

上层建筑分段和总段在船台上的装配工艺与表 4-3-1 至表 4-3-4 所列基本相似。

表 4-3-1　底部分段的船台装配工艺

续表

在水平船台上		在倾斜船台上
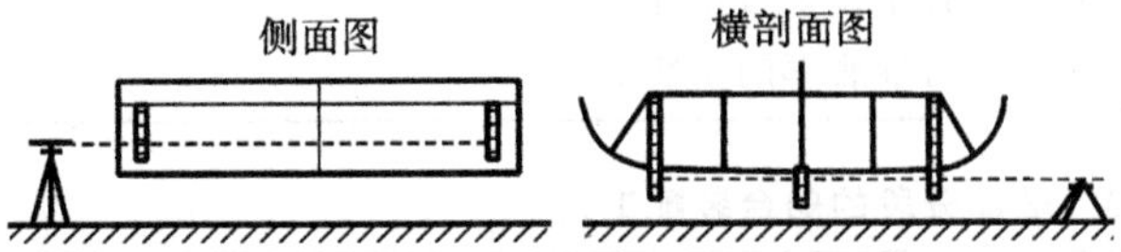 侧面图　　　　横剖面图		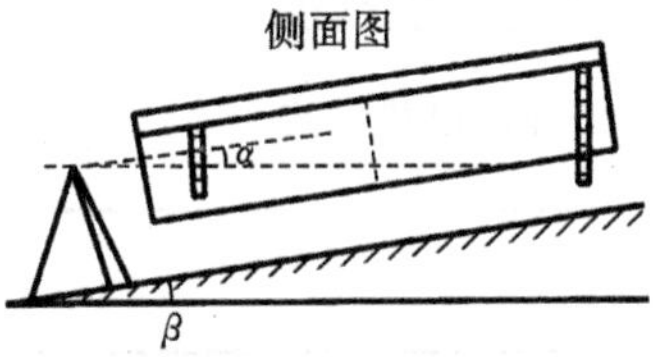 侧面图 α 为龙骨坡度；β 为船台坡度

工序	施工要求	施工要求
吊运底部分段上船台	—	—
底部分段定位	（1）使分段肋骨检验线对准船台上的肋骨检验线； （2）使分段中心线对准船台中心线； （3）使分段船底基线高度与规定的船底基线高度一致； （4）使分段纵横向均处于水平状态	（1）同左； （2）同左； （3）同左； （4）使分段倾斜度与龙骨坡度相符,横向处于水平状态
分段余量划线和切割,并与相邻分段配合	分段合拢时应重新定位,使分段全部位置对准	
固定分段以待焊接	（1）分段固定前应复查定位是否正确； （2）固定时应使分段对准底部的安装线	

注:若将分段余量切割后再吊上船台,则可取消余量划线、切割及分段二次定位等作业。

表 4-3-2　横舱壁分段的船台装配工艺

在水平船台上	在倾斜船台上
	侧面图

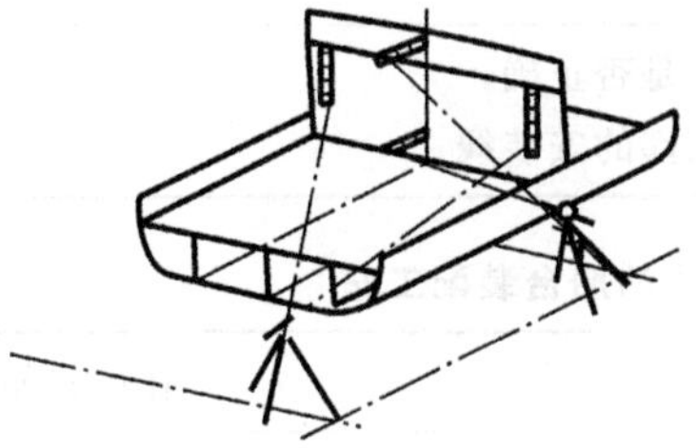

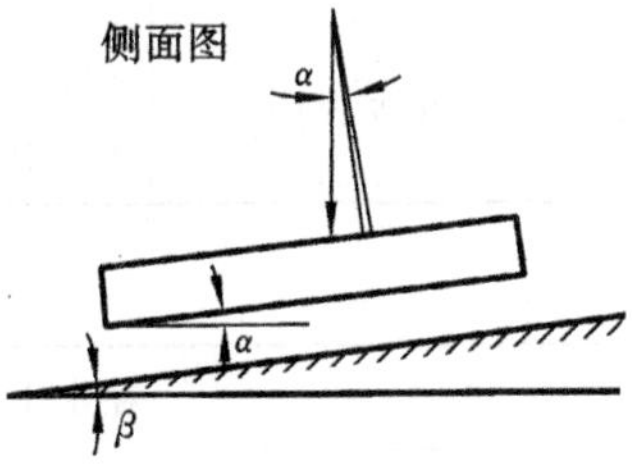

工序	施工要求	施工要求
吊运横舱壁分段上船台		
舱壁分段定位	（1）使舱壁中心线对准船底中心线； （2）使舱壁左右水平； （3）使舱壁垂直； （4）检查水平检验线高度与理论高度的偏差	（1）同左； （2）同左； （3）使舱壁与铅垂线的交角等于龙骨坡度； （4）同左

分段余量划线和切割,并与相邻分段配合	分段合拢时应重新定位,使分段全部位置对准
固定分段以待焊接	(1) 分段固定前应复查定位是否正确; (2) 固定时应使分段对准底部的安装线

表 4-3-3 舷部分段的船台装配工艺

在水平船台上	在倾斜船台上
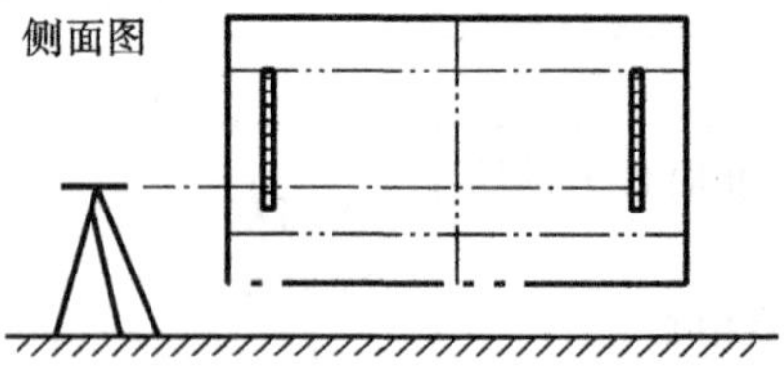 侧面图	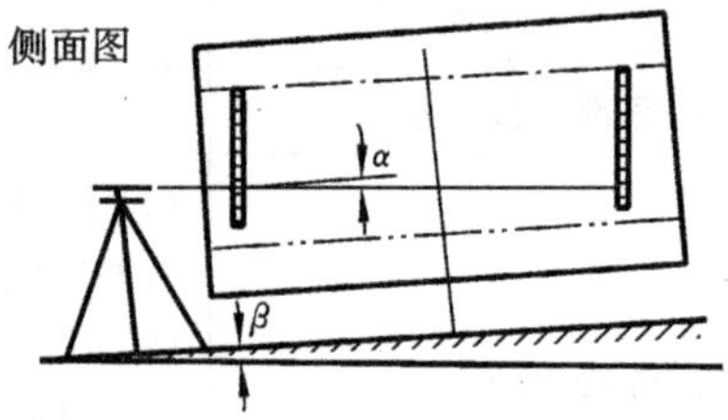 侧面图 α β

工序	施工要求	施工要求
吊运舷部分段上船台	—	—
舷部分段定位	(1) 舷部分段肋骨检验线对准船底肋骨检验线; (2) 甲板理论线处半宽应符合要求; (3) 水平检验线保持水平; (4) 检查水平检验线高度与理论高度的偏差	(1) 同左; (2) 同左; (3) 使水平检验线与水平线的倾斜度等于龙骨坡度; (4) 同左
分段余量划线和切割,并与相邻分段配合	分段合拢时应重新定位,使分段全部位置对准	
固定分段以待焊接	(1) 分段固定前应复查定位是否正确; (2) 固定时应使分段对准底部的安装线	

表 4-3-4 甲板分段的船台装配工艺

在水平船台上	在倾斜船台上

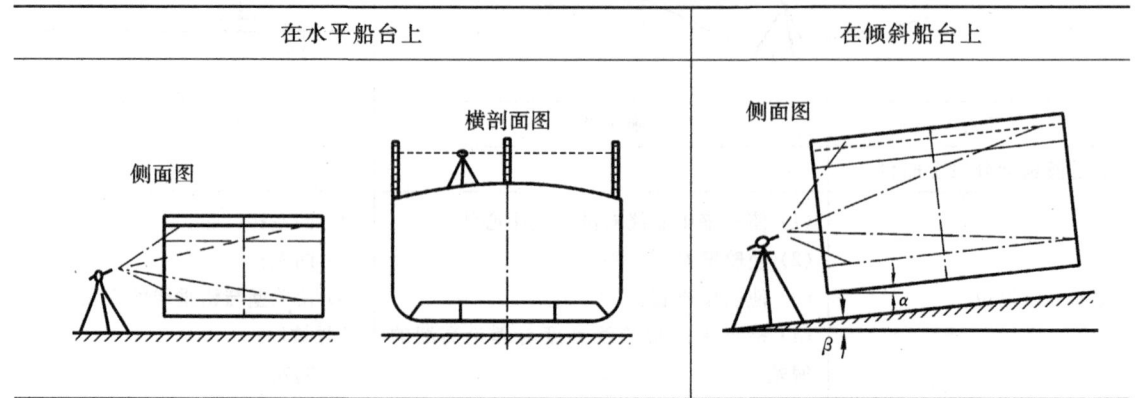

续表

工序	施工要求	施工要求
吊运甲板分段上船台	—	—
甲板分段定位	(1) 甲板分段中心线对准船底中心线； (2) 甲板肋骨检验线对准舷部肋骨检验线； (3) 甲板边线高度等于舷部甲板理论线高度； (4) 甲板梁拱符合图纸要求；	同左
分段余量划线和切割，并与相邻分段配合	分段合拢时应重新定位,使分段全部位置对准	
固定分段以待焊接	(1) 分段固定前应复查定位是否正确； (2) 固定时应使分段对准底部的安装线	

概括起来,分段的定位、余量划线及切割、大接头固定以及船体装焊变形等是船台装配中带共性的技术问题。

1) 总装前的准备工作

(1) 船台上的准备工作。

船台上的准备工作之一是画出船台上基准线,包括船体中心线、船体半宽线、分段两端肋位线(或肋骨检验线)、垂线间长和最大船体长度及高度标杆上的高度基准线,作为分段在船台装配定位和主尺度交验时的测量依据,船台上标注的基准如图 4-3-16 所示。此外,船舶总装前,对船台两侧设置的高架吊车以及供施工用的压缩空气、水管、电路、乙炔、氧气等系统管路,均须进行检查。

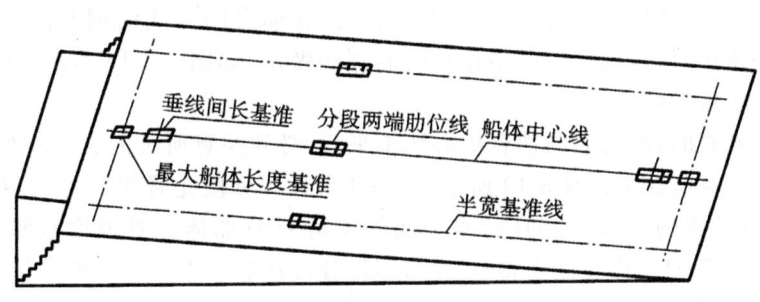

图 4-3-16　船台上标注的基准

①画船台中心线。

确定船台中心线的方法有照光板法、拉钢丝吊线锤法、望光柱法和激光经纬仪法。目前,国内大中型船厂广泛采用激光经纬仪法确定船台中心线。

在船台中心线槽钢上画船台中心线的方法如图 4-3-17 所示。操作时,将激光经纬仪安置在船台中心线的端点,对中整平后,发射激光点到槽钢 A 上(应超越船的尾端),每隔 1.5~2 m 画出一点,然后将所有点连成直线,即为船台中心线。船台中心线画好后,要在船台中心线上确定首、尾尖点,画出首、尾尖点位置线。在首、尾尖点间拉钢卷尺,将分段大合拢前后肋骨位置画在船台中心线上,并用铳头作出标记和用色漆写上肋骨号码。

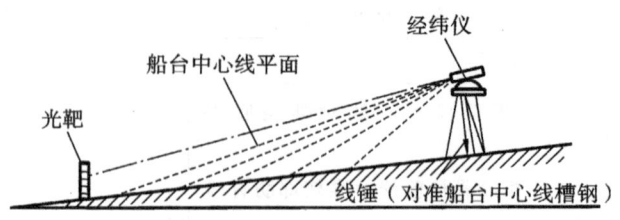

图 4-3-17　画船台中心线

没有激光经纬仪时,可采用拉钢丝吊线锤的方法来画出船台中心线。本方法具体做法如下:

- 在船台首、尾两端装设角铁架;
- 通过两角铁架拉钢丝,吊线锤对准船台中心线板上首、尾端的中点;
- 每隔 1 m 向下悬线锤至中心线板,用钢针做出标记;
- 连出各点即得船台中心线,凿印标记,并用色漆标明。

使用本方法时要注意风对线锤的影响,尽可能选用较重的线锤。

②画船台半宽线。

为方便船台合拢对宽度的测量,应绘制船台半宽线,一般船台半宽线应小于船舶的半宽值。船台半宽线通常也是采用激光经纬仪来绘制的,首先在船台首、尾尖点位置线上确定左右半宽点,过该点用画船台中心线的方法做出船台半宽线,并在半宽线上画出合拢缝前后肋骨位置,作出标记和用色漆标上肋骨号码。

③画船台肋骨检验线。

在倾斜船台上一般不设船台肋骨线槽钢,只在船台中心线槽钢上逐挡或间隔 5 挡画出肋骨位置线及分段大接头接缝线,并用色漆标上肋骨号码和分段号。

在水平船台上根据规定的船舶基准肋骨线,埋有船台肋骨线槽钢。先在船台中心线上画出基准肋骨线的位置,然后用激光经纬仪(及五棱镜)在船台肋骨线槽钢上做出基准肋骨检验线。没有激光经纬仪时,可用几何学中作垂线的方法做出,如图 4-3-18 所示,并用铳头做出记号和用色漆写上肋骨号码。

当船体基线倾斜时,因为它与船台中心线不平行,必须注意所画的肋骨间距不应等于理论肋骨间距值。其换算方法如图 4-3-19 所示,设 AB 为某一分段龙骨线肋骨间距在中线面的投影,且同时为船休基线的一部分;AB 与水平面的夹角为 β(船体龙骨坡度),船台坡度为 α,点 A、B 铅垂向下投影到船台中心线上得 A''、B'',即得分段在船台中心线上的肋位线。

图中 $A''B'' = AB' = AB \cdot \cos\beta/\cos\alpha$。

④画高度标杆上的高度线。

根据放样部门提供的高度数值,在船台的高度标杆上画出基线、水线、甲板边线等全部理论高度线,作为水平软管、激光水平仪或激光经纬仪进行船台铺墩、分段吊装定位和检验高度的基准。

在水平船台上应用激光水平仪测量时,根据测量的要求,在船台中间的左右两侧各设置一根高度标杆即可。但是,在倾斜船台上船体和水线等都是倾斜的,应根据激光水平仪转站测量的要求,设置若干根高度标杆。高度标杆是垂直于水平面设置的,图 4-3-20 所示为倾斜船台上高度标杆与船体各高度线的关系。

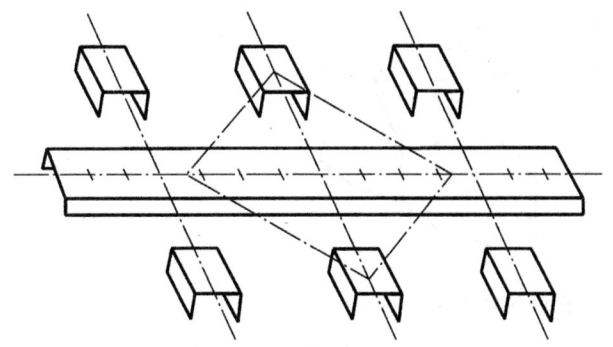

图 4-3-18　用垂线法做基准肋骨检验线

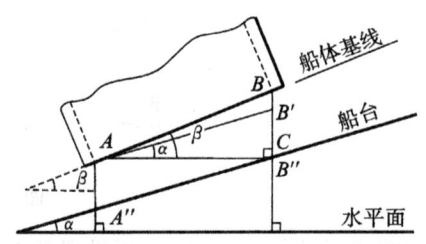

图 4-3-19　船体基线倾斜时肋位线的确定

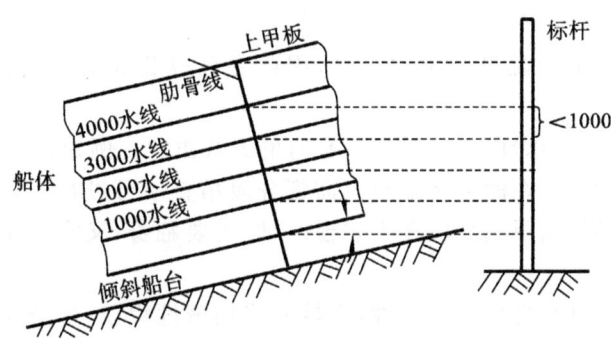

图 4-3-20　倾斜船台上高度标杆与船体高度线的关系

（2）船体上的准备工作。

①画出分（总）段的船台定位线和对合线。

这项工作是属于船体结构预装配工艺的任务，用来确定分段或总段在船台上的位置，保证船体尺度的正确性。因此，在船台装配前必须检查是否已画出各分段或总段上的船台安装定位线。

各种分段的定位线如下：

· 船底分段分段中心线、分段基准肋骨线、分段水平检验线、内底板上舱壁位置线；

· 舷侧分段水线 1 至 2 根（高的舷侧分段上下边各画一根）、甲板边线、分段基准肋骨线（与船底同号）、舱壁位置线；

· 甲板分段分段中心线、分段基准肋骨线（与舷侧同号）、舱壁位置线；

· 舱壁分段分段中心线、水线 1～2 根；

· 上层建筑分段分段中心线定位肋骨线、与水线相平行的直线。

分段对合线是作为分段与分段对接时对准用的。通常在分段左右或上下各画一根与分段大接缝线垂直的短直线。对接的两个分段对合线的位置应统一，以便对准定位，如图 4-3-21 所示。

②船台装配临时支撑的设置。

临时支撑的作用在于保证分段在船台装配时的位置和型线，并作为分段和总段的支承装置。例如，当舷侧分段未跨及舱壁时，则需要安装 1～2 道部分临时舱壁，作为吊装舷侧分段的依靠。在安装甲板分段时，如果甲板分段没有适当的支撑结构（支柱、舱壁或甲板边板等），则需设置适当数量的临时支柱，作为吊装甲板分段时的依靠。采用总段建造法时，如果总段端部

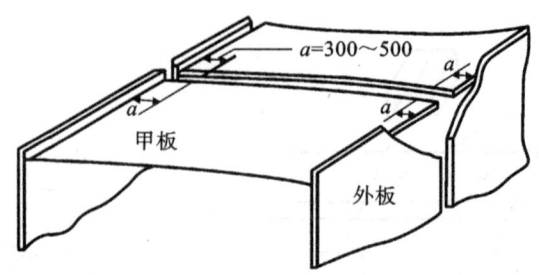

图 4-3-21　甲板分段对合线

无舱壁或强肋骨框架,便需要设置假舱壁以增强总段吊运时的刚性,保证总段大接缝处的正确型线。假舱壁的安装要花费一定的材料和工时,应尽可能少用或不用。

③安装吊环。

吊环是分段和总段吊运翻身的主要工具,因此在分段装焊结束后就应按要求布置和装焊好。

吊环的数量需根据分(总)段形状及吊运翻身的方式决定。例如,舱壁、舷侧等分段仅单面有骨架,制造时不需要翻身,在船台装配时只需将分段吊直便可进行安装,因此只在分段上边安装两个吊环就足够;底部、甲板分段在上船台时,既需要翻身,又需要吊平,故需安装 4 个以上吊环。

吊环所用的钢材应具有良好的可焊性,焊接应采用碱性焊条,焊角尺寸应符合规定要求。吊环的布置应与分段重心对称,以保持吊环负荷均衡和分段吊运的平稳。吊环通常应布置在分段的骨架交叉处。各个吊环的安装方向应与其受力方向一致,以免产生扭矩。吊环安装处的船体内部构件应进行双面连续焊,连续焊范围约 1 m。

2) 分段在船台上的定位工作

一般借助分段在船体长度、宽度和高度方向所处的位置,以及水平检验线等四个要素来决定分段在船体中的正确位置。

例如,基准底部分段的定位方法:

(1) 后位置(长度方向):由分段和船台的肋骨检验线确定;

(2) 左右位置(宽度方向)及水平回转:由分段和船台的中心线确定;

(3) 高度位置及纵倾:由船底基线高度和基线标杆上的基线高度确定;

(4) 水平度(横倾):由分段上的水平检验线确定。

经上述检验后,基准分段在船台上的正确位置就可确定。

3) 分段大接头划余量线、切割及其固定

实施精度控制的船厂,均对分段大接头修割正确后再进行船台装配,这时的分段大接头不保留余量。这种分段大接头余量的布置原则:

(1) 两个分段对接的大接头边缘只许一边留余量,另一边不留余量,以便在分段安装定位时进行余量划线和切割工作。

(2) 基准分段(包括吊装的第一个舷部分段和甲板分段)横向大接头不留余量。

(3) 其余底部分段、舷部分段、甲板分段均在朝向基准分段的一端留余量,另一端不留余量。

(4) 岛式建造法中的嵌补分段两端均留余量。

(5) 舷部分段与底部分段对接的纵向大接头,底部分段不留余量,舷部分段留余量。

（6）舱壁分段与底部连接的下口边缘留余量，其余边缘不留余量。

（7）上层建筑分段纵向大接头下口留余量，横向大接头留余量原则与主体相同。

（8）甲板分段两舷不留余量。但是，当中部甲板的边板划分归舷部分段时，则甲板分段两侧的纵向大接头应留余量。

总段大接头留余量的原则与底部分段相同。

分（总）段余量的划线方法有两种：一是将一个分段的大接头叠盖在另一个分段上，在被叠盖的分段上事先划出大接头的对合线（见图 4-3-22（a）），当分段定位好后，即按对合线划出余量线并割除余量；二是使对接的分段离开 30～50 mm，其划线尺寸为分段上肋骨检验线与船台上肋骨检验线的差值 Δ（见图 4-3-22（b））。

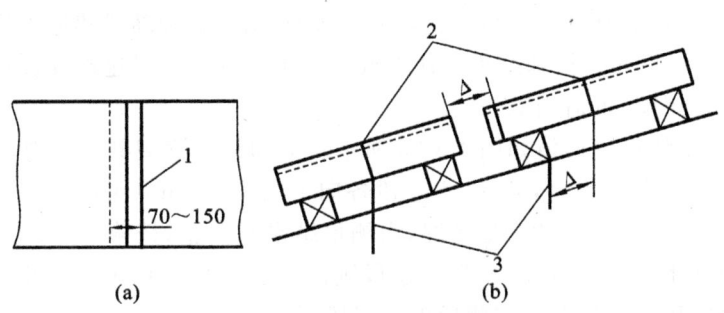

图 4-3-22　分段余量的划线

1—对合线；2—肋骨检验线；3—船台上相应肋骨

分段拉拢配合方法：底部分段和总段一般采用弹子盘液压千斤顶支承分段（见图 4-3-23），并用松紧螺旋扣（又称花篮螺丝）拉拢和定位；其他分段都是用松紧螺旋扣将其拉拢配合的。

为了保证大接头处型线光顺，并使分段与分段相互固定，一般采用"梳状马"斜跨在分段大接头处（见图 4-3-24）。

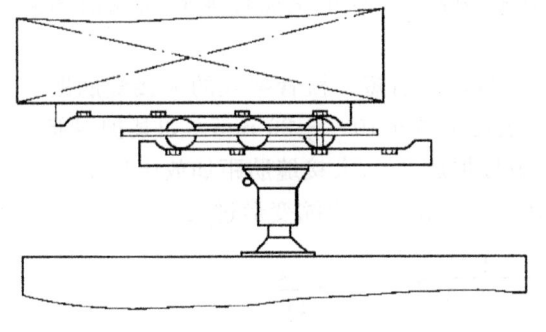

图 4-3-23　弹子盘液压千斤顶

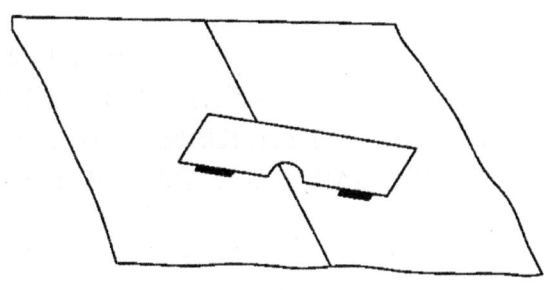

图 4-3-24　梳状马的布置

4）船台装配中的变形

一般情况下，主船体经船台装焊后，龙骨线向下挠曲，首尾上翘，总长缩短，如某护卫舰在批量生产中，总长缩短 150～180 mm。还有对船体中线面的左右变形，以上三者是常见现象。

（1）变形原因。

①船体中和轴偏于舰底，分段对接处的焊缝和甲板以上所有结构的焊缝位置大部分位于船体的中和轴以上，焊接后在中和轴上部所产生的总焊接收缩弯矩（相对中和轴而言）要大于中和轴下部所产生的总焊接收缩弯矩，使整个船体产生上翘变形。

②甲板和上层建筑均远离中和轴，而且这些板材相对船体外板要薄，焊接后变形较大。同

时,对这些分段的表面平直度要求较高,使用大量的火工矫正会造成较大的收缩变形,增大了船体的上翘变形。

③船台基础不坚固,墩木布置不均匀,间距过大。

④船体的重量分布,一般是首尾两端轻、船中重。

⑤焊接操作程序不当或不对称于中线面;火工矫正程序不当,增大了变形。

⑥日光暴晒的影响,受晒面的钢板伸长,可发生中间偏扭的变形,盛夏时尤为明显。

(2)预防措施。

①采用龙骨底线反变形。以基准定位分段向首尾由小至大逐渐作反变形。反变形值是依据已建造的同类型舰船的经验以光顺曲线作出;也可用经验数据,如总段建造时每米长加放－1 mm(按基线为准往下放),对中小型舰船是合适的;用塔式和岛式建造大型舰船时,每米长加放－0.5 mm～－0.8 mm(按基线为准往下放);对于具有长上层建筑或长护舷管的舰船,其反变形值(特别是首尾端)可适当取大些。

如某猎潜艇的基线反变形值如图 4-3-25 所示。又如某驱逐舰共九个总段,以第五总段为基准总段,其基线反变形值为零,第四、六总段各向下放－10 mm(见图 4-3-26),而第三、七总段安装时,根据 170#、87# 焊后的变形情况,由测量结果来调整,按第二、八总段的反变形值确定方法类推,一般向下加放－10 mm,但首总段则向下加放了－15 mm。批量建造时,根据船台施工的操作条件、环境影响及时实测后再作现场调整。

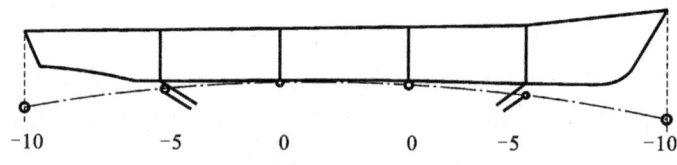

图 4-3-25　某猎潜艇基线反变形值示意图

②加固船台,合理铺墩。可采用活络铁墩一次排墩法,以减小主船体龙骨底线的凹陷变形。

③大接缝处的肋骨间距可适当增大,以抵消焊后的总长缩短。横骨架式的大接缝肋距一般可加放＋5～＋15 mm;纵骨架式的大接缝肋距一般可加放＋10～＋20 mm。如某护卫艇 L＝38.78 m,按 2% 加放总长的收缩余量为 78 mm,甲板加放 3%,大接缝肋距加放＋15 mm。

④大接缝装配定位焊后,必须使用"梳状马"加强,以防止局部收缩变形过大。

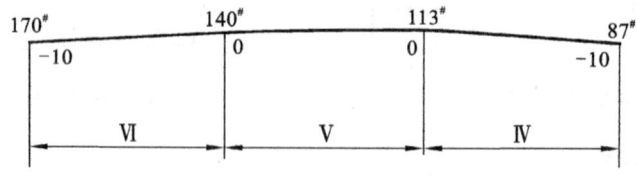

图 4-3-26　某驱逐舰总段反变形值示意图

⑤焊接前在首尾端加压载或用地牛拉紧(对小型舰船),以减小上翘变形。始终严格遵守焊接工艺规程,优选焊接和火工程序。

⑥结构焊接变形的形成有阶段性,若能严格控制各阶段的焊接变形,则有利于控制船体最终的变形状态。因此必须认真加强各阶段的测量,及时采取必要的工艺措施。

⑦选择合理的船台装配方法:首尾总段与船体弹性连接,待其他的总段施焊与火工矫正完

毕后,再割除首尾总段的余量进行装焊,以减小首尾上翘的程度。

(3) 焊接变形的矫正。

船体建造过程中,虽然在结构设计和施工工艺上采取措施来控制焊接变形,但由于船体结构施工的复杂性和焊接过程的特点,使得焊接变形难以避免,超过公差要求的变形往往只能通过矫正加以解决。矫正工艺仅限于焊接结构的弯曲变形、角变形和失稳变形。对于焊后的收缩变形,只能通过预留余量来补偿。变形矫正主要有下列两种方法。

① 机械矫正法:在室温条件下,对焊件施加外力,使构件压缩塑性变形区的金属伸展,减小或消除焊缝区的塑性变形,以达到矫正的目的。

多用于成批生产的小型焊件,通常用液压机、撑床、辊床或风动锤击等设备进行矫正。机械矫正法易引起金属冷作硬化,故仅用于塑性较好的材料。

② 火焰矫正法:利用局部加热或急冷所产生的收缩变形来矫正变形的方法,较机械矫正法简单、有效,得到广泛应用。加热温度越高,冷却速度越快,效果越好。但要注意控制温度,不能过高,以防止对材料性能产生不良影响。

加热方式有点状加热、线状加热、三角加热等多种方式。点状加热功效低、质量差,已逐渐被线状加热方式代替;三角加热面积大,收缩量也大,适用于厚度大、刚性大的结构变形矫正。

在矫正薄板结构变形时,为了提高矫形效果,在火焰加热的同时用水急冷,一般情况下对低碳钢和部分低合金钢的性能没有不良影响。但对于厚度较大而又比较重要的构件或者淬硬倾向较大的钢材,不能采用水冷的方式,此时可在加热过程中施加外力。采用机械法与火焰法并举的综合矫正,往往可收到更好的矫正效果。

总之,必须在船台装配之前有效地做好预防,在施焊中经常检查,及时采取合理的工艺措施,使纵向变形控制在"水面舰船建造规范"的允许公差范围之内。若等到船体建成后再矫正龙骨变形,则为时已晚。

4. 称重工艺

1) 称重目的

(1) 完整、准确地确定实际上船的项目及重量,统计出船的真实载荷和力矩。

(2) 及时发现和处理造船工程中各实施项目的超差问题,确保各项载荷在标准允许范围内。

(3) 校核船施工设计的理论重量,掌握下水前船的实际重量。

(4) 积累重量资料,为以后船的修理改装保存完整、准确的重量参考资料。

(5) 积累称重经验,以便改进后续船的称重工作。

2) 基本要求

(1) 首制舰船应称重。同型后续舰船可不称重,有较大改、换装项目的舰船,仅对改变部分称重。

(2) 正常排水量在 60 t 以下的快艇,建造完工后,应进行整体复称,以综合校核称重的结果。

(3) 称重工作由承造船厂负责实施,设计部门参加,驻承造船厂军代表监督实施。

(4) 承造船厂应设立专门的称重机构,配备专门人员负责称重和统计整理,并按时提交重量报告。

(5) 承造船厂在材料、设备订货时,应明确供货单位在交货时要同时提交实际重量的证明文件,重大设备还应提供重心位置。

（6）称重设备必须符合国家有关计量部门的检测要求，称重前应检查称重设备的精度。

（7）应优先采用计算机进行称重工作的统计、分类、汇总及分析处理工作。

（8）对称重确有困难的管路及电缆等项目，可按其样件和试件称重后换算为设计重量进行汇总。

3）称重实施

（1）船体结构称重。

①承造船厂在称重设备能力足够的情况下，应以一个施工图号为单位称重；若能力不足，可分解成部件称重。

②水面舰船散装零部件单件重量符合表 4-3-5 规定的重量界限时，应单独称重；单件重量小于表 4-3-5 所列界限时，则可用理论重量汇总。

③快艇的散装零部件，凡单件重量大于等于十万分之一正常排水量时，应单独称重；单件重量小于此界限时，则以施工图号为单位，集中称重。

④潜艇散装零部件应以施工图为单位集中称重，其中焊接在船体结构上的安装件与杯形管节、焊接垫板等，应在焊接后与构件一起称重。

⑤重量汇总时，应除去临时支撑加强物、余量、尚未开的孔、未拆下来的工装夹具等的重量，尚未施焊的焊缝重量按理论重量计入。

表 4-3-5 水面舰船散装零部件重量界限

正常排水量/t	重量界限/kg
＜50	≥5
50～200	≥10
200～500	≥20
500～1000	≥30
1000～2500	≥40
2500～5000	≥50
≥5000	≥100

（2）舾装件和舾装材料称重。

①舱室设备和木作允许用理论重量汇总，但对快艇则应先称出该部分上船重量，安装后再将余量称重扣除。

②绝缘材料、装饰材料、涂料、粘胶、水泥、阻尼隔声材料、甲板敷料和潜艇外贴消声材料等可按单位重量汇总，其中单位重量由承造船厂通过模拟试验取得，或以经验数据取得。

（3）机电设备称重。

①允许直接引用配套厂证明文件中的实际重量，若不能直接引用时，则需补充称重。对同一供货厂商的同一批货物应进行称重抽查，以验证其准确性。

②自制件按成品称重。

③外购标准件、通用件、紧固件取理论重量。

④管中附件以施工图号为单位，分系统、舱室称重。

（4）电缆称重。

①主干电缆、消磁电缆按电缆卷筒称重，施工后扣除余料及卷筒重量。

②舱室电缆应按舱室为单位称重,扣除余料。

（5）其他称重。

①固体压载按存放部位分堆称重,固体压载物的固紧材料以舱室为单位称重,余料扣除。

②核辐射屏蔽按施工图称重汇总,扣除余量。

③装船的供应品、备品备件应按清单分类称重。

④设备和系统中的介质可取理论重量。

⑤施工中的返工项目也应按本规定称重,拆除的零部件须重新称重,并扣除重量。

（6）称重偏差与超差处理。

①水面舰船（快艇除外）重量偏差见表 4-3-6。

②快艇的重量偏差为±1%。

③潜艇重量偏差见表 4-3-7。

④对超差项目应查明原因,并根据实际情况,由总体设计单位提出处理意见,与驻承造船厂军事代表室和承造船厂共同协商,妥善处理。处理结果应进行登记,并编入定期重量报告。

表 4-3-6　水面舰船重量偏差

载荷名称	偏差范围/（%）	
主船体结构分段	+2	-5
上层建筑轻围壁及基座	+2	-7
铸件	+5	不规定
锻件	+5	-4
装置、机械、电气和电子设备等	+4	-4
武备	+2.5	-2.5

表 4-3-7　潜艇重量偏差

载荷名称		偏差范围/（%）	
耐压结构		+2	-4
非耐压结构、内部结构		+2	-6
装置、机械、电气和电子设备	经受液压或气压试验的	+4	不规定
	不经受液压或气压试验的	+4	-7
管路电缆		不规定	
核辐射屏蔽		+2	-3
固体压载		按存放区域正负半块压载铁重	

（7）重量报告。

①舰船在建造期间,承造船厂应定期和按阶段编制重量报告,送交总体设计单位和驻承造船厂军事代表室。

②舰船下水、倾斜试验以及潜艇试潜定重等重大阶段,承造船厂应编制阶段重量报告,送交总体设计单位和驻承造船厂军事代表室。

③交船后,承造船厂应整理并保存好原始称重资料,将水面舰船的称重表、潜艇的重量清册和完工载荷册填写完整,并提交驻承造船厂军事代表室、总体设计单位和接舰部队。

5. 船台装配检验

1) 船台基准线检验

为使船体分段能在船台上正确定位、安装,确保主船体建造精度而设置的船台中心线、水线检验线、肋骨检验线、龙骨线检验线以及分段安装工艺规定的其他线统称为船台基准线。

船台基准线精度是保证船体主尺度建造精度的基础,必须认真检验,船台基准线的检验内容、精度标准及检验方法见表 4-3-8。

表 4-3-8　船台基准线检验

检验内容	精度标准	检验方法
船台中线直线度	≤0.5	在用激光经纬仪划线时参与监视
肋骨检验线直线度	≤1.0/1000	同上
龙骨线检验线直线度	≤1.0	用激光经纬仪或水平软管检测

2) 分段安装检验

分段安装检验时,检验员通常用钢卷尺与水平软管进行检测,主要检验分段上检验线定位的准确性及大接缝间隙与焊接坡口的精度(见表 4-3-9)。

表 4-3-9　分段安装检验

检验内容		精度标准	检验方法
中线偏差	双层底分段中线	≤3.0	用线锤检测
	甲板、平台、横舱壁中线与内底板上船中线偏差	≤5.0	用线锤检测
	首尾端点中线(h 为首尾端点高度)	≤0.001h	用线锤或经纬仪检测
	上层建筑分段中线与上甲板船中线	≤4.0	用线锤检测
	舵承中心线与船台中线	≤4.0	用线锤检测
	尾轴孔中线与船台中线	≤5.0	拉轴中心钢丝检测与舵承中心钢丝之间的偏差
水平度	底部、平台、甲板四角水平	±8.0	用水平软管或水准仪检测水线基准线位置
	舱壁左右(前后)水平	±4.0	
	舷侧分段前后水平	±5.0	
	上层建筑四角水平	±10.0	
高度偏差	舱壁	±3.0	用水平软管或水准仪检测水线基准线位置
	舷侧分段	±5.0	
	上层建筑	±10.0	
其他	分段接缝处肋距偏差	±10.0	用线锤或经纬仪检测
	舱壁垂直度(h 为舱壁高度)	≤0.001h 且≤6.0	用钢卷尺检测

4.4　船体装配检验

1. 密性试验

在船体建造完毕或船体部分区域内的装配、焊接与火工矫正等工作全部结束后需要进行密性试验。

密性试验的目的是检查船体结构防止水、油等液态物质渗漏或气态物质溢漏的能力；通过试验消除缺陷，以保证舰船航行安全。

需要作密性试验的船体结构主要可分为两大类：

（1）在舰船航行过程中装载液体的舱柜，除底部、舷侧的燃油舱和水舱外，还有首尖舱、尾尖舱和海底阀箱等；

（2）所有其他不贮存液体但要求具有密性的舱柜。

海船或内河船的建造规范中，对船体密性试验的要求都有相应的明确规定。

密性试验常用的方法有：灌水试验、冲水试验、气压试验、冲气试验、煤油试验和油雾试验等。近年来，还出现了适应分段预舾装要求的真空试验、超声波和 X 光射线等无损探伤试验。试验前应将焊缝两面清理干净，不能有油漆、水泥或其他敷设材料。

1）灌水试验

灌水试验是注水于舱室、箱柜、容器，检查所试焊缝有无渗漏。其中加压的灌水试验又称"水压试验"，俗称"压水"，不加压的灌水又称"摆水"。试验时，在灌水舱室、箱柜、容器的外面观察所试焊缝。如发现渗漏，一般应先将水排除后再进行补焊，然后重新灌水检查。

水压试验可同时起到强度试验的效果，且其渗漏效果比较直观、明显，因而安全可靠。但试验必须在舱室完整的情况下才能进行。一般是在船台上或船坞内进行。舱室注水时船体负荷增加，需要对船体增加临时支撑。在此期间，舱室不能进行其他工作，更不能进行机电设备的预舾装。

2）冲水试验

冲水试验是用消防水泵向焊缝喷射一定压力的水流，检查焊缝是否渗漏。试验时在焊缝一侧垂直喷水，在另一侧进行检查。这种试验劳动条件差，且影响其他工种工作。一般适用于外板对接缝以及水线以上的船体结构。板厚大于 20 mm 的自动焊缝可不必冲水。

3）气压试验

气压试验又称充气试验，俗称压气。它是将压缩空气充入舱（或箱柜）内，检查焊缝处是否漏气。试验时使充入舱内的空气保持一定的压力和足够的时间，在受试验焊缝的外侧涂上肥皂水，然后进行检查。如漏气不严重，一般可就地补焊，不必先放气。

气压试验与水压试验相比，可以大大简化密性试验过程，节省用水和时间，已成为船厂舱室密性试验采用的主要方法，对于大中型舰船的密闭舱室更为适宜。但在试验时要采用限压及安全装置，以避免试验压力过高而发生舱室变形和破损事故。

4）冲气试验

冲气试验用压缩空气软管向焊缝一侧冲气，在涂有肥皂液的另一侧检查焊缝是否漏气。其适用范围是平面、曲面、立体分段的对接缝及角焊缝；船台上只适用于短而直、且便于内外联络的对接缝及角焊缝。

5）煤油试验

煤油试验是在焊缝上涂以煤油，利用煤油的渗透作用检查焊缝是否渗漏。试验时在焊缝一侧涂以煤油，另一侧涂以白垩粉水（石灰水），然后进行检查。此法操作简便，但检验灵敏度较低，一般用于检查非密闭舱室及灌水位置以上的焊缝。

6）油雾（喷油）试验

该试验方法是以煤油和压缩空气通过喷雾装置喷射出具有一定压力的油雾，利用油雾的渗透作用检查焊缝是否渗漏。试验时，利用类似于冲水试验的方法向被试焊缝喷射油雾，在另一侧检查是否有煤油渗出。此法操作简便，检漏灵敏度较冲水和煤油试验的高。

2. 船体完工检验

1）船体主尺度和外形检验

船体主尺度是船体外形大小的基本度量，即船的长度、宽度和深度。在型线图和基本结构图上反映为总长、垂线间长、最大宽度、型宽和型深等。船体主尺度是船体性能设计和船模制作试验的关键尺寸，也是签订合同、进行基本设计、详细设计和生产设计的主要依据。在船体建造各工序，为确保船体主尺度精度要认真地制定工艺措施。如果主尺度精度超出允许极限，将会直接影响舰船的排水量、舱容、稳性和快速性。如：型宽建造偏差会引起船的横稳心高度产生变化；船体尾部区域分段及尾柱安装精度偏差会影响轴系与舵系的效能及航向稳定性；型深的建造偏差会影响勘划载重线标志与干舷尺寸，从而影响载重量、大倾角稳性与抗沉性；外形变形量超出允许极限会影响船体的总纵强度。

因此，船体主尺度和外形检验至关重要，它的检测值列入交船完工质量报告，也是评价舰船建造质量的主要项目。

船体主尺度和外形检验通常应在船体密性试验后，并在移墩前（移墩指为了涂刷搁在墩木处的船底油漆而进行的调换墩木位置的工序）完工。主尺度检验项目有总长、垂线间长、型宽和型深等。外形检验项目有龙骨线直线度（或轮廓度）、尾翘、首翘、船底斜升线、局部平整度和整体平整度等。检测方法通常以船台基线为基准，用激光经纬仪或经纬仪、水平软管、线锤及钢卷尺测量。

主尺度测量方法并不复杂，只要借助工具将总长、垂线间长、型宽和型深用几何中推平行线法引出后量取尺寸即可。

对于外形检验，由于船体外板、甲板、外围板的局部与整体平整度的检验通常列入分段完工检验，可见前述分段检验相关内容。某些分段建造时难以对外板、甲板进行矫正或矫正后会影响分段安装，这些部位及分段大接缝所在肋位区域的外形检验一般安排在船台上进行。船体外形检验通常分主船体和上层建筑及甲板室矫正完工两个阶段，列入全船矫正精度检验项目。

2）载重线标志与吃水标志检验

对船首、中、尾吃水标志与载重线标志勘划准确性的检验称为载重线标志与吃水标志检验。本项检验内容直接涉及舰船航行安全性，必须认真检测。

载重线标志及用于此标志的诸线段内容包括：甲板线、载重标志和载重线诸线段。载重线标志应永久地勘划在船舷两侧，当船舷颜色为暗色调时，标志应漆成白色或黄色；当船舷颜色为浅色调时，标志应漆成黑色，以便标志能清晰可见。

吃水标志由数字和字母组成。

3）下水前的完整性检验

舰船产品由于工程量大,施工图纸多,专业性强,工艺复杂,生产计划紧凑,在船台上通常难以完成众多工程,但是在船体下水前位于满载水线面以下与外板连接的工件以及要求安装成水平或规定角度的基座或设备必须完工。扶梯、栏杆和舷墙等亦应完工,以利下水安全。

船体下水前的完整性检验项目包括:

（1）主船体结构完整,焊缝质量合格,火工矫正与密性试验结束,主尺度与外形检验验收通过;

（2）上层建筑和甲板室除整体吊装外,应结构完整,焊接工作完工,火工矫正基本结束;

（3）放泄塞塞妥、防蚀锌板、船壳及其附件上的水泥或其他敷料完工;

（4）舭龙骨、舱口围板、舷墙、栏杆与主要通道扶梯完工;

（5）海底阀箱及格栅、计程仪、测深仪的换能器、声呐、减摇装置及外板上的各种进排水口及防浪阀完工,海底阀关紧;

（6）水密人孔座和盖、舷窗、水密门、风雨密舱口盖;

（7）螺旋桨、尾轴支架、舵及吊舵眼环;

（8）锚链筒及锚架、漏链管、锚机系统、掣链器、锚及锚链、带缆桩等;

（9）与外板焊接的以及有水平（或规定角度）要求的辅机座;

（10）载重线标志、水线、吃水标志、液舱标志和其他标志等;

（11）桅杆、起重柱;

（12）整套轴系装置;

（13）在舵扇及螺旋桨的联轴节处采取临时固定措施,以确保船体下水时舵与螺旋桨不转动;

（14）船壳涂装完工,且在防蚀锌板、螺旋桨及换能器等处不得沾有涂料。

随着科学技术的发展,全站仪等高精度测量仪器配合专门的测量分析软件,成为船体装配尺寸、位置检验的新手段,被越来越多地用于船体装配工作中。

4.5 潜艇艇体装配

我国潜艇艇体大都采用双壳体结构形式:能够承受深水压力的艇体部分称为耐压艇体,包括耐压艇舱、耐压指挥室、耐压液舱等结构;布置在耐压艇体之外的结构,在水下始终注满液体,内、外部压力相等,不承受深水压力,称为非耐压艇体,包括非耐压船体水密结构和非水密结构,前者主要指潜艇的舷间压载水舱结构,后者按其位置不同又分为上层建筑、指挥室围壳及首、尾端结构等。此外,潜艇还包括舱壁结构以及一些特殊结构。其中舱壁结构包括耐压船体内部的舱壁和耐压船体前后两端的舱壁;特殊结构又可分为两部分:一是耐压船上的开孔结构,如出入舱口、鱼雷装载舱口,耐压船体可拆板等;二是非耐压船体上的凹穴或突出结构,如鱼雷发射管前的减阻板、水声仪器导流罩、锚穴、稳定翼等结构。

由于潜艇使用要求以及结构布置上的特殊性,使得其建造过程与水面舰船有着较大的差异。

1. 潜艇建造的特点

相比水面舰船建造,潜艇建造有以下几个显著特点:

（1）水面与水下航行性能相比较,以水下性能设计为重点,整个艇体的线型都要服从于减少水下航行阻力这个原则,因此潜艇指挥台围壳及上层建筑甲板的尺寸都比较狭小,横断面略呈圆形,整个艇体成纺锤形或其他流线型,这对建造中保证艇体线型提出了严格的要求。

(2) 为了保证在大潜深下艇体的强度及抗爆性,耐压艇体采用了厚尺寸的高强度、高韧性的合金钢材,增加了加工、装配等工序的施工难度,尤其是焊接,成了突出的问题。例如,材料在加工中要进行调质处理,焊接前要预热,要选择合适的焊材与装焊施工程序,因此工艺要求比较高。

(3) 由于侧重水下性能设计,潜艇的水面稳性被降到了最低限度,与其他各类水面舰船相比,潜艇的水面稳性比较低。因此,潜艇建造中的下水、进出坞、系泊等都必须采取保障稳性的措施。

(4) 潜艇设计中,不仅要考虑到重量,而且还要考虑到艇体容积,二者必须同时满足要求。设计后的潜艇,浮容积是一个不能改变的常量。因此,建造中必须严格控制各种装载的实际重量。在潜艇设计中大约储备有相当于3‰正常排水量重的固体压载,如果潜艇建造中重量超重时,可通过调整固体压载来解决。但是,潜艇的稳性将会因此而大为降低。倘若建造中重量超重达到1‰～2‰的艇正常排水量时,将会严重影响潜艇性能,甚至会使潜艇丧失战斗力。

(5) 压载水舱的容积都列入载荷计算,辅助压载水舱的容积是根据代换的需要及海水密度变化等而设计的。因此在建造中必须对主辅压载水舱的容积加以控制与检验。

综上所述,潜艇建造的质量要求是非常严格的,除了要保证放样、加工、装配等工序的质量外,焊接质量几乎成为潜艇建造的突出矛盾。在建造中,不仅要抓住结构的精度控制,而且,材质控制、重量控制、容积控制以及稳性控制,随时都要加以关注。

2. 潜艇艇体装配过程

潜艇由于具有双层壳体,且耐压艇体只能沿长度方向划成分段,所以艇体建造主要是采用总段或立体分段上船台的建造法。潜艇艇体装配过程一般也划分为四个阶段。

(1) 部件装配阶段　将两个或两个以上的零件,装焊成较大的组合件。例如各种焊接T形梁、耐压肋骨以及耐压壳圈的组装等。

(2) 分段装配阶段　将零件与部件装配焊接成较大的、相对完整的艇体结构。根据潜艇的特点,分段装配阶段进行的内容有:

①耐压艇体的分段装配;

②非耐压艇体的分段装配,包括龙骨分段、舷侧分段、上层建筑分段、首尾端部分段等的装配;

③特殊分段装配。这是指结构与线型较为复杂,而要求又较高且相对独立的结构装配。如耐压指挥台、指挥台围壳、球面与端部舱壁、声呐导流罩、稳定翼、导流管、机座、舵等的装配。

(3) 立体分段和总段装配阶段　将零件、部件以及耐压与非耐压分段装配在一起,形成潜艇的立体容积结构。它可以先装配成立体分段,再对接成总段,或者直接由耐压与非耐压艇体分段装配成总段。

(4) 船台装配阶段　即在船台上将各分段或总段装配成完整的艇体。

3. 潜艇总段建造法

根据总段中舾装工作的进展情况,总段建造法又可分为结构总段建造法与舾装总段建造法。

结构总段建造法:是待总段在船台合拢成完整的艇体,经全艇水压试验合格后,才开始潜艇的舾装工作。为了安装主机、电动机、空气压缩机等大型机电设备,须在耐压艇体上开切口,待安装结束后再予以复焊。这种建造法使大量的舾装作业集中到全艇试水结束后进行,因此船台舾装工作量相当大,船台周期较长。

舾装总段建造法:其特点是以总段为单位,先进行总段内的舾装工程,使属于每个总段的舾装作业都基本完成,艇体总段大合拢后,舾装作业亦大量完成。这样不仅扩大了艇体的平行作业,而且也扩大了预舾装的作业面。大型设备从总段两端的开口处进入舱内,避免了到船台再切割与封闭耐压艇体上的可拆板。因此,建造进度与质量都比结构总段建造法优越。

采用舾装总段建造法的关键是要取代或取消耐压艇体的内部水压试验,究竟采用何种方式来取代水压试验,目前尚在研究之中。在确保耐压壳体的强度及密性的前提下,采用舾装总段建造法是潜艇建造的发展趋势。

耐压壳体分段和非耐压壳体分段在内场装焊完毕后,潜艇建造进入艇体船台建造阶段,即耐压壳体、非耐压壳体对接合拢的装配和焊接、分段上船台形成立体分段或总段,再装焊成完整的艇体,最后进行泵风、泵水等密性试验。

将耐压与非耐压分段组装在一起,即形成立体分段,再由立体分段对接成总段,或由分段直接装配成总段。

某艇总段的形成大致有三种情况(见图 4-5-1):一是首尾立体分段直接形成总段;二是四、五立体分段,先分别进行龙骨分段的对接与耐压分段的对接,然后将对接后的耐压分段在龙骨分段上装焊,再装两边舷侧分段,形成四、五混合立体分段;三是其余立体分段,直接将耐压分段与龙骨分段装焊,再装舷侧分段后,形成立体分段。后两种立体分段经过对接,便形成总段。上层建筑分段是在潜艇下水前安装,不列入立体分段的装配范围。

立体分段或总段都是利用平台小车,在有输送轨道的水平场地上装配的。具有倾斜船台的船厂,先装配成总段后再输送到船台大合拢;而具有水平船台的船厂,往往是直接在船台上形成立体分段,并随即进行全艇合拢。尽管上船台的程序有所区别,但总段基本上都是按上述三种情况形成的。

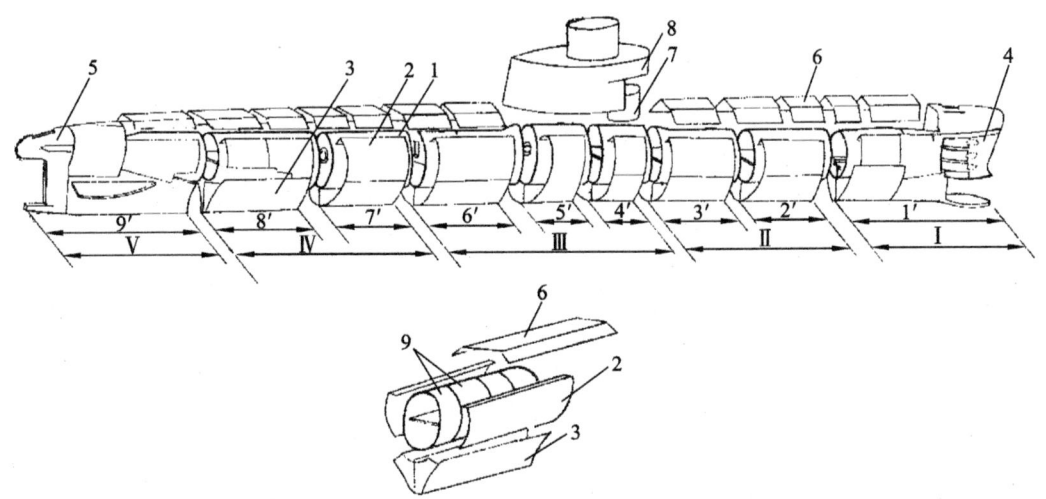

图 4-5-1　潜艇艇体分段划分示意图

Ⅰ~Ⅴ—总段;1′~9′—立体分段;1—耐压艇体分段;2—舷侧分段;3—龙骨分段;4—首端部分段;
5—尾端部分段;6—上层建筑分段;7—耐压指挥台;8—指挥台围壳分段;9—耐压壳圈

思　考　题

1. 船体装焊分为哪几个工序？
2. 简述平台、胎架的作用和种类。
3. 简述分段的种类及其划分原则。
4. 分段在船台上如何定位？
5. 称重的目的是什么？
6. 简述船体密性试验的目的和方法。

第5章 舰船下水

5.1 舰船下水的方法和设施

舰船下水是在船台(船坞)建造工作完成后,将舰船从建造区移到水中的工艺过程。下水作业的全过程跨越船台(船坞)、水域和码头三个区域,涉及部门和工种较多,是舰船建造过程中的一个重要的工艺阶段,安全下水是其中管理的重点,图 5-1-1 是舰船下水工作基本流程。

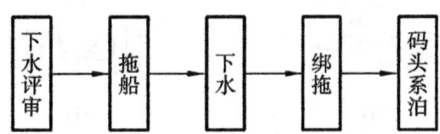

图 5-1-1 舰船下水工作基本流程

舰船下水应具备的条件有:主船体无损检验合格,甲板以下密性试验结束;除少量特殊项目外,与船体外板相关联的水线下的焊接件要全部完工并交验合格;必须在船台上找正的舾装件等安装结束并交验。

按照下水原理,舰船下水大致可分为三类。

(1) 重力式下水:依靠舰船本身的重力在倾斜滑道上产生的分力(下滑力),并借助于一定的下水设备将舰船滑移到水中去的下水方法。

(2) 漂浮式下水:依靠下水设施(如浮船坞)使舰船自然地漂浮起来,再将其移到舾装码头去的下水方法。

(3) 机械化下水:用某种机械设备将舰船从建造区移到水中去的下水方法。

(4) 衬垫式下水:使用气囊或水垫等辅助设施将舰船从建造区域移至水中的下水方法。

根据舰船移动方向,下水可分为纵向下水和横向下水;根据下水工艺,下水又可分为涂油滑道下水、钢珠下水和小车下水等。图 5-1-2 为下水方法示意图。

1. 重力式下水

1) 纵向涂油滑道下水

纵向涂油滑道是船台和滑道合二为一的下水设施,它是使用历史最长,也是目前国内外造船企业常用的一种下水方法(见图 5-1-3)。

舰船下水时,首先将龙骨墩、边墩和支撑全部拆除,使舰船重量移到滑板和滑道上,再松开止滑装置,舰船便和支架、滑板等一起沿着滑道滑入水中,同时依靠舰船自身的浮力漂浮在水面上。此外,为了减小滑板在滑道上的滑行摩擦阻力,在它们之间涂上一定厚度的油脂,故称为纵向涂油滑道下水。

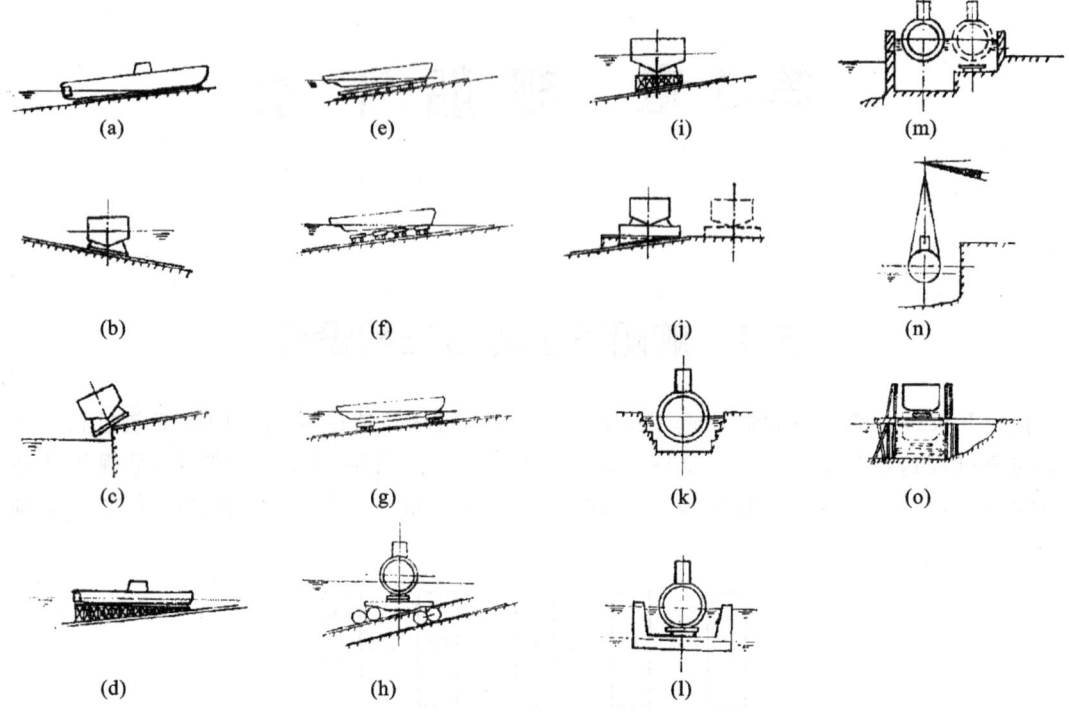

图 5-1-2　下水方法示意图

(a)纵向涂油滑道;(b)横向涂油滑道;(c)横向坠落式滑道;(d)纵向斜架滑道;(e)纵向整体船排滑道;
(f)纵向分布船排滑道;(g)纵向两支点滑道;(h)横向高低轨滑道;(i)横向斜架滑道;(j)横向梳状滑道;
(k)干船坞;(l)浮船坞;(m)注水式船坞;(n)起重机吊落;(o)垂直升降平台

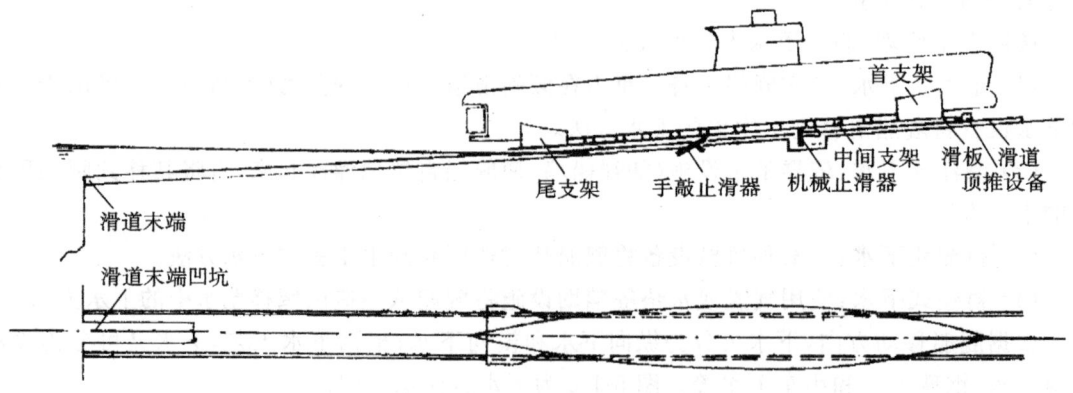

图 5-1-3　纵向涂油滑道下水

　　这种下水方法适用于不同下水重量和船型的舰船下水,具有设备简单、建造费用少和维护管理方便等优点。但是,它的下水工艺比较复杂,尾浮时会产生很大的首端压力,并且舰船在水中的滑程较长,要求水域宽度不小于三倍船长等。

　　2) 纵向钢珠滑道下水

　　它的特点是用钢珠代替下水油脂,变滑动摩擦为滚动摩擦,从而进一步减小滑板与滑道之间的摩擦阻力,而且钢珠还可以重复使用,具有良好的经济性。

　　钢珠下水装置主要由钢珠、保距器和轨板构成(见图5-1-4)。钢珠用高铬钢制成,直径为

90 mm,直径误差≤±0.2 mm,球面误差为 0.1 mm,平均许用载荷 $3×10^4$ N,具有防锈能力。保距器的作用是控制钢珠的滚动范围,常用的保距器每平方米装有 12 个钢珠,且在保距器上装有滚轮,以减小保距器与轨板之间的摩擦力。同时,为了保证木质滑板和滑道在下水时不被钢珠挤压坏,在滑板和滑道上各铺一层由钢板制成的轨板,并在轨板上装焊导向小方块,防止钢珠从横向脱出。此外,滑道末端还设有钢珠网袋,以收集下水时落下的钢珠和保距器。

　　钢珠滑道下水装置具有下水时易启动、滑道坡度较小、滑板和滑道的宽度小、钢珠可以重复使用等优点,所以它的下水装置安装费用和下水费用都比油脂滑道的低。此外,由于钢珠的摩擦系数一般不受气候条件的影响,从而大大提高了下水计算的准确性。但是这种下水装置存在初次投资大、滑板笨重和下水过程有振动等缺点。它和纵向涂油滑道一样,适用于各类舰船的下水。

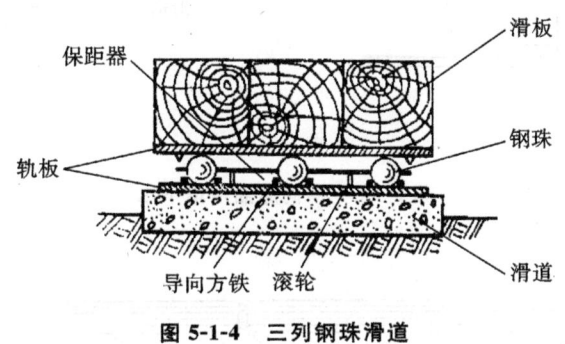

图 5-1-4　三列钢珠滑道

　　3）横向涂油滑道下水

　　横向涂油滑道与纵向涂油滑道的差别,在于它是沿船宽方向滑移的,舰船先入水的不是船尾,而是舷侧。

　　这种装置一般有两种类型,一种是滑道伸入水中,先将舰船拖曳到楔形滑板上,再沿滑道滑移到水(见图 5-1-5(a)、(b));另一种是滑道末端在垂直岸壁处中断,下水时舰船连同下水架、滑板一起坠入水中(见图 5-1-5(c)),再依靠舰船自身的浮力和稳性趋于平衡。舰船的坠落高度一般为 1～3 m,故称为横向坠落式下水。

　　由于横向涂油滑道下水使用的滑道数量多,容易引起滑板下滑速度不一致,而造成船身偏移、滑板脱出滑道等事故,而且坠落式下水还有船体受力大、横摇剧烈、对船体横向强度和稳性要求高等缺点。

2. 漂浮式下水

　　将水注入建造舰船的场所(船坞),依靠浮力使舰船浮于水面的下水方法,称漂浮式下水。常见的漂浮式下水有干船坞下水、造船浅坞下水和浮船坞下水三种。

　　1）干船坞下水

　　它是利用漂浮原理实现舰船下水的一种方法,如图 5-1-6 所示。其特点是使舰船在下水过程中始终处于平稳自然起浮的状态,是一种简易而又安全的下水方法。但基建工程大、费用高,故主要被沿海船厂用来修理舰船,在船坞利用率不高的情况下也用于造船。

　　坞槛是船坞的门槛,用来沉放坞闸门,其高度高出坞底,但低于坞内正墩木的上表面。船坞的坞槛一端称坞口,另一端称坞首。

　　坞闸门是用来关闭坞口,使坞室与坞外水域隔开。坞闸门的种类、形式很多,目前常用的一般为浮箱式闸门。浮箱式坞闸门实际上是一个可以沉浮的箱形结构。当开启闸门时,只要

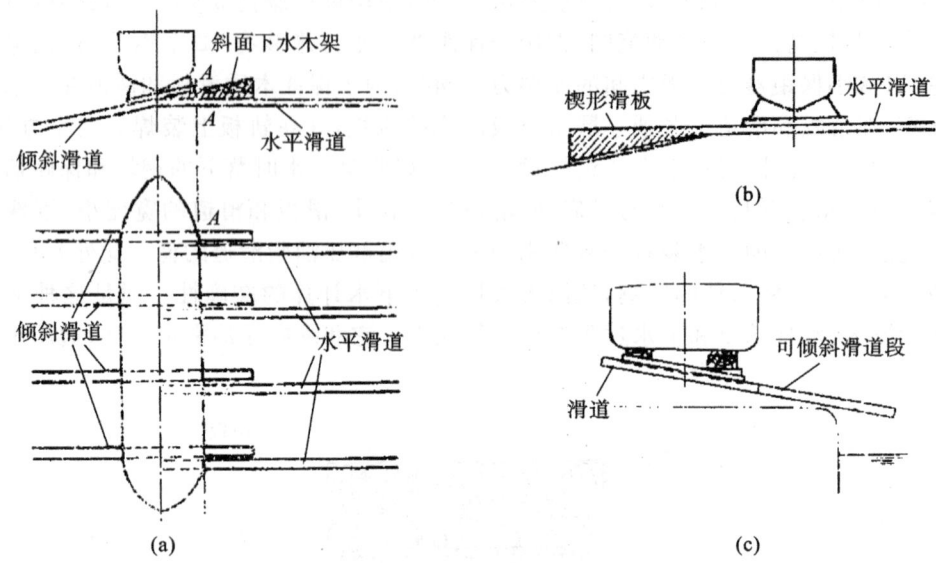

图 5-1-5　横向涂油滑道下水

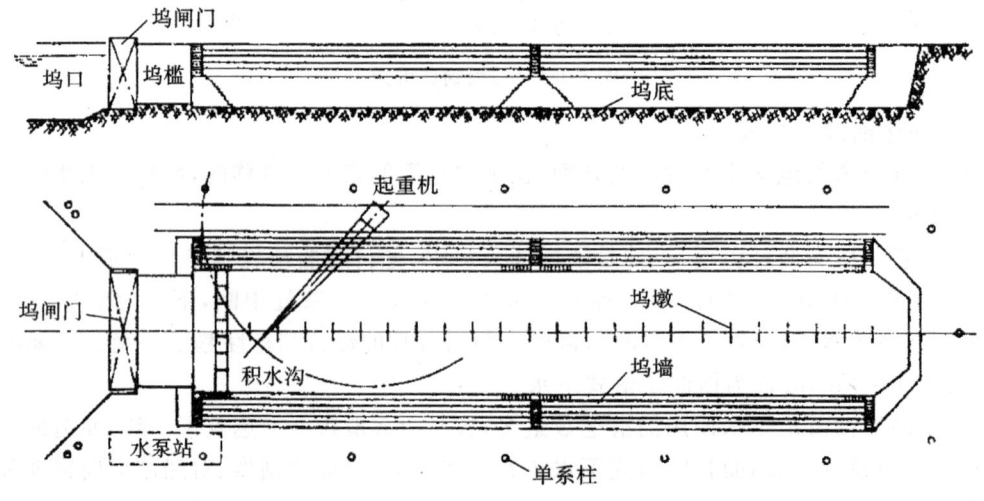

图 5-1-6　船坞构造与布置

将闸门内水舱的水排去,此时浮力大于重力,坞闸门自动浮起。反之,当需要关闭闸门时,只要向闸门内水舱注水,由于重力大于浮力,闸门自动下沉,坞口即被关闭。

坞室是由坞墙、坞底和坞门所围成的空间,用来停置舰艇。坞墙一般呈阶梯形,以利于坞内采光通风和承受坞壁压力,坞墙上设有台阶可通坞底。坞底用来搁置舰艇,承受舰艇重力,通常为钢筋混凝土结构,以使坞底不沉陷,不使船体产生变形。为排除坞内的积水,保持坞底干燥,在坞底设有集水沟。

坞底一般采用钢筋混凝土结构,它要求具有足够的强度和刚度,以保证在舰艇巨大载荷作用下,不产生下沉或局部变形。为了排出坞内积水,通常在坞底设有专门的积水沟。

坞口剖面形状随闸门的形式而定。当采用浮箱式闸门时,坞口通常都是上部宽下部窄,成为一个梯形。由于上部宽,坞闸门浮起时,两侧与坞壁有较大的间隙,便于移动,而且坞口上部宽,也便于舰艇进出。

2)造船浅坞下水

因为新造舰船的空船重量比修船时的重量要小,若仅需满足新造舰船起浮,则船坞可造得浅些,以节省基建投资,故称为造船浅坞(或称造船坞)。

随着产品主尺度及重量的不断增加,若仍在纵向倾斜船台上建造,势必增加船台前端标高和船台起重设备的起吊高度,从而大大增加了船台和起重设备的投资,并增加分段吊装工艺的复杂性。如果采用造船坞建造大型舰船,不仅可克服上述不足,而且建造时处于水平状态,操作方便,起吊高度降低,便于采用大起重能力、大跨距的起重设备,并且通过设置中间分隔坞门,可以实现串联式建造方法以提高船坞利用率。还可以利用坞墙设置各种造船机械化装置,以提高舰船建造的机械化程度,下水安全,操作方便。鉴于上述优点,即使造船浅坞的基建投资大,但仍是目前大型舰船建造船台装配和下水的主要设施。

3)浮船坞下水

浮船坞本质上来讲是一种用于修、造船的工程船舶,是一种构造特别的槽形平底船,它有一个巨大的凹字形船舱,两侧有墙,前后端敞开。两侧的坞墙和坞底均为箱形结构,沿纵向和横向分隔为若干封闭的舱格,有的舱格称为水舱,用来注水和排水,使船坞沉浮。

浮船坞原来主要用于船舶修理,作为船队或工厂的浮动修船基地,如与水平船台联合使用,亦可作为船舶下水设施。利用浮船坞做下水作业,首先使浮船坞就位,坞底板上的轨道和岸上水平船台的轨道对准,将用船台小车承载的船舶移入浮坞,然后将浮坞脱离与岸壁的连接,如果坞下水深足够的情况下浮坞就地下沉,船舶即可自浮出坞;如果坞下水深不足就要将浮坞拖带到专门建造的沉坞坑处下沉。

根据船舶入坞的方式分为纵移式和横移式。纵移式的浮坞中心线和水平船台移船轨道平行,可以采用双墙式浮船坞,船舶入坞沿船长方向移动,如图 5-1-7 所示。

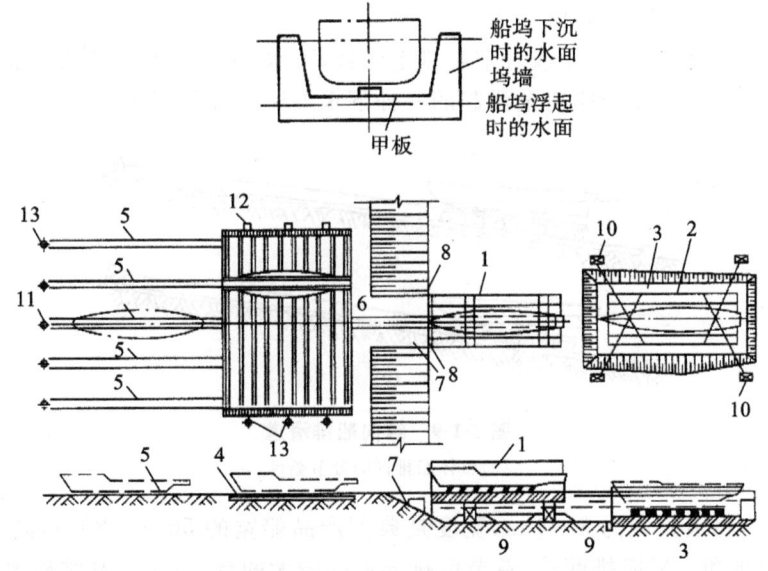

图 5-1-7 纵移式浮船坞下水

1—浮船坞;2—沉坞坑上的浮船坞位置;3—沉坞坑;4—横移车;5—船台;6—通往浮船坞的轨道;
7—突码头;8—定位装置;9—支墩;10—固定浮船坞用的锚;11—电动绞盘;12—电绞车;13—地牛

横移式浮船坞多使用单墙式浮坞,也可以使用双墙式浮坞,但这种浮船坞的一侧坞墙可以拆除,使用时将浮船坞横靠在水平船台的岸壁,拆去靠岸一侧坞墙,将船舶拖入浮船坞,再将活动坞墙装复进行下水作业,如图5-1-8所示。

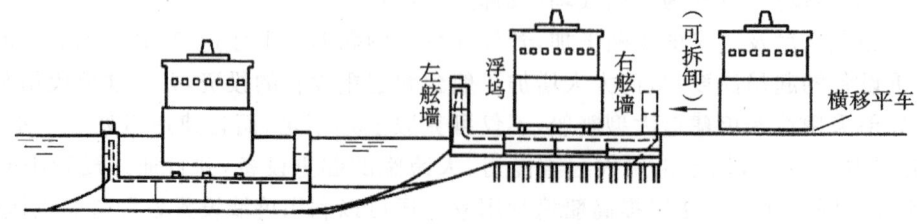

图 5-1-8　水平船台与浮船坞横向下水

浮船坞下水设施具有能与多船位水平船台对接的能力,造价较低,建造周期短,下水作业平稳安全,而且不占用陆地面积,下水作业更加灵活。但浮船坞的造价一般较高,作业复杂,多数时候要配备深水沉坞坑,而且利用浮船坞进行修船、造船作业时,起重能力往往会受到较大的限制。

浮船坞下水方式适应性好,不仅用于舰船的下水或上排,还特别适用于战斗破损和海损时的现场修理,使用灵活机动,一般浮船坞可供多个船厂使用,其建造投资比同尺度的干船坞要少得多,但机械设备多,维护保养量大,当水深不足时,需挖专用的沉坞坑等不足限制了它的使用范围。

3. 机械化下水

常见的机械化下水方法:纵向船排滑道机械化下水、两支点纵向滑道机械化下水、楔形下水车纵向滑道机械化下水、变坡度横移区纵向滑道机械化下水、梳式滑道机械化下水、升船机下水和起重机吊船下水等方式。

1) 纵向船排滑道机械化下水

舰船在带有滚轮的整体船排或分节船排上建造,下水时,用绞车牵引船排沿着倾斜船台上的轨道将舰船送入水中,使舰船完全浮起的一种下水方法(见图5-1-9)。

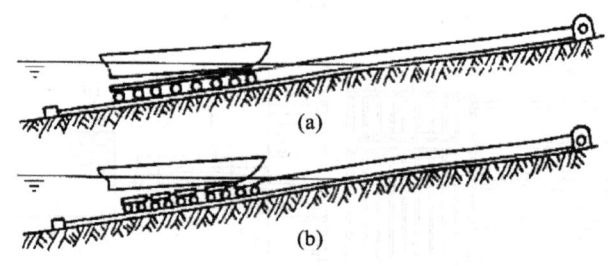

图 5-1-9　纵向船排滑道

(a)整体船排;(b)分节船排

分节式船排,每节长度为 $3\sim4$ m,宽度是典型产品船宽的 $50\%\sim80\%$,高度为 $0.4\sim0.8$ m。它有首节船排和一般船排两种,首节船排要承受较大的首端压力,其结构要作特殊加强。

由于船排架面与轨道平行,而且高度较小,所以它的滑道水下部分较短,滑道末端水深较小。采用挠性连接的分节船排时,因舰船尾浮后船排可在滑道末端靠拢,可进一步缩短滑道水下长度和降低滑道末端水深。这种滑道技术要求不高,土建施工较简单,投资少,而且下水平稳安全,是一种适用于小型修造船厂的下水设施。但是,由于船排高度较小,造成在船底作业不方便,所以仅用作小型舰船下水。

为了提高船排滑道的利用率,出现了带有横移坑和多船位水平船台的纵向船排滑道,这就摆脱了与倾斜船台合一的原始形式。

为提高船排滑道的利用率,适应批量造船的需要,出现了带有横移坑和多船位水平船台的纵向船排滑道,如图 5-1-10 所示是一种带液压摇架和横移区的纵向船排滑道布置图。下水时,首先将船舶从水平船台移至横移车上,拉曳横移车将船舶移至滑道区与液压摇架对准(此时的液压摇架成水平状态),将船移到液压摇架上,然后调整摇架两端的液压千斤顶,使摇架倾斜成与滑道相同的坡度,即可将船移入水中。

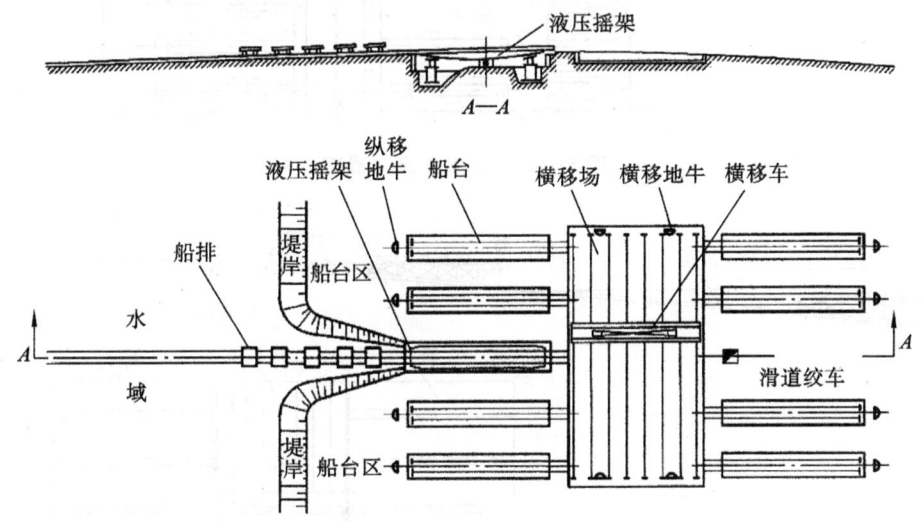

图 5-1-10 带液压摇架和横移区的纵向船排滑道

2)两支点纵向滑道机械化下水

这种下水方式使用两辆分开的下水车支撑下水船舶,它可以直接将船舶从水平船台拖曳到倾斜滑道上从而使船舶下水。

这种滑道是用一段圆弧将水平船台和倾斜滑道连接起来,以便移船时可以平滑过渡。具有结构简单、施工方便、操作容易的优点,缺点是由于只有两辆下水车支撑船舶首尾,在船长和下水重量较大时,对船体纵向强度影响较大,而且在尾浮时会产生较大的首端压力,所以它只能用于纵向强度较强的小型舰船下水,如图 5-1-11 所示。

3)楔形下水车纵向滑道机械化下水

该滑道具有一辆架面是水平的斜船架(又称楔形下水车)。因此舰船下水时,不会使首支架压力过大,简化了下水工艺。把它与横移区以及多船位水平船台连接起来,可以提高滑道利用率,是一种较理想的纵向机械化下水设施(见图 5-1-12),图 5-1-13 为移船示意图。

这种滑道最大的缺点就是下水车尾端过高,要求滑道末端有较大的水深,在水位变化大的内河船厂,由于滑道水下部分过长,滑道末端标高过低,导致水工施工困难,费用大,且滑道末端易被淤泥覆盖。此外,受楔形架承载能力的限制,下水舰船吨位不能太大。

4)变坡度横移区纵向滑道机械化下水

它的横移区由水平段和变坡段两部分组成(见图 5-1-14)。侧翼布置有多船位水平船台的横移区,因移船的要求使横移车轨道呈水平状态,故称为水平段;变坡度的横移区,其轨道只有

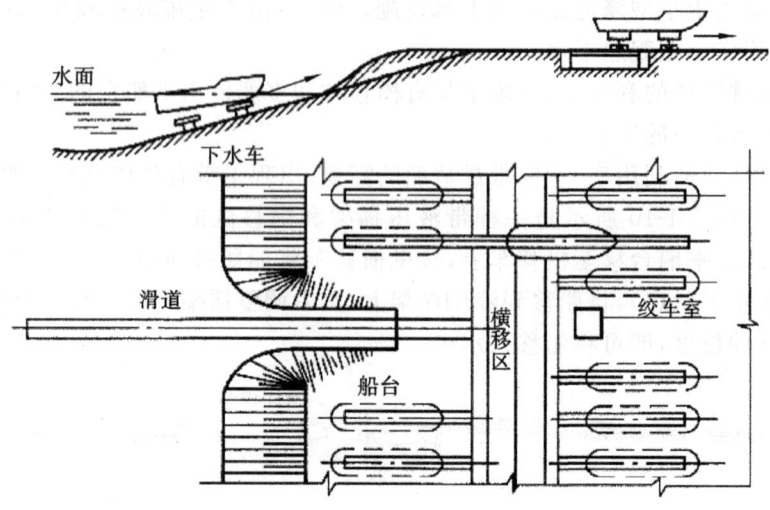

图 5-1-11　双支点纵向滑道

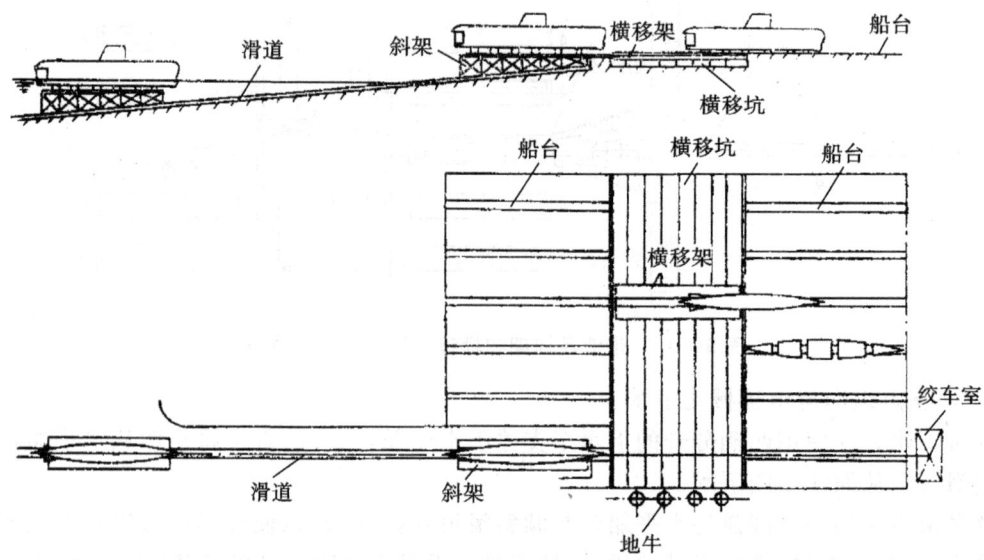

图 5-1-12　楔形下水车纵向滑道机械化下水

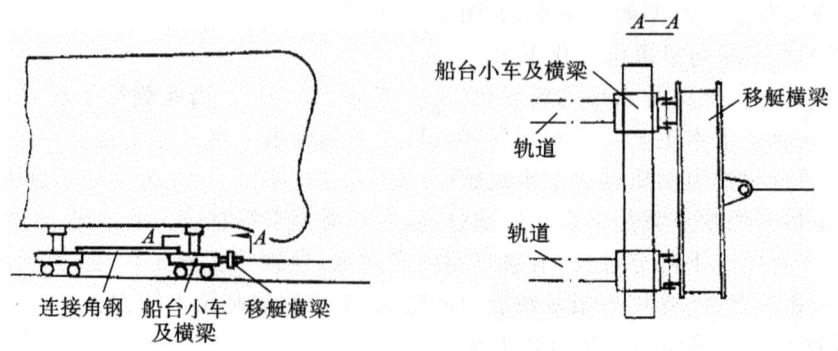

图 5-1-13　移船示意图

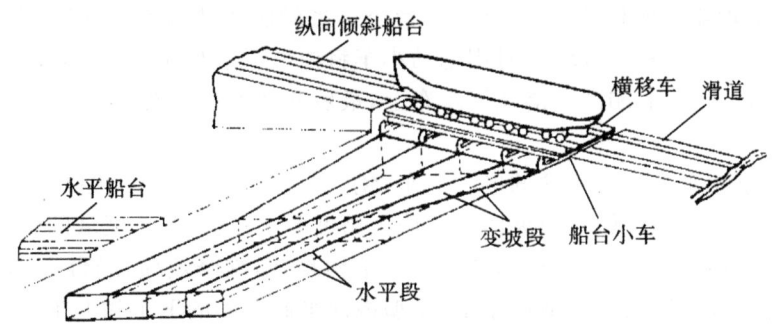

图 5-1-14　变坡度横移区纵向滑道

一组仍为水平,其他各组均带有坡度,这些轨道的坡度能使横移车在横移过程中,逐步改变其纵向坡度,最后获得与纵向倾斜滑道相同的坡度,故称为变坡段。同时,为使横移车在变坡段保持横向水平,带坡度轨道均采用高低两层的轨道方式。

由于横移区具有变坡功能,所以采用纵向倾斜滑道下水。同时,可在下水滑道纵向轴线处建设一座纵向倾斜船台,通过横移车在水平段实现与水平船台的衔接,在变坡段末端实现与纵向倾斜船台、下水滑道的衔接,使一种下水设施可以供两种船台使用。而且这种滑道是用船台小车兼作下水车的,故滑道末端水深小,滑道建设投资小,适用于小型舰船的下水、上排。

5) 梳式滑道机械化下水

梳式滑道机械化下水设施由斜坡滑道和水平横移区组成,而且和横移区侧翼的多船位水平船台连接,船台小车和下水车都是分别单独使用。

在斜坡滑道部分铺设若干组轨道,每组轨道上有一辆单层楔形下水车,每辆下水车有单独的电动绞车控制。斜坡滑道部分和横移区的轨道交错排列,位于轨道错开地区处于同水平处的连线称为零轴线,水平轨道和斜坡滑道互相伸过零轴线一定长度,形成高低交错的梳齿,所以称为梳式滑道,如图 5-1-15 所示,其作用是将水平船台上的待下水船舶转载到楔形下水车上。

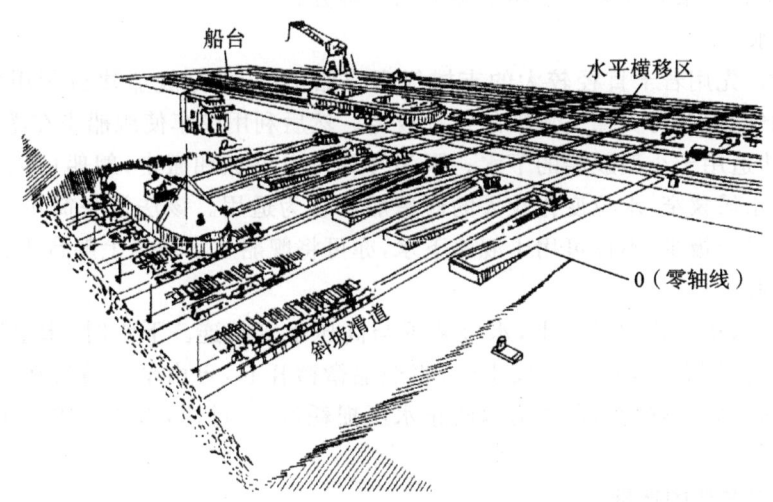

图 5-1-15　梳式滑道鸟瞰图

在进行下水作业时,将船舶置于船台小车上,开动船台小车做纵向运动,待船舶移到横移区的纵向轨道和横向轨道交错处时启动小车下部的液压提升装置提升船台小车的走轮,将车架旋转 90°后落下走轮到横移轨道上,开动船台小车将船舶运动到零轴线处,再次启动船台小车上的提升装置将船舶略为升高,此时用电动小车将楔形下水车托住船舶,降下船台小车的提升装置并移开船台小车,船舶即坐落在下水车上,最后开动下水车上的电动绞车将船舶送入水中完成下水作业。

船台小车和下水车各自有单独的电动绞车,免去穿换钢丝的麻烦,提高了作业的安全性和作业效率,下水车的轮压较低,对斜坡滑道的施工精度要求较低,各个区域的建设独立性较强,可以分期施工。但由于自备牵引设备,船台小车结构复杂,维修烦琐,船台小车走轮转向和零轴线处换车作业麻烦。梳式滑道适用于中、小型内河平底船舶的下水和上排。

6) 升船机下水

升船机就是紧靠下水岸壁设置的一个承载舰船的升船平台,利用液压或卷扬式绞缆机作垂直升降的下水设施。根据升船平台与移船轨道的相对位置,可分为纵向和横向两种类型。

舰船下水时,首先启动绞缆机使升船平台与横移轨道对准,并用定位闸固定,再将舰船移至升船平台上,解除定位闸,然后开动绞缆机,将升船平台连同下水舰船降入水中,舰船即自行浮起。

升船机的结构紧凑,占地面积小,特别适用于厂区狭小、岸壁较陡、水域受限制的船厂。此外,升船机还具有作业平稳可靠,生产效率高,适合定型批量生产等优点。但是,升船机对下水舰船的主尺度限制较大,所以该下水方法仅适用于定型批量生产的沿海中小型修造舰船企业。

7) 起重机吊船下水

小型舰艇在船台建造完成后,可借助船台起重吊装设备和水上浮吊,将舰艇吊下水。由于吊运过程中,艇体受很大的纵向弯曲,故对舰艇的纵向强度和局部强度应特别注意,以免损伤或变形。

4. 衬垫式下水

常见的衬垫式下水有气囊下水和水垫下水两种方式。

1) 气囊下水

舰船下水时,先用若干直径较大的支撑气囊将船抬高,拆除舰船建造所用的龙骨墩和边墩,再置入滚动气囊,并将支撑气囊中的空气放掉。然后利用绞车使舰船坐在滚动气囊上移向水域。这种方法适用于小型舰船的下水。因为气囊可以添加和搬走,舰船可以按需要随意停止或转向,故对水域狭窄、水位变化较大的修造船厂较为适用。该法设备简单,对船台和滑坡的要求不高,故投资极少,不仅可用于舰船下水,亦可将舰船从水域拖上船台进行修理。

2) 水垫下水

舰船设在有水垫装置的墩木上,水垫装置与高压水管相连。下水时,水垫装置通入高压水,使泄漏水流在装置与地面间形成水垫,将舰船微微托起,再由牵引装置将舰船拖曳入水。该法要求水边滩地有足够的承载能力以防止水压损耗过大、过快,水垫下水在国外已有应用,国内尚未采用。

5. 舰船下水方法的选择

舰船下水设施和船台的布置有密切的关系,两者都是船厂极为重要的生产设施,所选方案是否合理,对船厂总布置和工艺流程合理化有极大影响。

影响选择船台类型、下水方法和设施的因素很多,主要有以下几点:

①厂区面积和地形特点；②厂区岸线及其地质情况；③厂区水域宽窄及其水文特点；④水位变化规律；⑤船厂生产纲领（建造舰船的最大尺度、年建造量等）；⑥造船工艺流程总方案。

不同下水方法具有各自不同的优缺点和适用范围，选择时应从船厂实际条件出发，进行充分的分析论证。

对于内河小型船厂，由于其建造舰船的主尺度和重量均较小，且内河水位差较大，所以选用纵向机械化下水滑道与水平船台配套比较合理。因为此种下水方法不仅下水简单可靠，还便于实施多船位水平船台造船。如果选用变坡度横移区，则基本建设投资要比横向机械化下水滑道少得多。

对于中型以上的内河船厂，因其建造的舰船主尺度和重量都相对地较大，若仍选用纵向机械化下水滑道，则滑道部分的地质条件和滑道末端水深都不易满足要求，而且滑道水下部分较长，水下工程量大，所以选用横向机械化下水滑道与水平船台配套比较合理。如果厂区河岸陡直，则可选用卷扬式升船机与水平船台配套使用。

对于建造中型舰船的沿海船厂，因其水位差比较小，下水方法及设施可根据船厂实际条件，在纵向涂油滑道、横向机械化下水滑道和升船机之间进行选择。但是从改革造船方法，组建船台装配流水作业线等方面看，水平船台比纵向倾斜船台更具优势，所以横向机械化下水滑道（或升船机）和水平船台配套是比较合理的选择。

大型舰船的建造和下水，目前主要是发展造船坞造船和漂浮式下水，而且造船方法的改革和研究，主要也是以船坞造船为前提的。原因在于舰船主尺度和重量都很大，在采用其他下水方法时，对临岸水深或水域宽度要求很高，水工建筑工程量很大，漂浮式下水则可克服这些缺点。此外，船坞造船还可以降低分段起吊高度，简化起重设备和分段吊装定位作业等。

5.2　纵向涂油滑道下水分析

纵向涂油滑道下水过程中舰船的运动状态和力学现象，不仅是船台工艺设计的重要依据，也是舰船下水采取相应工艺措施的依据，因此，讨论纵向涂油滑道的下水设备和相关工艺措施之前，必须研究下水过程中舰船运动状态对船台、滑道和舰船本身的影响。

因为尾部较宽，可以获得较大的浮力而易于浮起，因此纵向下水一般是船尾先入水并且舰船在水中滑行时，尾部在前阻力较大，可以缩短冲程。

根据舰船下水的运动状态和受力情况，通常将下水过程分为岸滑、入水、滑行和全浮四个阶段。

(1) 岸滑，舰船开始滑动到刚与水面接触；

(2) 入水，从与水面接触到开始尾浮；

(3) 滑行，从开始尾浮到完全漂浮；

(4) 全浮，从完全漂浮到滑行完全停止。

纵向涂油滑道下水过程中舰船的运动状态和力学现象，一般从静力学角度出发进行考虑分析。

1. 舰船开始滑动到刚与水面接触

在这个阶段，舰船的运动方向与滑道平行（见图 5-2-1）。设滑道坡度为 β，龙骨坡度为 α，舰船的下水总重量（包括下水架和滑板等的重量）为 D_c，舰船重心为 G，下水油脂摩擦系数为 μ_0，下水支架反力为 R。此时 R 和 D_c 大小相等，作用方向相反，而且作用在同一直线上。

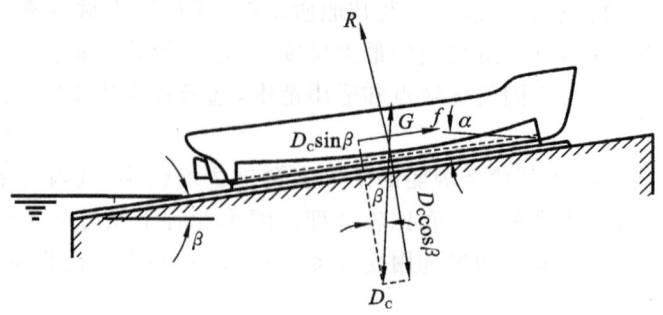

图 5-2-1　下水第一阶段示意图

从图 5-2-1 中可以看出,要使舰船在滑道上自行下滑,必须使下水总重量在滑道方向产生的分力 $D_C \sin\beta$ 大于滑板和滑道之间的摩擦力 $\mu_0 D_C \cos\beta$,即

$$D_C \sin\beta > \mu_0 D_C \cos\beta$$

则

$$\tan\beta > \mu_0 \tag{5-2-1}$$

由于 β 值很小,则 $\tan\beta$ 小,因此 $\beta > \mu_0$ 就是舰船能够自行下滑的必要条件。因为 β 值对于每一滑道都是已知的定值,因此,下水油脂的静摩擦系数 μ_0 是决定舰船能否自行下滑的重要条件。

2. 从与水面接触到开始尾浮

在这个阶段,舰船的运动方向仍与滑道平行(见图 5-2-2)。这时由于船尾已入水,产生了浮力 γV(γ 是水的比重,V 为船体排水体积),作用在浮心 C 上,它随舰船的下滑而逐渐增大。D_C 则作用在重心 G 上。设 γV 与 D_C 以及支架反力 R 距首端点 A 的距离分别为 l_C 和 l_R,则舰船在此阶段力和力矩的平衡关系式为

$$R = D_C - \gamma V \tag{5-2-2}$$

$$Rl_R = D_C l_G - \gamma V l_C \tag{5-2-3}$$

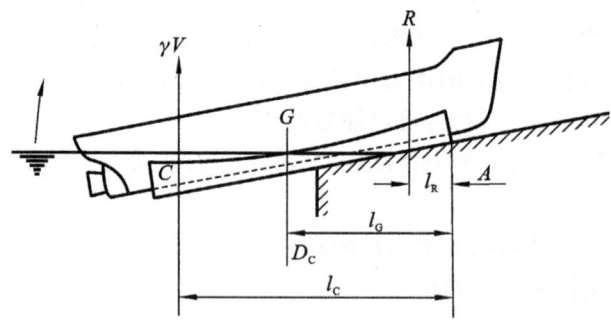

图 5-2-2　下水第二阶段示意图

此阶段中舰船可能产生两种运动状态:

1) 船尾上浮

随着舰船的下滑,γV 将不断增加,当舰船滑程 S 达到某一值时,将出现浮力和重力对端点 A 的力矩相等,即 $D_C \cdot l_G = \gamma V l_C$。这时船尾开始上浮,称为尾浮。现假定船体是一个刚体,则船尾就逐渐绕端点 A 旋转上浮,这是希望出现的正常现象。

现将式(5-2-2)代入式(5-2-3)得

$$l_R = \frac{D_C \cdot l_G - \gamma V \cdot l_C}{D_C - \gamma V} \tag{5-2-4}$$

在开始尾浮的瞬间,由于 $D_C l_G = \gamma V l_C$,且 $D_C - \gamma V > 0$,则从式(5-2-4)可得 $l_R = 0$。按照船体是一个刚体的假定,反力(即首端压力) $R = D_C - \gamma V$ 将集中作用在首支架端点 A 处。实际上下水支架和船体都不是刚体,即使这种作用力是一个相当大的瞬时动载荷,由于船体产生的变形和首部下水支架产生的压缩变形,而使首端压力分布在比较大的支承面积上。尾浮时的首端压力 R 可在下水计算中用 $R = D_C - \gamma V$ 求出,一般认为尾浮时的首端压力 R 是下水重量 D_C 的 18%～30%。

2) 舰船仰倾(俗称尾弯)

船尾入水后若浮力增加较慢,当舰船重心 G 经过滑道末端时,就会出现重力对滑道末端的力矩 $D_C l_G$ 大于浮力对滑道末端的力矩 $\gamma V l_C$,即 $D_C l_G > \gamma V l_C$ 则舰船将以滑道末端 B 为支点发生仰倾现象(见图 5-2-3)。

下水过程中如果发生舰船仰倾,就可能由于滑行惯性而使舰船冲入水底;或者由于船底和滑道末端产生很大的作用和反作用集中力,而使船底结构和滑道末端遭到破坏,甚至使舰船搁置在滑道末端上中止下滑等严重事故。

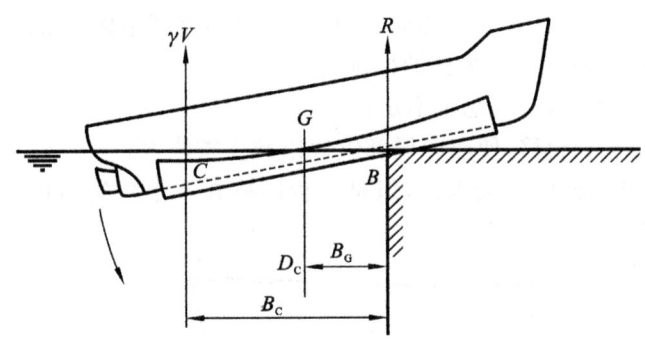

图 5-2-3　舰船仰倾现象示意图

在下水舰船和下水滑道已知的条件下,其船体重心位置和滑道坡度都是固定的,所以下水舰船是否会产生仰倾现象,主要取决于浮力 γV 的大小和浮心 C 的位置。而这两者又取决于舰船的龙骨坡度和滑道末端水深。为避免出现尾弯现象,常采用的措施有:

(1) 大潮位下水:等高潮时下水,相当于加长下水滑道,增加尾吃水,因此浮力矩增大,大于重力距,则可消除尾弯现象。

(2) 首部加载或尾部加浮箱:首部加载的目的是使重心前移,相对减小重力力矩;尾部加浮箱的目的是加大浮力力矩,这两种方法都能起消除尾弯的作用,但加浮箱的工艺较复杂。

此外,加长下水滑道的长度也能起上述作用,对尾浮有利,但需改建滑道,工程量大,投资费用多,一般不采用。

3. 从尾浮开始到完全漂浮

从尾浮开始到完全漂浮阶段,船尾将继续旋转上浮,其力和力矩的平衡关系如图 5-2-4 所示。

据图 5-2-4 可以得出其计算式为

$$R = D_C - \gamma V \tag{5-2-5}$$

$$\gamma V \cdot l_C = D_C \cdot l_G \tag{5-2-6}$$

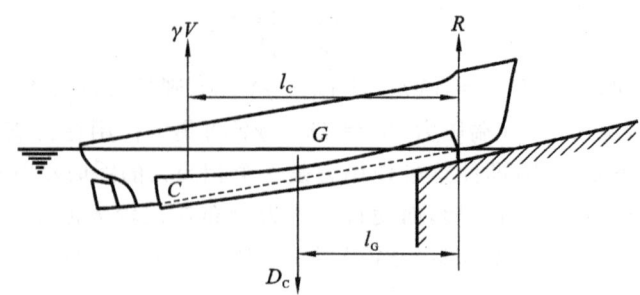

图 5-2-4　下水第三阶段示意图

当 $D_C = \gamma V$，即 $R = 0$ 时，舰船完全浮起，此阶段可能出现以下两种情况：

(1) 在首支架经过滑道末端之前，舰船已经完全浮起，顺利地在水中滑行，这是下水作业中希望出现的正常情况。

(2) 在首支架离开滑道末端的瞬间，舰船浮力仍小于下水总重量，因此出现船首猛然跌落的现象，称为首跌落。

舰船产生首跌落时，由于动力作用，船首突然下沉，其下沉深度将达到首吃水的 1.5～2 倍。它可能引起首部结构与滑道末端相碰撞，以至于毁坏首部结构和滑道末端。

为了避免出现首跌落现象，常采取的措施有：

(1) 采取大潮位下水，以防首吃水不足；

(2) 尾部加载，使重心后移，使船向尾部纵倾以减少首吃水；

(3) 在滑道末端开凹槽以增大水深，但是这种凹槽在水工建筑结构处理上比较复杂。如图 5-2-5 所示。

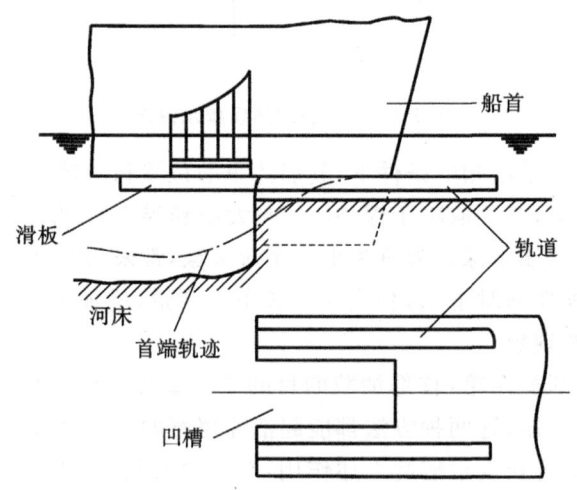

图 5-2-5　滑道末端凹槽

4. 从完全漂浮到舰船停止滑行

下水舰船完全浮起后，由于惯性作用将在水中继续滑行，受阻力作用，其滑行速度将逐渐减小，直到停止滑行，实践统计表明，舰船的这段自由冲程一般为船长的 2～3 倍。

当厂区水域较窄时，下水舰船可能与对岸或水域中的其他锚泊物、设施相撞，因此必须采取一定的制动措施，如缆索制动、阻荷制动和锚制动等，以减小舰船自由冲程。

思 考 题

1. 舰船下水有哪些方法？各有什么特点？
2. 纵向涂油滑道下水过程中可能会发生哪些事故？如何消除？

第6章　试验、试航与交船

当舰船建造基本结束，必须进行一系列试验，其目的在于检查舰船各种系统设备的质量与工况，鉴定舰船是否达到设计所要求的战术技术性能。

舰船的最后试验包括系泊试验和航行试验两个阶段。它是在验收领导小组的领导下进行的。除检验人员外，工厂要组织交船队，海军派出接船部队共同参与舰船的试验试航。在整个试验期间，试验、验收、交接和收尾工作穿插进行，组织与计划工作较为复杂，因此必须做好组织计划、物质保障和技术准备工作。

6.1　系　泊　试　验

系泊试验是将舰船停靠在工厂码头，处于系泊状态，进行各种工况试验。其主要目的是根据设计图纸、说明书及舰船建造技术规范做好单机恢复、分系统、全系统调试和交验阶段，并为航行试验做好准备工作。码头系泊试验是鉴定舰船技术性能、设计和建造质量的必要措施，是实现建造完备、使用可靠、质量优良、符合合同条件产品的重要工序。

1. 系泊试验条件

（1）艇体建造完工并经军方验收合格；设备和系统全部安装结束，影响试验的各种故障、缺陷已消除，并经军方验收合格；

（2）各种设备和系统已预调，并处于正常状态，试验按系泊大纲或方法（试验册）规定进行；

（3）码头具备的条件：保证设备运转所需的各种动力与燃料供应；设施坚固；足够的水深。

2. 系泊试验的主要内容

系泊试验的项目是按系泊试验大纲所规定的内容实施的，其主要内容包括：

（1）根据设计图纸、说明书及建造技术规程检查船体主要尺度；

（2）通过倾斜试验确定舰船的实际重量重心位置，核算舰船的稳性、抗沉性等性能；

（3）检查舱室设备、绝缘、覆盖、舱面属具的安装质量及布置和固定情况；

（4）检查舰船装置的安装质量及布置和固定情况；

（5）检查管路系统的布置，管系附件的安装和紧密性，并按直接用途检查管系的工作情况；

（6）检查所有机械装置、电气及观通导航等设备的安装质量，并启动这些机械、电气设备，检查其工作的可靠性；

（7）按图纸的要求检查武备系统和特种装置的安装质量及其联动机构工作情况；

（8）做主、辅机的动车试验，以检查主、辅机的运转性能及其系统工作的可靠性。

3. 系泊试验的组织管理

1）生产管理

（1）编制作业计划。

　　编制码头系泊试验作业计划是顺利完成码头系泊试验的关键,特别是发电机组和主机动车前的保障计划更应按程序逐一进行落实。并要合理安排甲板机械、艇内设备、电气设备、武器设备的综合交验平衡计划。

　　(2)试验人员必须熟悉试验大纲、试验方法、技术指标、工作原理、操作程序和调试方法,准备好试验用工具、仪表。

　　2)技术管理

　　(1)建立健全工艺技术质量信息的收集、汇总、分析、反馈体系并加以考核;

　　(2)工艺技术部门负责试验技术资料的准备与管理,对试验中出现的总体、系统、设备问题主动及时地进行协调处理;

　　(3)工艺技术部门协助安排、实施计划。

　　3)质量管理

　　(1)建立健全设备安装预检质量反馈体系,为缩短报验时间和减少返工时间,质量保证部门应经常进行现场巡回预检工作,并将预检情况反馈到生产管理部门;

　　(2)质量保证部门按《系泊试验大纲》要求进行验收;

　　(3)质量保证部门负责与军代表联系,做好军检前的准备工作;

　　4)检查与考核

　　(1)系泊试验作业计划实施情况;关键项目的施工节点和进度完成情况;

　　(2)安全、防火管理情况;

　　(3)施工单位内检一次合格率和外检一次合格率。

　　系泊试验结束后,工厂向军方提交系泊试验证明书。只有当船体各部分以及所有系统、设备都作了仔细检查和试验,并修正发现的缺陷后,舰船才具备出航条件。

6.2　航 行 试 验

　　航行试验的目的是检查舰船的航行性能和技术质量状况是否符合设计的要求,是否达到任务书规定的战术技术性能指标。

　　航行试验阶段指从离厂开始到海试工作结束。它是对舰船建造质量进行综合性检查和验证的施工阶段,也是舰船建造工作完工交船的重要阶段。

　　航行试验一般在指定的海区内进行。

1.航行试验要求

　　(1)保证试航的设备(航行试验交验的项目除外)交验结束;

　　(2)系泊试验结束,全艇完整清洁,涂装工程基本完工;

　　(3)生活设施如厨房、冷库等能正常运转和使用;

　　(4)确定航行试验的交验项目和程序,并确定军方认可的试航日期;

　　(5)确保压载、油、水、备品、备件以及生活用品的准备工作;

　　(6)落实发电机、主机、压载、消防、救生以及通信导航等系统的运行情况。

2.航行试验前准备工作

　　1)成立交船队

　　由施工单位提出交船队人员名单,报厂长批准后,工厂下发交船队成立文件,并宣布交船队队长及领导小组名单。交船队负责人在船离厂后对生产、安全和交船成本全面负责,每周定期向生产准备部门报告生产计划完成情况和安全情况。

2）配合海军操练

海军操练是为了海军接船部队尽快掌握舰船及其设备系统的操作、使用与维护保养技能，以适应航行试验工作的需要。

3）离厂评审

舰船离厂前由质量保证部门组织离厂评审工作，主要内容有：

（1）工艺技术部门汇报关于码头系泊试验过程的技术管理和技术工艺问题的处理情况、图纸修改完善情况以及发放修改通知单情况；

（2）生产管理部门和工程主持汇报舰船下水至离厂阶段的生产准备和组织管理情况、生产计划节点的完成情况；

（3）物资供应部门汇报采购的物资、设备订货的完成情况和代用情况及按工厂纳期计划的完成情况；

（4）安全、保卫管理部门汇报安全管理、保卫、消防管理情况；

（5）计量部门汇报测量专用测量具、仪表的计量监督与交验情况、设备鉴定控制情况；

（6）质量保证部门汇报验收项目完成、质量检验和控制情况。并通过对质量保证大纲的执行情况、质量保证体系的检查、不合格品的处理反映舰船建造过程是否处于受控状态，质量体系运转是否正常。

3. 试验内容

航行试验的项目是按航行试验大纲所规定的内容来实施的，其主要内容包括：

1）检查舰船的航行性能

（1）速率试验。

速率试验通常以主机处于 25％、50％、75％、90％、100％ 等额定负载情况下进行测试。对于首制舰船，尚需测定主机超负荷时（如 110％ 额定负载）的速率。对于批量建造的舰船可只测定 100％ 额定功率负载下的速率，但此时舰船的装载和吃水应与首制船一样。

进行速率试验前，必须测量舰船的首尾吃水，以求得舰船的排水量。试验时的排水量应为设计排水量或接近设计排水量。速率试验时必须无横倾（横倾可允许不超过 10），无首纵倾，但可允许有微小的尾纵倾。

速率试验一般在测速场进行，测速场的自然条件为海面风力不大于三级（蒲福氏），波浪不大于二级，潮流平稳，能见度良好。

（2）回转试验。

回转试验的目的是为了求得舰船回转一周的轨迹，测得舰船在各种航速和舵角下的回转直径、回转时间以及静、动横倾角。对于双推进器的舰船来说，还应测得一为正车，一为倒车时的原地回转能力。

进行回转试验要求天气晴朗，风平浪静，无流速，并有足够水深。

回转直径大小一般以船长的倍数表示，不同型号的舰船，其回转直径有所不同，但一般为船长的 3～7 倍。

（3）惯性试验。

惯性试验的目的是为了测试主机停车或倒车后的惯性冲程（自由滑行行程）及其滑行时间。掌握舰船的惯性，对防止海上事故和安全航行有很大的意义。

惯性冲程通常以船长的倍数来表示，一般情况下，仅测定舰船全速正车转为停车和全速正车转为全速倒车时的冲程和时间。

（4）航向稳定性试验。

航向稳定性试验的目的是为了获得舰船航行时的稳定状态。测量方法有两种：一是舵角不动，在规定时间内，每隔 5～10 s 测量记录一次舰船偏离航向的情况；二是航向不变，测量规定时间内的操舵次数。

（5）操舵试验。

操舵试验的目的是检验舰船灵敏度。试验时，测量舰船自 0°～左满舵、左满舵～右满舵、右满舵～0°、0°～右满舵、右满舵～左满舵、左满舵～0°所需的时间，一般情况下右满舵～左满舵所需时间应不大于 28 s。

2）抗风浪试验

对于首制舰船和负有特殊任务的舰船必须进行抗风浪试验，其目的是检查舰船在风浪中的航行性能，如舰船的运动性能（横摇、纵摇、垂荡）、首部砰击、上浪、桨叶出水、失速、结构强度以及各种装置设备的工作情况，以便综合评判舰船是否能在技术任务书规定的海况下执行任务和安全航行。

由于抗风浪试验时间长，项目多，组织复杂，故有时不包括在航行试验内，而作为专门的试验项目另行组织安排。抗风浪试验具有一定的危险性，因此必须具备各种安全措施。

3）抛锚试验

为了检查锚设备的可靠性，必须进行抛锚试验。抛锚试验区的水深一般为 40～80 m，试验内容主要包括：

（1）测量首锚和尾锚的起锚和抛锚时间、速度及电机工作情况；

（2）进行人力应急起锚，检查其方便性、可靠性以及起锚速度和操作人数；

（3）检查止锚器和起锚绞盘制动器的工作可靠性；

（4）起锚时，检查锚链进入锚链舱时的情况以及锚链在锚链舱中放置位置的正确性；

（5）检查锚与船体的吻合情况以及锚在航行中的固定情况。

4）主机航行实验

主机航行试验的目的是为了更全面地检查主机以及直接服务于主机的各个辅机设备和管路的安装质量和工作状况，并测定主机的实际功率以及润滑油、燃油的消耗量。主机航行试验以主机处于 25%、50%、75% 和 100% 的额定负荷情况下测定，对于首制舰，尚需做超负荷试验。

主机航行试验的项目包括：

（1）主机平衡试验　对主机各缸进行调整，使各缸发出的功率接近相等。

（2）主机负荷试验　考验主机持续运转的可靠性，确保舰船服役后有较好的续航能力。

（3）主机性能试验　包括操纵性能和使用性能两个方面。操纵性能试验包括启动、换向、调速和限速等项目；使用性能试验包括最低稳定转速、临界转速以及停缸等项目。

5）观通导航设备试验

观通导航设备是舰船在海上进行通信联络、航向测定以及方位确定的工具，主要包括雷达、声呐、无线电台、电（磁）罗经、定位仪、测向仪、测深仪和计程仪等设备。

航行试验中，除需要检查其在航行振动条件下的固定情况外，还需按无线电规范和相应的技术条件进行试验，以检查其在航行状态下的工况是否满足战术技术要求。

6）武备试验

武备试验包括导弹系统试验、枪炮系统试验、深弹系统试验和鱼水雷系统试验等项目。试验中需要检查发射装置、指挥仪、攻击雷达及方位水平仪等整个系统的联动协调情况,检查整个系统的平稳性和可靠性,同时还需按战术技术任务书的要求,在相应的海情下进行实弹射击。

7) 振动、噪声试验

振动试验的目的是检查舰船主机在各种不同工况下的船体总振动情况以及住舱、机舱、工作舱室、上层建筑、露天工作甲板、桅杆及武备等处的局部振动情况。

噪声试验的目的是测量舰船主机在各种不同工况下,住舱、机舱、工作舱室及露天工作甲板等处的噪声值。

8) 特种装置试验

对某些装有特种装置和担负特殊任务的舰船,还需对特种装置进行试验,如救生船上的救生钟、加压舱,远洋工作船上的深水锚,扫雷舰船上的扫雷具,登陆舰船上的登陆装置等,以考核这些特种装置的工作可靠性以及是否达到设计的战术技术指标。

4. 航行试验总结

(1) 由交船队队长负责在航行试验完毕后、交船签字前完成航行试验阶段的试验总结。

(2) 航行试验总结内容。

① 航行试验阶段的计划执行情况。

② 航行试验中的技术指标、技术问题处理情况。

③ 航行试验中各参试单位间协调解决问题的情况。

6.3 交 船

舰船航行试验及扫尾工作结束,得到军方认可的试验项目全部完成,并达到设计技术指标,签署产品出厂文件,即可交船。

1. 扫尾项目施工

(1) 舰船航行试验结束后,交船队应召开交船准备会,确定扫尾项目清单,编制施工作业计划,并组织实施。

(2) 交船队做好涂装作业与其他施工作业的协调工作。对设备要注意保护,特别是明火作业要列为重点管理。

2. 交船

(1) 当舰船航行试验项目结束,各项技术指标达到设计要求,各种备件点交完毕,扫尾工作结束,并与军方达成交船签字意向后,交船队向厂里汇报。

(2) 工厂与军方协定交船具体日期,工厂做好交船仪式安排,并通知交船队做好准备工作。

(3) 交船队向军方办理随船(含基地)的备品备件及工厂自制件的移交手续,对必须装船固定的备品备件负责组织施工。

(4) 工艺技术部门负责落实图纸资料的完善工作,档案部门负责完工图纸、文件资料的移交。

(5) 质量保证部门负责舰船质量证书和随船资料的移交。

3. 完工结算

生产管理部门提供经军方签字的完工项目单(含追加、变更和修改的项目)。经营计划部门编制军方认可的加减项目清单,组织有关部门参加军方的完工结算谈判。财务部门进行费用结算工作。

4. 质量总结

(1)质量保证部门负责编写舰船建造的质量分析报告。

(2)财务部门负责编写舰船建造的成本分析报告。

(3)物资供应部门负责编写舰船建造的物资消耗分析报告。

(4)工艺技术部门负责编写舰船建造的技术工艺总结。

(5)安全、设备与工装部门负责编写舰船建造的管理报告。

(6)生产管理部门在以上分析报告基础上编写舰船建造总结。

(7)图纸、文件资料归档。

思　考　题

1. 系泊试验的目的是什么? 必须具备哪些试验条件?

2. 航行试验的目的是什么? 必须具备哪些试验条件?

第7章 船体修理

舰船修理是指怎样保持和恢复舰船的正常技术状况和使用性能。舰船修理也是船舶工程的一部分,许多船舶企业是修造船兼有的,造船工程技术人员也应熟悉并掌握船舶修理工艺相关知识。

7.1 舰船修理概述

1. 维修的基本概念

维修(maintenance)是为使装备保持、恢复或改善到规定状态所进行的全部活动。显然,这是一个非常广义的维修概念。维修贯穿于装备服役全过程。一般维修的直接目的是保持装备处在规定状态,即预防故障及其后果,而当其状态受到破坏(即发生故障或遭到损坏)后,使其恢复到规定状态。现代维修还扩展到对装备进行改进,以局部改善装备的性能。维修既包括技术性的活动(如检测、隔离故障、拆卸、安装、更换或修复零部件、校正、调试等),又包括管理性活动(如使用或储存条件的监测、使用或运转时间及频率的控制等)。

目前,维修这个术语已在多个标准中给出了定义。

①《GJB 451A—2005 可靠性维修性保障性术语》认为维修是:为使产品保持或恢复到规定状态所进行的全部活动。

②《GB 3187—1994 可靠性基本名词术语及定义》认为维修是:为保持、恢复产品能完成规定的能力而采取的技术和管理措施。

③美国军用标准《MIL-STD-721C 可靠性和维修性术语的定义》认为维修是:使产品保持、恢复到规定状态所采取的全部措施。

上述标准对维修的定义略有区别,但从这些定义可以看出,维修有其共同因素:

①维修的目的是为了保持、恢复武器装备的规定状态,规定状态可理解为良好的可运行状态或设计最佳状态,或完成规定功能所必需的状态。

②对于没有损坏的装备,主要采取预防性措施,以保持它的规定状态,防止出现故障;对于已经发生故障或损坏的装备,则是采取措施,尽快恢复它的规定状态,以便重新投入使用。

③保持武器装备处于规定状态的活动,通常称之为维护(servicing),有时也称之为保养,如润滑检查、添加油料、清洁等。使处于故障、损坏或失调状态的武器装备恢复到规定状态所采取的措施称之为修理或修复(repair),如调整、更换、原件修复等。维护和修理不能截然分开,维护过程往往伴随必要的修理,修理过程有时也伴随着维护,所以以统称为维修。

④维修是一种活动过程,既包括技术活动,也包括管理活动。技术活动常包括检查、润滑、拆卸、分解、装配、安装、调试等;管理活动常包括制订维修方案、确定维修制度、确定和建立维修资源(如维修备件供应、维修技术手册的编号)等。

⑤从范围来讲,装备维修涉及维修中的"物"、维修中的"事"和维修中的"人"等层面。

由维修的基本内涵可知,舰船维修则指的是保持、恢复和改善舰船装备规定技术状态而在舰船装备寿命周期过程中所进行的一切工程技术和管理活动。

从不同的角度出发,维修有不同的分类方法。最常用的是按照维修的目的与时机分类,可以划分为:

(1) 预防性维修。

预防性维修(preventive maintenance)是指在发生故障之前,使装备保持在规定状态所进行的各种维修活动。它一般包括:擦拭、润滑、调整、检查、定期拆修和定期更换等。这些活动的目的是发现并消除潜在故障,或避免故障的严重后果以防患于未然。预防性维修适用于预期故障后果危及安全和任务完成或导致较大经济损失的情况。根据人们长期积累的经验,预防性维修通常可分为定期(时)维修与视情维修两种方式。

①定期(时)维修(hard time maintenance) 依据规定的间隔期或固定的累计工作时间或里程,按事先安排的计划进行的维修。其优点是便于安排维修工作,组织维修人力和准备物资。定期维修适用于已知寿命分布规律且确有损耗期的装备。这种装备的故障与使用时间有明确的关系,大部分项目能工作到预期的时间以保证定期维修的有效性。

②视情维修(on-condition maintenance) 通过检测、监控掌握装备的状况,对其可能发生功能性故障的项目,作必要的预防性维修。视情维修适用于损耗故障初期有明显劣化征候的装备,并需有适当的检测手段和标准。其优点是维修的针对性强,能够充分利用机件的工作寿命,又能有效地预防故障。

以上两种预防性维修方式各有其适用的范围和特点,并无优劣之分。正确运用定期维修与视情维修相结合的原则,可以在保证装备战备完好性的前提下节约维修人力与物力。但由于这两种方式的名称在字面上容易引起误解,在维修分析中已改用更加合理的预防性维修工作类型替代笼统的维修方式。

对装备所进行的例行擦拭、清洗、润滑、加油注气等,是为了保持装备在工作状态正常运转,也是一种预防性维修,通常叫做维护或保养(servicing)。舰员日常所作的一些工作,如日检拭、周检修、月检修和航行检修,也都属于维护保养。

此外,随着监控手段的进步和信息技术的发展,形成了状态监控维修(status monitoring maintenance,又称预测性维修(predictive maintenance))即对一种型号(或一批)装备的总体进行连续监控,通过统计分析,确定该种(批)装备或其某些重要项目的可靠性水平,以判定其是否能够继续使用;如不能满足使用要求,就应进行维修(例如更换一批某型元件或部件,尽管其中有些还未损坏)。状态监控维修的优点是可以充分利用被监控项目的使用寿命,但必须以项目故障不危害装备的使用安全或任务完成为前提。

(2) 修复性维修。

修复性维修(corrective maintenance)也称修理(repair)或排除故障维修。它是装备(或其部分)发生故障或遭到损坏后,使其恢复到规定技术状态所进行的维修活动。它可以包括下述一个或全部活动:故障定位、故障隔离、分解、更换、再装、调校、检验以及修复损坏件等。

(3) 改进性维修。

改进性维修(modification of improvement),是利用完成装备维修任务的时机,对装备进行经过批准的改进和改装,以提高装备的战术性能、可靠性或维修性,或使之适合某一特殊的用途。它是维修工作的扩展,实质是修改装备的设计。结合维修进行改进,一般属于基地级维修(造修船厂)的职责范围。

（4）战场抢修（BR，battlefield repair），又称战场损伤评估与修复（BDAR，battlefield damage assessment and repair），是指战斗中装备遭受损伤或发生故障后，在评估损伤的基础上，采用快速诊断与应急修复技术，对装备进行战场修理，使之全部或部分恢复必要功能或自救能力。战场抢修虽然属于修复性的，但维修的环境、条件、时机、要求和所采取的技术措施与一般修复性维修不同，是一种独立的维修类型，直接关系到装备的使用完好和持续作战能力，必须给予充分的注意和研究。

按维修时舰船所处的位置来分，可分为：海上修理、码头修理、岸上修理和水下修理。

（1）海上修理。是指舰船远离岸基情况下的修理，通常由舰员或支援修理力量，在海上采用原位换件修理。

（2）码头修理。是指舰船系靠在船厂或修理所码头旁进行修理，由于码头上有起吊设备，能凭借船厂或修理所力量，将装备吊离原位到车间进行较全面的修理。舰船的计划修理，大部分时间是停靠码头边进行修理。

（3）岸上修理。是指利用船坞、浮船坞、船排等维修设施，将舰船安全脱离水域，进行较为全面的修理，尤其是水下部分船体和水下装置的修理。由于坞排设施的限制，为了充分发挥坞排作用，必须严格控制舰船坞排修理的工程范围，缩短坞排修理周期。

（4）水下修理。是指舰船处于水面漂浮状态，利用水下设备潜入水中对船体水下部分进行修理。如船体水下清洗、油漆、焊接、切割、更换螺旋桨等。

维修还有其他的分类方法，例如按是否预先有计划安排，可分为计划维修和非计划维修。通常把有计划的预防性维修叫做计划维修；把不能预先计划在出现故障或损坏时进行的维修称为非计划维修。

2．舰船维修分类

按照舰船修理条例，舰船维修可分为四类：即预防性检查、计划修理、临时修理和改换装。

1）预防性修理

预防性修理分为：日检拭、周检修、月检修、航行检修和船体检查。它是舰船在航期间，不脱离部队作战序列，主要由舰员负责进行的一种维护保养制度。其目的是对舰船装备进行定期检查和保养，并为舰船的修理积累资料，提供依据。

（1）日检拭：舰员每日按照机械检拭部署，对执掌的装备进行检查、清洁、润滑、转动和调整。

（2）周检修：检查保养船体及各种装备，发现故障及时排除，每周半天。

（3）月检修：按照各种装备使用、保养条例规定的内容，对船体及各种装备进行检查、保养和排除故障。检修计划由舰艇各部门长组织制定，经舰艇首长审查报上一级同意后实施。检修时间由编队统一安排。

（4）航行检修：舰艇主动力装置（主机、锅炉等）按照使用保养条例规定使用到一定小时以及长期航行前后按各种装备使用保养条例规定的内容，进行一次工程范围较大的检修，并结合进行船体水线附近和水线以上部分除锈保养。检修计划由舰艇提出，经编队审核后，报上级机关批准后实施。

（5）船体检查：舰艇应建立船体检查组织，每三个月或在大风浪及浅水区航行、主炮射击、发射导弹、投掷深水炸弹、遭受水中爆炸之后，应对船体及有关武器、装备、技术器材的状况进行检查，并将结果记入有关经历簿和登记簿。

2）计划修理

根据船体、机电设备和其他装备已经使用的年限和工作小时，以及修理时工程拆检和修理范围的大小，计划修理的类别有：坞（排）修、小修、中修。

（1）坞（排）修。

坞（排）修是一种检修保养性质的修理，它是利用舰船进坞或上排时机，对水线以下船体及装置进行保养，排除机电设备及其他装置的故障。

坞（排）修的主要工程范围为：重点对水线以下舰体进行外观检查，外板除锈、涂漆或者局部除锈补漆；更换舰体牺牲阳极；对水下装置及附件原位检修，研磨海底门船舷阀、更换牺牲阳极及填料；修补或者更换损坏的降噪涂层以及潜艇的消声瓦；原位测量尾轴、舵轴间隙，必要时采取技术措施消除超标泄漏；按照规定工作小时及监测的实际技术状况，排除机电设备和舰载装备、系统影响航行安全或者装备使用的故障。

（2）小修。

小修是指舰艇装备使用一定年限后对舰体和各种系统装备进行的局部预防性拆检修理，视情进行系统联调，使舰艇在下次中（小）修前基本保持正常的技术状态。

小修的主要工程范围为：重点检查舰体，对局部锈蚀严重的外板、甲板、平台、舱壁、上层建筑进行修补，必要时对水线以下部分外板作测厚检查；原地检查测量轴系、舵系及水下装置，研磨海底门及船舷阀；修补或者更换损坏的降噪涂层以及潜艇的消声瓦；修理损坏的舾装件和舱室设备；检查舰艇各种机电设备和舰载装备、装置和系统，按照使用年限、工作小时、技术状况对损坏的零部件进行修换，排除各种影响航行安全或者装备性能的故障；按照规定对压力容器作定期检验。

（3）中修。

中修是指舰艇经过若干次坞（排）修与小修后，对舰体和各种系统装备进行较全面的检测、检定、校准、修理或者更换，以恢复或者基本恢复装备性能。

中修的工程范围主要包括：按照相应修理技术标准修换外板、甲板、平台、舱壁、构架和上层建筑；各类油、水柜试压；轴系、舵系、锚装置校正和修复；检修水下装置及附件；修补或者更换损坏的降噪涂层以及潜艇的消声瓦；修理或者更换损坏的油、水泵、空压机与管系；全面检测电缆绝缘，并按照相应标准更换；对主辅机以及其他各种机电设备和舰载装备、装置和系统按照使用年限、工作小时进行检查、修理、更换零部件；对锅炉、压力容器、仪表进行检验与修理、更换零部件；对舾装件和舱室设备进行修理、更换零部件，并进行涂装。结合中修可进行舰艇装备改装。

（4）计划修理周期结构。

修理间隔期是指上次修理完工到下次修理开工的间隔时间。为了统筹舰船的计划修理，有计划地组织实施修船，根据各类舰船及其装备的损耗规律，各类舰船的各类修理间隔期和在修时间，一般会作出明确的规定。

舰船从交付至部队列编服役开始，到退出现役的整个服役期间，称为使用寿命周期，即服役期。对服役期内，各类修理的类别、次数和先后排列次序的统一安排，称为修理周期结构（亦称修理结构）。图 7-1-1 为舰船的修理周期结构的一种形式。

在修理周期结构中，不同类别修理的工程范围和在修时间是不相同的，但各类修理之间的修理间隔期应大致相同，以便根据装备损耗规律和间隔期来组织各类修理的工程项目。例如：装备损耗期等于间隔期，则每类修理中都应组织对该装备进行修理；若损耗期等于两倍间隔

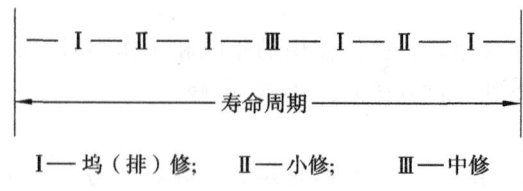

图 7-1-1　舰船的修理周期结构之一

期,则可在小修时组织修理;若损耗期等于四倍间隔期,则在中修时组织修理,等等。如果损耗期不为间隔期的整数倍,则往往是提前在上一次修理中进行修理。

　　舰船修理间隔期确定过程中,在明确了舰船需进行定时修理的装备之后,根据这些装备各自的损耗、故障规律和实际使用、维修的经验,可进一步确定各装备进行预防性修理的时机和间隔期,维修工作的内容、类型和等级。在此基础上,对各类基地级预防性修理装备的修理时机、间隔和工程范围进行综合分析,并根据舰船的服役年限、实际所能提供的维修保障条件和舰船全系统、全寿命管理的要求进行优化组合,从维修经济性和舰船可用性等方面进行权衡择优,从而最终确定舰船的修理间隔期。

　　3)临时修理

　　临时修理分为:日常临时修理、事故修理和战损修理。

　　(1)日常临时修理　舰艇在航期间,对舰艇装备发生的故障,监测、监控发现的隐患,自修中的舰员不能修复的单项工程等进行的修理。日常临时修理由舰艇按规定的格式填写修理工程单,通常由舰船技术保障大队等中继级修理机构承担修理工作,不能承修时,由修(造)船厂等基地级机构承担修理工作。

　　(2)事故修理　船体及各种装备发生事故后所进行的修理。事故发生后,按事故判定条例,首先由舰艇部队写出事故报告,呈报司令部门和装备维修部门,查明损坏情况、事故原因和判定责任后,舰艇部队按规定填写修理工程单,报装备修理部安排修理。对危及舰艇安全的事故,应立即组织抢修,同时上报。

　　(3)战损修理　舰艇遭到战损时所进行的修理。舰艇战损时,首先应组织舰员进行抢修。各级装备维修部门应按上级指示,就近组织军内外修理力量进行抢修。

　　4)舰船改换装

　　舰船装备改装是指改变船体结构、装置、武备、系统等原有的技术状态、性能或用途,其改装工程一般应结合计划修理进行。它与修理的区别是,修理只是保持或恢复装备的原有性能,而改装会改变原来的技术状态,所以改装不同于修理。但是,在舰船修理中,以同型号的装备替换已损坏的装备,或以不同型号而作用相同的零部件、材料进行代用,则属修理措施,不属于改装。舰船改装一般分为四类:

　　(1)现代化改装。改变舰船装备使命任务、基本战术技术性能和通用互换性的改装,称为重大改装或者现代化改装,现代化改装要结合计划修理进行。

　　(2)用途改装。是为改变舰船用途,而相应改变战术技术性能的改装。

　　(3)一般性改装。是对原有船体、装备及系统局部改变形状、位置、结构等,或者增添、减少某些简单的装备以达到改善工作条件或有利于战斗操作的改装。

　　(4)增、换装。为简化型号,结合舰船装备修理,用制式装备替换原有装备,或因原装备老旧无法使用,而以性能好但用途相同的装备替换,称为换装。为舰船增加新式装备,称为增装。增、换装中,非制式装备不得作为增、换装备。

3. 舰船修理的一般过程

舰船修理大致要经过制定修理计划、进行修理前的生产和技术准备、确定修理工程范围、签订修船协议合同以及组织实施等过程。

1）制定修理计划

制定修理计划是为了保持舰艇的在航率，统筹安排舰艇修理，合理使用修理经费，平衡各修船厂（所）的生产负荷。舰艇修理计划分为长远规划、年度计划和季度计划。各级装备修理部门必须按照舰艇修理条例规定的依据、内容和程序进行各项计划的制订工作。

2）修船前的生产与技术准备

修前准备工作，由审批工程项目的装备修理部门负责，并组织预定的承修单位和有关部门共同完成。除特殊情况外，均应按期做好准备，方可允许舰船进厂修理，其主要内容有：

（1）器材订货。各单舰修理需要的专用器材和成套设备，应提前由装备修理部门组织，并会同预定的承修单位，提出订货项目与规格要求；其他物资由装备器材部门提出项目与要求，统一汇总，编制器材配件订货清单，并负责进行订货。

（2）制作预制件。单舰修理用的预制件，由装备修理组织，编写工厂预制件清单。预定的承修厂按规格要求进行生产制作。

（3）结合本年度承修单位修理任务，装备修理部门、承修单位及有关部门人员，对待修舰船的船体、机械、装置、系统及其他装备等进行勘察，初步确定进厂（所）修理时的主要修理项目、设备需要量和修理经费预算，并预先制作各种维修专用器材。

（4）承修单位提前进行施工准备，制造专用设备与工具，制定有关技术措施，收集和测绘修理中所需的技术文件和图纸，进行人员技术培训，以及准备工艺文件等。

3）确定修理工程范围

确定修理工程范围是舰艇修理中的一项重要准备工作，大致要经过下列步骤：由舰上编制和呈报修理工程单，经相应装备修理部门审批后分交舰方和承修单位；承修单位接到工程单后组织人员上船进行初步勘验，必要时进行预试航（即勘验试航），以进一步了解机械和装置的实际技术状况.并初步确定需要在坞内进行勘验的项目，最后根据初步勘察结果编拟施工明细单；舰船进厂后，承修单位对隐蔽工程进行拆卸勘验，编制拆检鉴定单，进一步确定隐蔽工程的范围。

此外，舰方在修理期间还可以提出追加工程。所谓追加工程，包括两方面内容：一是遗漏工程，即编写工程单时没有呈报而遗漏的工程，以及呈报工程单后进厂之前新发生故障而必须由承修单位修理的工程；二是隐蔽工程，即施工中新发现的隐蔽缺陷。

4）签订修船协议和合同等文件

舰船修理时，与承修单位签订的主要文件有：进厂协议、技术协议、修理合同等。

（1）签订进厂协议。已经完成或者预计舰船进入承修单位之前可以完成准备工作，具备进入承修单位条件时，在修理监督部门代表的主持下，舰艇、承修单位双方签订舰艇进入承修单位的协议。

（2）签订技术协议。船体、机电设备及其他装备的修理技术要求，应以海军颁发的各项修理技术标准为依据。对于尚缺技术标准的修理项目，或预计装备修复后的技术状况达不到标准时。应由舰、厂双方在修理部门代表主持下签订技术协议，作为修理后提交验收的依据。

（3）签订修理合同。

签订合同的目的是为了有计划地组织生产，按质、按量、按期地完成修理任务，防止完工后可能引起的争议。同时,它又是进行验收、付款的依据。合同一经签订,便具有法律上的约束作用。

5) 组织修理工程的施工

舰船计划修理的施工阶段通常可分为 9 个阶段,即卸油清舱测爆、设备拆卸出舱、内场/原位拆检报料和修理报检、设备回装报检、单机(系统)调试报检、系泊试验报检、航行试验、扫尾工程、完工交船等阶段。通常舰船修理过程的进度通过网络计划图来控制进度,图 7-2 就是一种舰船修理的网络计划图。

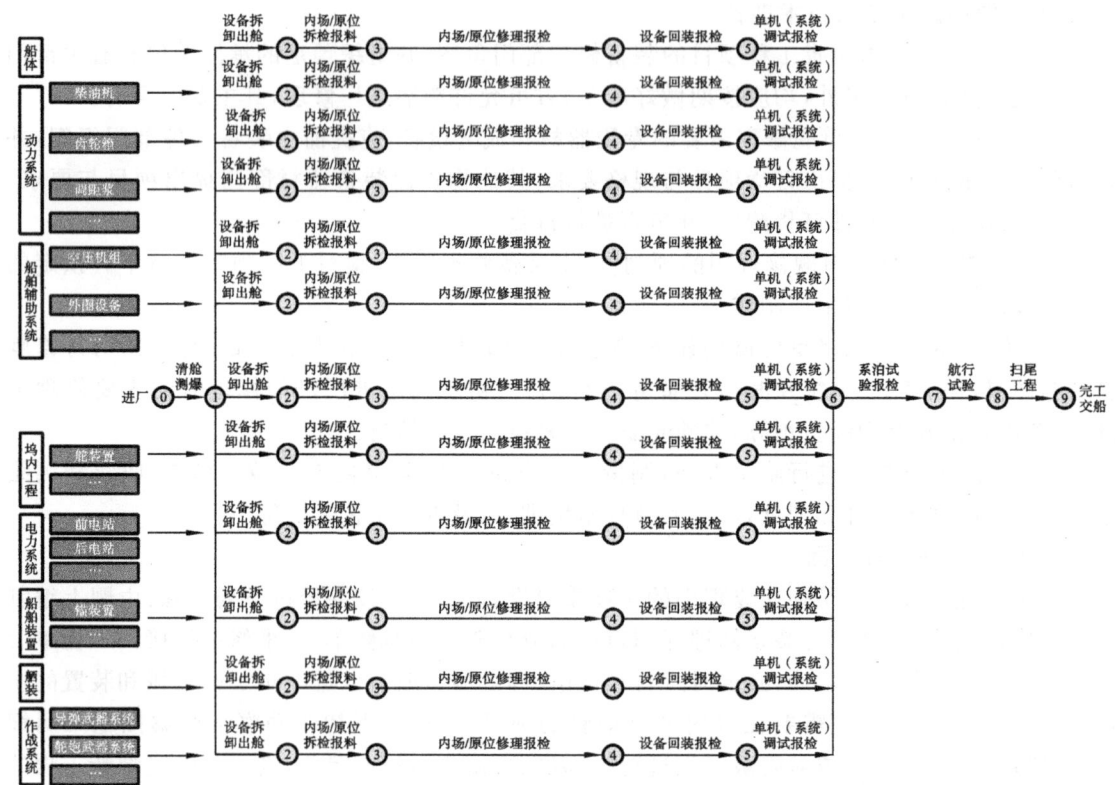

图 7-1-2　舰船修理网络计划图

7.2　舰艇的进出坞与上下排

舰船修理,尤其是水线以下部分的修理,必须使舰体露出水面。为此,修船中就有各种各样的起船设备,最常用的有船坞(干船坞、浮船坞)、滑道等。

舰艇在水中漂浮时,其本身的重量靠水的浮力支持,并处于重力与浮力相平衡的状态。如果舰艇上重量与浮力的分布合理,舰体结构坚固,那么,舰体在水中的强度和稳性是有保证的。然而,在舰艇进坞或上排的过程中,水的浮力逐渐由墩木的反作用力所代替。显然,墩木反力对舰体的支持状态与浮力是不一样的。由于舰艇支持状态的这种变化,使得作用在舰体结构上的外力和舰艇的稳性也相应地发生了改变。如果处理不当,就可能使舰体产生某种变形,或者致使舰艇倾翻。

对舰艇进出坞(上下排)最基本的要求是保证舰艇安全,即保证舰艇在进出坞(上下排)过程中有足够的稳性,不至于翻掉;保证舰艇不因进出坞(上下排)而产生不允许的结构变形;保证进坞(上排)后便于施工修理和保养。

1. 舰艇进出坞

1) 舰艇进坞

(1) 准备工作。

舰艇进坞时,舰方的准备工作如下:

①卸去弹药、油、水、舢板、小艇等物。一方面是为了减轻舰船的入坞重量,对保证舰体的强度,避免舰体发生变形是很有意义的;同时,这样可减少舰艇的吃水,对舰艇进坞也是有利的。另一方面,卸去油、水之类的流动载荷,从消除自由液面影响的角度来看,对保证进坞舰艇的稳性也是有利的(当然,如果油、水原来的重心位置较低时,卸去重心位置低的重物,将使舰艇重心升高,这又会使舰艇的稳性降低。必要时,应当用加固体压载物的办法来提高稳性)。卸去弹药、燃油等易燃易爆品,对保证安全、防止修船时发生火灾和爆炸事故是很重要的。

②固定各种能够移动的重物,如固紧锚、舵、轴系等。

③清洁舰体内部:进行全舰大扫除,关闭厕所、浴室等。若油柜需要修理,则事先要仔细地清洗,用拭布揩擦,用碱水浸洗或用蒸汽吹洗,并进行通风。

④调整舰艇横倾与纵倾。根据舰艇进坞的实际载重状态进行浮态和初稳定性计算,并进行实际装载检查,按浮态和稳性计算的结果调整舰艇状态。对于水面舰艇,要求舰艇横倾不超过 0.5°,但其纵倾艏艉吃水相差不超过 0.4% 设计水线长。潜艇纵倾角和横倾角应调至 0°,若龙骨墩有纵倾,则艇的纵倾与龙骨墩的纵倾角度应相同。

⑤作出进坞定位用的甲板中心线和肋骨标志线。

船坞内的准备工作如下:

①按照入坞图布置墩木,设置定位浮标(见图 7-2-1)、定位测锤(见图 7-2-2,用于同舰艇上设置的甲板中心线或肋骨标志线对齐),并加以固定。

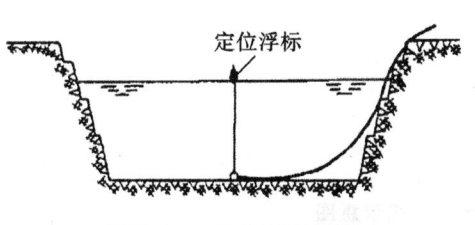

图 7-2-1　定位浮标简图

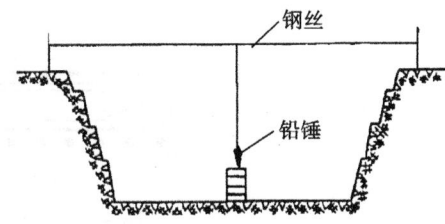

图 7-2-2　定位测锤简图

②选择潮位,确定进坞的具体时间。为保证舰艇安全进坞,在进坞前,必须根据船坞的情况、墩木的高低、舰艇的吃水以及潮汐的变化情况,并考虑到必要的安全裕度,来具体确定舰艇进坞的准确时间,必要时应将进坞要求的潮位用油漆标在坞墙或水位标尺上。坞内水位的要求按式(7-2-1)来计算。

$$H \geqslant T + a + h \qquad\qquad (7\text{-}2\text{-}1)$$

式中:T ——舰艇进坞时的最大吃水(应计及声呐导流罩);

$\quad a$ ——船(艇)体最低点距墩木最高点之间的裕度(不小于 300 mm);

$\quad h$ ——最高墩木的高度。

③准备好脚手架、撑木、跳板以及必要的修船用具和设备;

④清理船坞,扫除坞底,搬走不需要的物品,脚手架移到坞外或卧倒在坞墙边。要防止漂

浮物品在潜艇坐墩时被压在墩木上；

　　⑤准备牵引潜艇用的索具和工具，运转绞盘和绞车，检查水泵和灌水装置；

　　⑥准备拖车和带缆的小艇。

　　（2）舰艇进坞过程。

　　①船坞放水。船坞放水是通过坞闸闸上的阀门放进来的，一般分两个阶段进行：第一阶段用部分阀门放水，以避免冲掉已铺好的墩木。待水位高出墩木时应暂停放水，并检查有无墩木漂浮，如有漂浮应立即采取措施，对漂浮到水面的垃圾，要及时清除。第二阶段即可打开全部阀门放水。

　　②开启坞闸门。当坞内水位与坞外水位相接近时，即可排除坞闸内之压载水，使坞闸门浮起，然后依靠绳索用人力或机械力把它拉开。

　　③舰艇进坞。进坞舰艇由拖轮逆流拖至坞口，然后将舰上缆索传递给岸上，用坞口绞盘拉曳舰首的缆索，并用舰尾处的拖轮挟持着舰艇旋转，使舰艇对准船坞中心线（见图 7-2-3(a)）；当舰首进入坞口后，舰首的缆索就转移到坞首的绞盘上，以继续拉曳舰艇前进（也可以用人力拉曳）。同时将尾缆系在坞口的系缆桩上，以防止左右摇动（见图 7-2-3(b)）；待舰艇全部进坞后，即可进行定位，并用缆索将舰艇固定（见图 7-2-3(c)）。

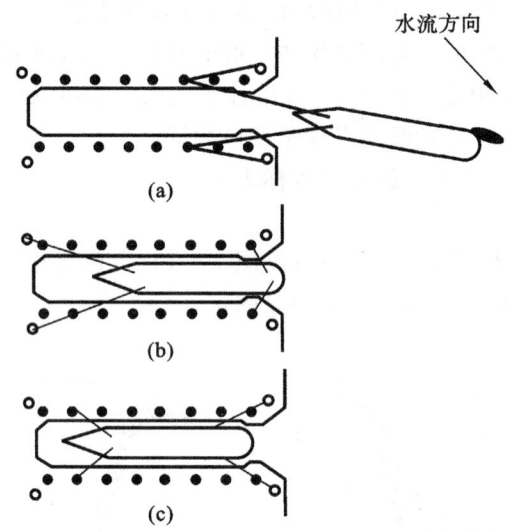

图 7-2-3　舰艇进坞的操作过程示意图

　　④关闭坞闸门。当舰艇进坞后，即可把坞闸门拉回到坞槛位置，开启进水阀，往坞闸门内的压载水舱注水，闸门渐渐沉下，堵住坞口。

　　⑤坞内排水、舰艇定位和落墩。关闭坞闸门后，在将坞内的水排出的同时进行定位工作。在排水过程中，要保持舰艇处于正直状态以及保持定位的准确性。在舰艇接触墩木之前，应停止排水，派潜水员下去检查船体与墩木之间有无障碍物，然后继续排水。

　　⑥坞内水排干后的检查。当坞内水排干后，应随即检查舰艇的坐墩情况，如发现有船体与墩木接触不紧密之处，应以楔木打紧，并应在墩木吃力较大的地方，设法架设支撑或补充墩木等办法来加强。

　　2）舰艇出坞

　　当舰艇在坞内修理工作结束后，舰艇就可出坞。

（1）准备工作。

舰艇方面的准备工作如下：

①检查坞修工程是否结束；舰体水下部分应堵塞的孔口是否全部堵塞；舵及轴系是否正常；

②检查出坞舰船的稳性，应尽可能使舰艇上的装载，恢复到进坞时的装载状态；

③固定可移动的重物；

④关闭舷窗、人孔、水密门和海底门；

⑤准备损管工具和器材。

船坞内准备如下：

①拆去脚手架、跳板等与舰艇有联系的设备；

②清洁坞内，并去除垃圾，以免坞内注水后，堵死舰体舷外孔及坞下水道；

③将墩木及支柱等压住，防止坞内注水时浮起；

④检查坞内情况是否良好；

⑤选择潮位，确定出坞时间，其要求基本上与进坞相同。

（2）舰艇出坞一般过程。

当准备工作就绪，即可使舰艇出坞。舰艇出干坞船的操作过程如下：

①向坞内灌水。灌水前将舰艇用缆索固紧于坞壁系缆桩上，防止舰艇浮起时左右摆动。灌水分两步进行，当水淹过通海阀但舰艇尚未浮起时，组织人员检查舱，检查各舱室外壳板及各种孔口是否有漏水现象，并采取补救措施；然后继续灌水使舰艇浮起，检查艇的浮态及水密性，如有异常现象，应停止灌水进行排除。

②开启坞门。当坞内水位与坞外水位大致相近时，开启闸门，使坞内外水位相通。

舰艇浮起后，用坞口的电动绞盘拉曳舰首的缆绳，令其沿船坞轴线方向向坞口移动。此时，在首尾各用一对缆绳，随着舰艇的移动，交替地由一对系缆柱移到另一对系缆柱上，以保持在任何位置均有缆绳系在船坞两侧的一对系缆柱上，使舰艇在移动过程中，不致偏离坞轴线而碰撞坞壁及坞口，如图7-2-4(a)所示。当舰尾出坞口时，在坞口两边用碰垫防止舰舷与坞口发生碰撞。一般出坞时需要两艘拖轮，一艘停在坞口，另一艘停在坞外水域。当船尾出坞口后，即用坞外的拖轮进行拖曳，如图7-2-4(b)所示。舰船全部出坞后，即松开缆索，将停在坞口的拖轮靠向船首旁，扶持着舰艇转移至停泊场，如图7-2-4(c)所示。

舰艇出浮船坞时，先用拖轮将浮船坞拖到沉船坑处进行抛锚定位。然后向浮箱注水使浮船坞下沉，下沉过程中要严格控制浮坞四角的吃水，保持平稳下沉。待舰艇刚浮起即进行查舱检漏，当舰艇水密性有保证时，再使浮坞下沉1m左右，即停止下沉，解除固定舰艇缆索，从艇首将舰艇拖曳出坞。

2. 舰艇上下排

舰艇上排前的准备工作，如卸去弹药、油水，关闭舷窗、水密门，固定可移动载荷，保持舰体平衡等，以及根据舰艇上排图铺设墩木等，这些都与舰艇进坞的准备大致相同，不再重复。

1）最低潮位计算和船墩定位方法

准备工作完毕后，即可将板车（连同船台小车及墩木）放下水去，将舰艇引至其上方并定位，然后，将舰艇与板车一同拖上来，检查坐墩情况。这就是上排的过程。这中间的主要问题是：什么样的潮位条件下可以允许上排以及怎样定位，下面将分别介绍。

（1）关于允许上排的最低潮位的计算。

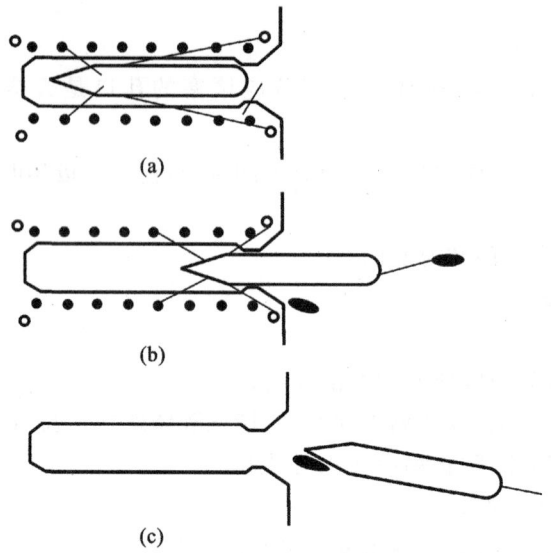

图 7-2-4　舰艇出坞操作过程

　　进行这一计算的目的在于保证舰艇进墩时,船底和墩木之间保持足够的间隙,以免进墩时碰坏船体或墩木。特别是保证在退潮前有一定的定位时间,防止舰艇还未进墩定位,已开始退潮而发生危险事故。

　　进墩时所需要的最低潮位,随滑道种类的不同而不同。

　　对带平板车的纵向滑道:

　　由图 7-2-5 所示,滑道末端处的水深 H 为

$$H = T' + h_1 + h_2 + a \tag{7-2-2}$$

式中:T'——舰艇在板车前段处的吃水;

　　　h_1——包括墩木在内的板车高度;

　　　h_2——等于滑道长度 $L \times i$,其中 i 为滑道的坡度;

　　　a——安全裕度,一般取 0.3 m。

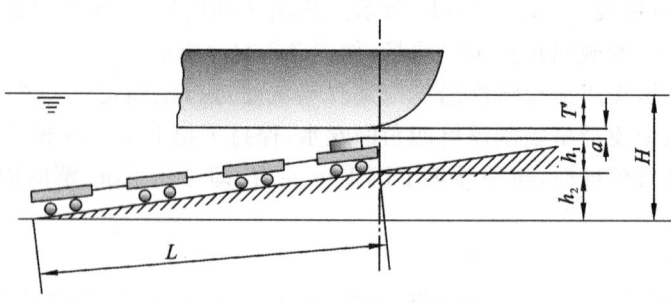

图 7-2-5　分节平板车滑道末端水深

　　对于带楔形船架的纵向滑道,由图 7-2-6 所示,滑道末端处的水深 H 为

$$H = T_k + h_1 + h_k + a \tag{7-2-3}$$

式中:T_k——舰艇艉吃水;

　　　h_1——包括墩木和船台小车的高度;

　　　h_k——楔形板车后端高度;

a ——安全裕度,一般取 0.3 m。

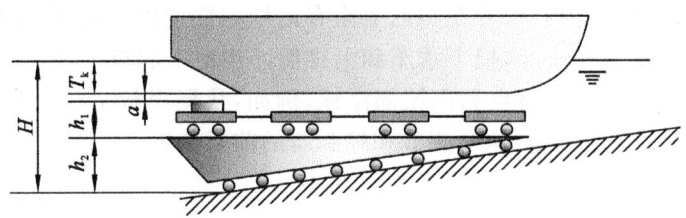

图 7-2-6　楔形板车滑道末端水深

对于高低轨道的横向滑道,由图 7-2-7 所示,要求随船车外侧的水深 H 为

$$H = T + h_1 + h_2 + a \tag{7-2-4}$$

式中:T——舰艇吃水;

　　　h_1——包括墩木的随船车高度;

　　　h_2——带高低轨的起船板车的高度;

　　　a——安全裕度,一般取 0.3 m。

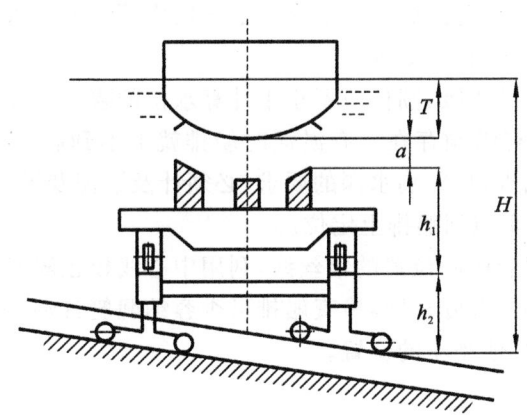

图 7-2-7　高低轨横向滑道水深计算

(2) 船墩定位。

坐墩定位所要解决的问题是怎样使上排舰艇按照既定的墩木布置方案准确地坐墩,也就是使艇的中央龙骨线和墩木的中心线重合,从纵方向看,则要使各肋骨位置和相应的墩木位置相一致。

①横向定位法(靠船柱法)。

靠船柱装于小车的一侧,一般前后共装两根,固定艇的纵向位置只要以艇体相应的肋骨对准靠船柱即可,而为了确定艇的横向位置,则只要掌握好艇的甲板舷边至靠船柱的距离 d 的大小即可,如图 7-2-8 所示。

②纵向定位法。

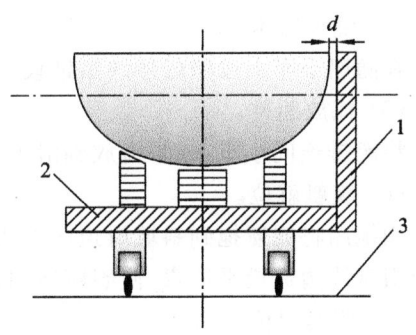

图 7-2-8　靠船柱法
1—靠船柱;2—下水车架面;3—随船车

纵向定位法如图 7-2-9 所示,一般在艉端滑道竖立 2～3 根标杆,凭人的视线对正标杆和艇艉中点,检查 3-4 线的连线是否在一直线上,尾端则用浮标系于下水车,尾部的中央作为观

察标准,而艇与随船车的前后位置则用浮标系于艇中的边墩上,而后在船上将此浮标的绳子拉紧,观察水上浮标的位置是否和预先在船舷上涂有记号的位置相一致,定好位了以后可把艉钢缆和下水车的拉曳钢缆系在一起,把下水车和上排艇同步地一起拉上坡。

有时在确定艇的前后位置时也利用尾部浮标,例如,从尾甲板上放一悬锤下来,根据事先算好的尾甲板端点到浮标的距离 d 来调节和控制艇的前后位置。

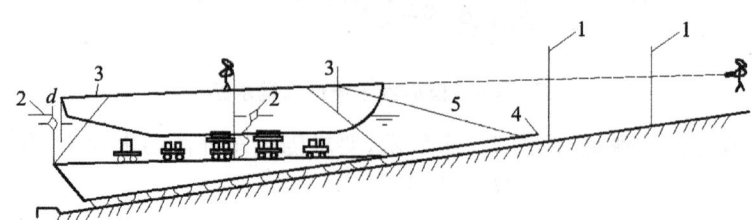

图 7-2-9　纵向定位法

1—标杆;2—浮标;3—定位钢缆;4—拉曳钢缆;5—艇首缆

2)舰艇上排

现以横向高低轨滑道船排为例,介绍潜艇的上排操作顺序及要求。

(1)计算上排水位,选择上排日期。

要求上排时风力不超过 4 级,潮位应不小于计算水位的要求。计算时,应考虑到滑道底端有无淤泥淤积,舰艇是否有纵倾存在。有淤泥时船排就下不到底端,即应采取消除淤泥的措施。有纵倾将增大艇的吃水,将影响水深的要求,必须计及淤泥及纵倾的影响。

(2)将随船小车用绞车拖到船排上定位。

首先在船排上拉出舰艇中心位置的钢丝线,利用中心线校正随船小车的左右位置,测量首端车所在位置至舰艇首端的实际长度,检查船排可否容纳舰艇首端,由此定出首端小车的前后位置,并按既定间距定出其他小车的位置。

(3)竖立定位标杆。

沿钢丝中心线,在船排首尾小车之外既定距离上各竖两根标杆,使标杆垂直地固定于船排上,并在其上作出水位标志。

(4)铺设墩木。

在随船小车上按照船体线型铺设墩木,经检查合格后将小车及墩木进行固定。

(5)拖放船排。

将船排连同小车一起,拖放到滑道下端预设的水深处。

(6)舰艇就位。

用拖船将舰艇拖到斜坡滑道区的水域,系上两根平衡索及牵引钢缆。然后,边用绞盘机绞动牵引钢缆边放松平衡索,使舰艇横向进入船排墩位的上方就位。

(7)舰艇定位。

调整舰艇使其对准标杆中心线,测出艇首与标杆间距,从而使舰艇对准墩木位置定位。

(8)牵艇上排。

由指挥者发出信号,同时启动绞车牵引船排和舰艇,同时沿滑道向上拖动二者,并随时观察舰(艇)位予以调整。在牵引过程中,水深不断减小,船(艇)底与墩木逐渐接近,直到上排坐墩。舰艇坐墩以后,应暂停牵引,潜水员检查坐墩位置是否正确,若不正确,则松缆慢慢放入水中,调整艇位,重新上排。

（9）移艇上船台。

舰艇正确坐墩后，继续沿滑道牵引船排，直至拖到滑道水平部分的横移区，改换缆索，将艇连同随船小车由船排拖到船台上，并校正各小车的相对位置，使小车墩木符合船体线型。也可在船台上重新搁墩，拆去随船小车。

至此，舰艇脱离水域便可在船台上进行修理。

3）舰艇下排

舰艇修复下排时，按上排的相反过程将船排及舰艇送下水，舰艇浮起，即完成下排。为保证下排时的安全，应当注意以下事项：

（1）检查下排舰艇是否具有足够稳性，以免下排后因稳性不足发生事故。

（2）检查潮位，是否有足够的水深。

（3）检查舰艇的水密性，当艇底已淹水但尚未起浮之前，应暂停下排，检查内舱有无泄露。水密性有保证后再继续下排，直到舰艇浮起。

7.3　船体损耗及勘验

1. 船体损耗的原因

舰船在使用过程中，经常受到各种外力的作用，加之人为的因素影响，会使舰船发生损耗，影响舰船的战术技术性能和正常使用，究其原因大致有如下几方面。

（1）外力作用。

由于舰船长期工作航行在海洋环境中，经常受到风浪的冲击，舰船在波浪上经常处于升降、摇摆、回转等运动状态中，又不断地受到弯曲应力和扭转应力的作用。同时舰体还受到火炮、导弹等武器发射时后坐力和气浪冲击力的作用以及由舰艇动力设备等引起的振动力的作用。战斗中还会受到空中和水中爆炸产生的爆炸冲击力的作用。

（2）腐蚀作用。

金属舰体在海洋环境中的腐蚀是时时刻刻在进行中的一种自然损耗。按其机理可分为：电化学腐蚀、海生物腐蚀、空泡腐蚀、冲击腐蚀和电腐蚀。

①电化学腐蚀　这是一种由原电池作用而引起的腐蚀。海水是电解质溶液，船体除钢铁外还有其他金属材料构成，即使没有其他金属材料，舰体用钢本身就是铁碳和其他元素构成的合金，晶体结构也不一样，因而在海水中各部位产生不同的电极电位，形成电化学腐蚀。同时，舰体半浸在海水中，靠近水面附近的氧的浓度高，在水中的氧的浓度低，从而形成浓差电池的腐蚀现象。

②海生物腐蚀　这是由于海生物附着在舰体水下部分而引起的。海生物附着船体，又称污底。不但影响航速，也造成腐蚀。一方面海生物分泌出侵蚀性产物直接引起的化学反应而使舰体腐蚀；另一方面，由于海生物的附着，使舰体某些局部形成氧的浓差电池，引起附着物下面舰体的强烈腐蚀；另外，由于海生物的附着，破坏舰体油漆，造成局部区域的电化学腐蚀。

③空泡腐蚀　这是螺旋桨高速旋转产生高速流体在金属局部区域造成负压而产生空泡，当空泡破灭时，流动介质挤入空泡所占空间而产生巨大的冲击力引起金属腐蚀性破坏。这种腐蚀多发生在螺旋桨及导管中。

④冲击腐蚀　金属舰体在流动的海水中，其腐蚀速度比静水中的要快得多，特别是当水流的速度超过某个临界点时，便会发生强烈的浸蚀。当流动海水在某局部形成涡流区，常有空气

泡卷入海水中,当其冲击舰体时,表面的金属保护膜常被破坏,因而形成局部浸蚀。这种腐蚀与空泡腐蚀往往是同时出现。

⑤电腐蚀　当舰船入坞修理或停靠码头,由于本船或其他舰船进行电焊等操作,如果采用单线供电线路,停放在码头上的电焊机输出的电流,经过船体和海水回到岸上电焊机的负极,这样船体位于码头的一舷就成为阴极而遭到严重腐蚀;有些船虽然本身没有进行焊接作业,但由于停靠水域内散杂电流的作用而造成腐蚀,如与单线电路进行焊接工作的船并排停靠就会产生这种腐蚀现象。电腐蚀的特点是集中在舰体水下部分油漆脱落处、漏刷油漆处及凸出部位,这种腐蚀速度快,危害也较大。

（3）人为作用。

由于人对舰船的使用与管理中因思想麻痹、工作失职、管理不当、指挥操纵错误和违反条令条例、规章制度致使舰船触礁、碰撞、搁浅、起火和爆炸等,造成舰体和武器装备、动力装置、技术器材损坏,甚至造成舰船沉没报废。

2. 船体损耗的类型

（1）腐蚀剥落。

舰船在海水中由于腐蚀作用而遭到锈蚀,甚至发生剥落。如舰船水线附近、推进器工作区、焊缝及铆钉接合处,特别容易遭到腐蚀剥落;又如舰船内部某些经常积水以及潮湿又不易保养的部位腐蚀也比较严重;再如甲板表面,上层建筑和某些舱室的围壁腐蚀也比较严重,尤其是舱室部位的铝合金结构,腐蚀得更快。

（2）磨损。

舰体磨损通常只发生在局部位置,如锚穴附近以及锚链、钢缆经常通过的部位。内河船舶和登陆舰艇的底部磨损也比较严重。一般说来,这些部位在设计时已考虑到磨损的因素,因此虽然磨损严重,但并不影响船体的结构强度。

（3）污底。

海洋生物附着在水线以下船壳表面的现象,叫做污底。污底不仅使船体重增加,而且使船体表面变得粗糙,从而使船体阻力增加,航速减小,主机工作发生超载。例如某舰航行 100 天,由于污底使航速下降了 10%,可见污底的严重性。

舰体污底随气候及海区而异。温度愈高,盐度愈大,污底也愈快;停泊不动的舰船比经常航行的舰船要快。防止污底的办法主要是涂有毒性的油漆,使海生物不易附着生长,但由于污底的情况复杂,还不能完全避免,因此舰船需定期进坞或上排清除污底,重新油漆。

（4）变形。

船体结构中的外板、甲板、舱壁和围壁等结构受到大于其局部强度的外力作用而发生的残余变形。当板材和骨架连在一起时,当板材变形时还会同时引起骨架变形。舰体变形最突出的是影响舰容,还影响变形处的局部强度,发生在水线以下的变形还会增加阻力和加速腐蚀。

（5）裂缝或渗漏。

由于舰体构件受到过大的静、动外力的作用,或构件间的连接方式不当,或材料本身有缺陷,或冷热加工质量不好,或焊缝强度不足,或金属疲劳与腐蚀,均会使舰体构件产生裂缝或渗漏。

（6）破洞或折断。

由于舰船碰撞、触礁、中弹中雷爆炸而使舰船船体出现破洞;当舰船遭到超过其总纵强度的弯曲应力作用时,便会折成两段。

3. 船体损耗的勘验

1）勘验的概念

所谓勘验,就是根据委修单位提出的修船单,通过相应的测量、勘查和检验,将各种构件的实际状况和船舶检验规范中所规定的允许损耗标准作比较后,确定各种构件与材料是否需要修理或更换,以了解整个工程的实际范围与性质。它是作好修船准备的一项重要工作。

在整个修舰准备过程中,勘验工作大致分为三个阶段:

①舰员编写修理工程单时所进行的勘验工作;

②工厂接到修理工程单后上舰勘验,其中包括必要的航行试验,并确定进厂后拆卸勘验的内容;

③舰艇进厂后的勘验,其中包括拆卸勘验及进坞或上排时舰体水下部分的勘验。

2）勘验的准备工作

①制定勘验计划,以便按计划进行勘验,避免混乱;

②准备待修船舶的有关技术资料和图纸,如总布置图、舾装布置图等;

③将船上各重要部位及布置情况,根据需要拍摄照片,以利参照复原;

④船体外板及舱口等处,预搭脚手架。

3）舰体损耗的勘验方法

舰体损耗的勘验方法通常有以下几种。

（1）目测检查　这是勘验的第一步。主要是对舰体外表面进行仔细查看。这种目测检查只能发现明显的缺陷,不能最后认定每一种损耗的程度,因而也不能最后作出判断是否需要修理,但这种目测检查是必要的,因为这种检查为其他勘验打下了基础。

（2）锤击检查　即用小锤敲击结构,根据敲击的声音判断结构的腐蚀程度,特别对检查隐蔽裂缝有明显的效果,这种检查一般与目测检查同步进行。但要比较精确地判断缺陷程度,检查者需要丰富的实践经验。一般来说,构件腐蚀轻微,锤击声清脆;若声音混浊（噗噗声）,则说明腐蚀严重,锤击只能作定性的比较,不能定量。

（3）测量检查　它是检查舰体结构腐蚀、变形和损坏的基本方法,也是最后确定修理工程的主要依据。一般测量检查的方法有:

①对舰体凹陷、弯曲和其他变形程度的测量可用直尺或样板来进行,如图 7-3-1 所示。

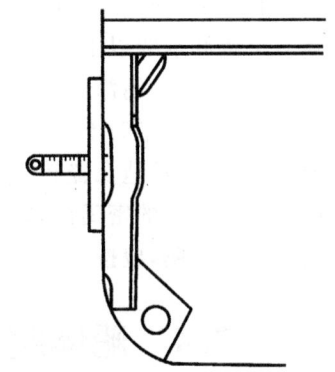

图 7-3-1　对船体变形的检查

②对舰体腐蚀程度的测量,应先选定代表船体每块钢板平均厚度的 2～3 个部位进行测量。一般采用超声波测厚仪测厚,测量时超声波测厚仪应经过校正合格,测点部位表面要磨平。必要时可用钻孔法校对。钻孔测厚时,一般用 8～10 mm 的钻头,在腐蚀区钻孔,然后用专门的测厚工具测量孔口处的板厚,如图 7-3-2 所示。船体结构的坑点腐蚀,一般用深度表或深度尺测量其腐蚀深度,如图 7-3-3 所示。

4）舰体修理勘验范围

（1）坞（排）修船体勘验范围。

水线以下外板和水下附件:外观检查、除锈、涂漆,不测厚;舱室内不拆除绝缘材料及地毡作检查;仅对舰体结构的严重腐蚀深坑、裂缝等影响抗沉性的缺陷进行修理;修复明显变形和

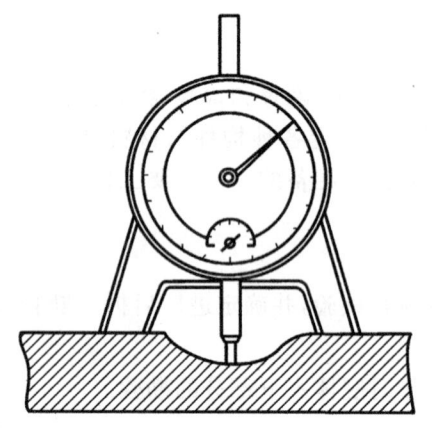

图 7-3-2　腐蚀深度测量

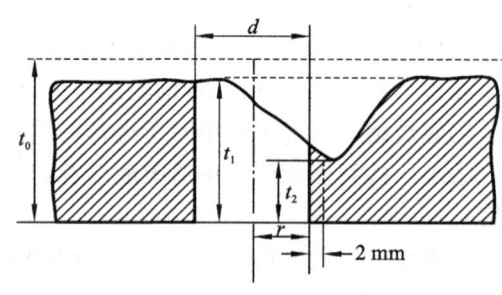

图 7-3-3　钻孔位置

损坏的水密关闭设备,更换舰体防蚀锌板。

（2）小修船体勘验范围。

水线以下外板和水下附件:外观检查、除锈、涂漆;舰体外部重点检查水线附近、首尾部、舷外孔附近的外板、焊缝、铆钉和水下附件及露天甲板工作箱柜下部的腐蚀程度;舱室内重点检查舱室边沿死角和易积水部位的腐蚀程度,视情局部拆除绝缘材料及地毡等作进一步检查;舰体钢板一般不测厚,必要时,对局部严重腐蚀区域进行测厚检查,按标准进行修换;对于船体变形严重的部位进行测量,按标准进行修换。修复变形和损坏的水密关闭设备。更换船体防蚀锌板。

（3）中修船体勘验范围。

强力甲板和水线以下外板普遍测厚。舰体钢板、骨架除油漆完好无损的部位应予以保留外,其他部位全面除锈涂漆。舱室内边缘部位,温度交替变化、易积水和有腐蚀性物质的部位,固定装置的下部及平时不易检查保养的死角部位,重点勘验测厚。视情局部或全部拆除易蚀部位的绝缘材料、地毡及瓷砖,水舱清除水泥,进行检查。并按标准进行修换。全面检查影响抗沉性的关闭设备的密闭性,视情进行修理或换新。更换船体防蚀锌板。为了全面除锈涂漆,凡进坞（上排）舰艇,应按不同方案交替坐墩。

7.4　船体腐蚀与变形程度的确定及修换标准

1. 船体钢板腐蚀程度的确定

舰体结构的腐蚀,通常要减薄钢板和骨架的厚度,从而降低了结构的承载能力,因此,为了保证舰体强度和紧密性,必须对严重腐蚀的舰体构件进行修换。但是舰体结构的腐蚀往往又是不均匀的,有些部位腐蚀严重,另一些部位可能完好无缺,就是同一块钢板上的腐蚀,也不可能完全均匀一致,有的区域腐蚀很严重,有的区域可能比较轻微。因此,要说明某一舰体构件的腐蚀程度,就需要同时考虑腐蚀区域的大小和该腐蚀区域内构件的平均厚度这两个因素。显然,如某一构件被腐蚀的区域大,而且被腐蚀掉的厚度深,即平均（剩余）厚度小,则腐蚀的程度严重;反之,则轻微。

1）典型剖面的选择

从确保船体结构强度的角度来看,对于整船而言,一般选择船体舯部和艏艉 1/4 横剖面三个典型截面进行测厚,评估其腐蚀程度。

2)待测钢板典型区域的选择

对于大面积腐蚀的船体钢板来说,一块钢板上可能会有各种不同程度的腐蚀区域,为了说明这块钢板的腐蚀程度,应选择腐蚀最严重的那一挡肋骨间距内的区域进行测厚。哪一挡肋骨间距内钢板腐蚀最严重,用目测便可选定。

3)船体结构腐蚀程度的评估方法

在确定腐蚀区域的大小时,由于所考虑的范围已限定在一个肋距内,所以可用腐蚀区域的宽度来表示。为了表示得更简明,采用腐蚀区域的宽度 b 与板宽 B 之比来表示,即 b/B。当一个肋距内有多个小腐蚀区域,则腐蚀区域的宽度为几个小腐蚀区域宽度之和,称为腐蚀累计宽度 b。故 b/B 又称为腐蚀累计宽度比,如图7-4-1和图7-4-2所示。

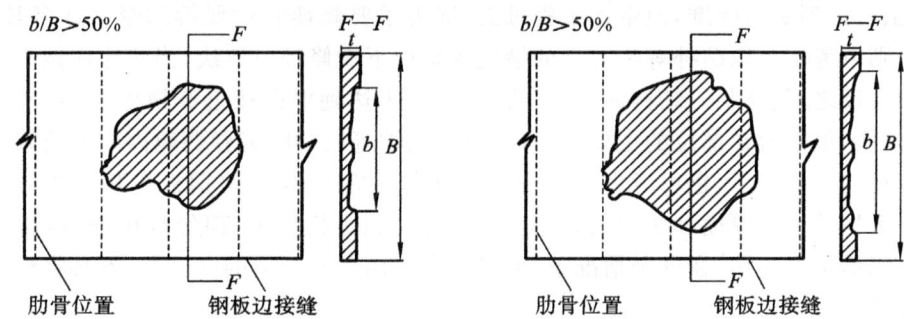

图 7-4-1 肋距内钢板方向有多个腐蚀区域

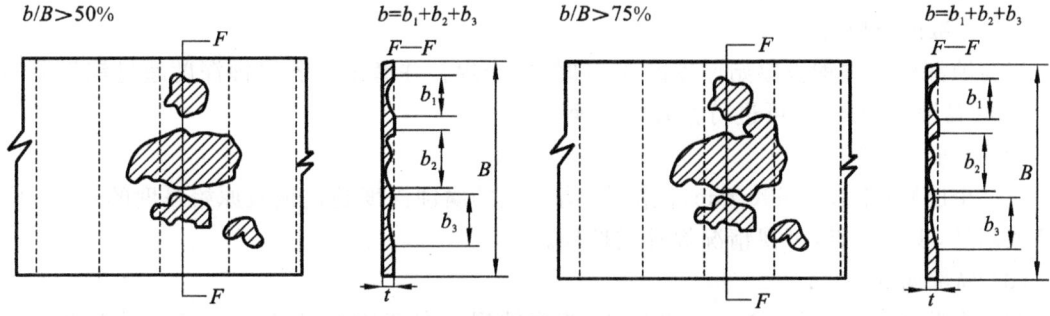

图 7-4-2 肋距内钢板方向有一个腐蚀区域

在测量腐蚀区域平均厚度时,可用超声波测厚,也可用钻孔测厚。当一块钢板的腐蚀累计宽度 $b/B>50\%$ 时,为了全面反映腐蚀情况,并不是只测腐蚀最深处(或腐蚀最浅处)的一点的厚度,而是在其腐蚀区域内,沿板宽方向测两点,一点为腐蚀最深处,另一点为腐蚀最浅处,取其平均值,即求得该肋距内钢板腐蚀区域的平均厚度。当然,如测一点能代表该肋距内腐蚀区域的平均厚度也可仅测一点,必要时也可多测几点。

对于点腐蚀和局部溃状腐蚀,因其范围较小,一般只测其坑点腐蚀深度,用腐蚀深度与原始板厚之比来表示其腐蚀程度。

船体构架在勘验中同样要确定其腐蚀程度,它的腐蚀程度一般用腐蚀磨损厚度与原始厚度之比来表示。

2. 船体结构腐蚀的修换标准

在确定了舰体结构的实际腐蚀损耗程度之后,应对照舰体结构腐蚀的修换标准,并考虑各种具体情况,进行分析判断。最后才能提出构件的修理工程范围和修理方法。

舰体结构腐蚀的修换标准,规定了船体结构最小允许的平均厚度,即超过它就应该修换。它主要是从既要保证舰体强度又符合节约的原则来考虑的。否则,如果标准定得太严,许多构件腐蚀得很严重也得不到修换,那就会影响舰体的强度;反之,标准定得太宽,许多构件还可以使用就修换了,那就会造成浪费。

由于各种舰艇的强度储备不同,舰艇上各种构件在保证强度中所起的作用不同,舰艇修理类别的修理经费和修理的要求不同,所以修换标准也应根据不同舰艇、舰艇上的构件以及舰艇不同修理类别,作出不同规定。

舰体结构的修换,原则上应根据标准规定。但是,在使用时必须结合舰艇修理时的各种具体情况,作全面具体地分析考虑,以便正确地确定范围及修理方法。如舰体某一局部结构腐蚀(或变形)虽已达到更换标准,但牵连工程过大,即为了要修换它就要拆卸牵动许多其他构件,施工困难,则可考虑采取贴补等临时性的措施或留待下次修理时解决(当然这样做不应影响舰艇的性能)。反之,舰体某一结构的腐蚀(或变形)尚未达到但已接近修换标准,本来这次修理中可不必修换,但其所在部位的主要装备如主机、锅炉等已拆除或弹药舱内的弹药架及绝缘材料已拆修,在这种情况下,也可考虑提前给予修理或更换;又如某块钢板在其腐蚀最严重的肋距内,腐蚀区域的平均厚度和腐蚀累计宽度比均已达到更换标准,但经现场勘验,这块钢板的其余部分,仍然可以使用,在这种情况下,可以考虑采用局部割换的办法,而不必将整块钢板全部修换,等等。

下面介绍具体的修换标准。

1) 船体钢板的修理标准

(1) 分散的点腐蚀。

当腐蚀深度超过钢板原始厚度的 50% 时,应予焊补并磨平。若腐蚀深度超过钢板原始厚度 50% 的腐蚀点较多时,可进行挖补或割换。

(2) 密集的点腐蚀。

在一个肋距(不大于 600 mm)范围内,有三点的腐蚀深度超过钢板原始厚度的 40%,应予挖补或割换,少于三点,可视情况焊补或挖补。

(3) 局部腐蚀。

在一个肋距(不大于 600 mm)范围内,当腐蚀累计宽度比 $b/B<50\%$,若腐蚀深度超过钢板原始厚度的 40% 时,进行挖补或割换。中修时一般进行割换,且割换部分应不小于板长的 1/3;如腐蚀累计宽度比 $b/B<50\%$,且腐蚀区域沿板长方向大于板长的 1/2,若腐蚀深度超过原始厚度的 40% 时,一般进行割换,且割换部分不小于板宽的 1/3。

上层建筑围壁、烟囱下部腐蚀严重时,局部挖补或割换。

对于钢板的裂缝,应视其长度、范围、具体部位及产生的原因,采取相应的修理措施。

2) 船体钢板的更换标准

中修时,当钢板腐蚀最严重的一档肋距内,其腐蚀累计宽度比 $b/B>50\%$,且钢板腐蚀区截面平均厚度达到表 7-4-1 和表 7-4-2 规定的数值时,视这块钢板其他部位的腐蚀情况确定换新或割换。

3) 骨架的修换标准

对于船体骨架,局部的腐蚀深坑可以焊补,有裂缝时应予焊补或割换。

中修时船体主要骨架如肋骨、横梁、纵桁等局部腐蚀磨损超过构件原始厚度的 20% 时,局部割换,若均匀腐蚀超过构件原始厚度的 15％时,应予换新。

　　4)其他部分的修换标准

　　(1)舵叶、减摇鳍　钢板表面分散的点腐蚀,其腐蚀深度超过钢板原始厚度(实心舵指截面原始厚度)的 50％,或焊缝严重腐蚀时,允许焊补;钢板表面局部腐蚀或均匀腐蚀时,其腐蚀深度超过钢板原始厚度的 40％,可按腐蚀面积的大小及分布情况作局部割换或整个换新。

　　(2)尾轴架　尾轴架支臂与焊缝腐蚀严重处进行焊补,支臂腐蚀深度较小、面积较大时,可涂敷耐腐蚀性好、附着力强的涂料。实心结构支臂腐蚀深度超过原始截面厚度的 30％,且腐蚀区域在臂宽方向超过 40％时,应予焊补修理,无法修理时换新。对于空心结构支臂表面腐蚀深度超过钢板原始厚度的 30％,且腐蚀区域在臂宽方向超过 40％时,可局部割换。

表 7-4-1　中修时强力甲板、外板的更换标准　　　　　　　　　　(单位:mm)

舰艇类别	战斗舰艇		扫雷、登陆舰艇及辅助舰船	
钢板原始厚度	一个肋距内钢板腐蚀累计比例宽度比 b/B			
	≥75％	≥50％	≥75％	≥50％
3	2.3(2.4)	2.2(2.3)	2.2	2.1
4	3.1(3.2)	2.9(3.1)	2.9	2.8
5	3.8(4.1)	3.6(3.8)	3.6	3.4
6	4.6(4.9)	4.3(4.6)	4.3	4.1
7	5.4(5.7)	5.0(5.4)	5.0	4.8
8	6.1(6.5)	5.8(6.1)	5.8	5.4
9	6.9(7.3)	6.5(6.9)	6.5	6.1
10	7.7(8.1)	7.2(7.7)	7.2	6.8
11	8.4(8.9)	7.9(8.4)	7.9	7.5
12	9.2(9.7)	8.6(9.2)	8.6	8.2
13	9.9(10.5)	9.4(9.9)	9.4	8.8
14	10.7(11.3)	10.1(10.7)	10.1	9.5
15	11.5(12.1)	10.8(11.5)	10.8	10.2
16	12.2(13.0)	11.5(12.2)	11.5	10.9
17	13.0(13.8)	12.3(13.0)	12.3	11.6
18	13.8(14.6)	13.0(13.8)	13.0	12.3
19	14.5(15.4)	13.7(14.5)	13.7	12.9
20	15.3(16.2)	14.4(15.3)	14.4	13.6
21	16.1(17.0)	15.2(16.1)	15.2	14.3
22	16.8(17.8)	15.9(16.8)	15.9	15.0

注:括号内的数字,对于战斗舰艇而言,是指强力甲板的更换标准。

表 7-4-2　中修时其他甲板、平台、内地和水密舱壁的更换标准　　　　　　（单位：mm）

舰艇类别	战斗舰艇		扫雷、登陆舰艇及辅助舰船	
钢板 原始厚度	一个肋距内钢板腐蚀累计比例宽度比 b/B			
	≥75%	≥50%	≥75%	≥50%
3	2.2	2.2	2.2	2.1
4	2.9	2.8	2.8	2.6
5	3.6	3.4	3.4	3.2
6	4.3	4.1	4.1	3.8
7	5.0	4.8	4.8	4.5
8	5.8	5.4	5.4	5.1
9	6.5	6.1	6.1	5.7
10	7.2	6.8	6.8	6.4
11	7.9	7.5	7.5	7.0
12	8.6	8.2	8.2	7.7
13	9.3	8.8	8.8	8.3
14	10.0	9.5	9.5	8.9
15	10.8	10.2	10.2	9.6
16	11.5	10.9	10.9	10.3

　　（3）舭龙骨　裂缝、脱焊及严重腐蚀深坑，局部焊补；密集的点腐蚀，其腐蚀深度超过钢板原厚度的 50%，或有局部缺损，进行割换。明显变形的应尽力矫正，无法矫正时局部割换。

　　（4）舰体结构的对接焊缝腐蚀磨损到低于钢板表面，骨架的填角焊缝焊脚显露，或焊缝有裂纹等缺陷时，应予重焊。

　　3. 船体结构变形程度的确定

　　关于钢板变形的程度，过去曾采用以肋骨间距或板厚的倍数来表示，如钢板凹陷，其挠曲度为 1/5 肋骨间距或挠曲度为钢板厚度的 2 倍。考虑到不同舰艇肋距相差幅度较大，板厚倍数对于厚板与薄板来说差距也很大，同样的倍数薄板易达到而厚板则较难达到。

　　为此，海军有关单位提出采用钢板在构架间每米长度上的挠曲值（毫米/米）来表示钢板的相对变形量。

　　舰体骨架间钢板相对变形量的测量方法如图 7-4-3 所示。测量变形时，应沿着钢板被纵横构件围成的板格的短边进行，测出钢板的挠曲值。若板格短边距离正好为 1 m，则测出的挠曲值就是钢板的相对变形量。若短边长度小于 1 m，则测量的挠曲值应按比例换算成每米的挠曲值才得出相对变形量。如短边长度为 0.5 m，测得的挠曲值为 5 mm，按比例换算成该板的相对变形量为 10 mm/m。为了简化计算工作作出规定：若短边长度不足 0.5 m 时按 0.5 m 换算，大于 0.5 m 小于 1 m 时按比例换算，大于 1 m 时，按 1 m 算。

　　当钢板与骨架一起变形时，用绝对变形量表示船体结构的变形程度，其测量方法如图 7-4-4 所示。测量绝对变形量时，应以没有变形的骨架为基准。

　　4. 船体结构变形的修换标准

　　对舰体结构变形修换的出发点，主要应考虑其对舰艇强度、稳定性的影响，甲板还应考虑

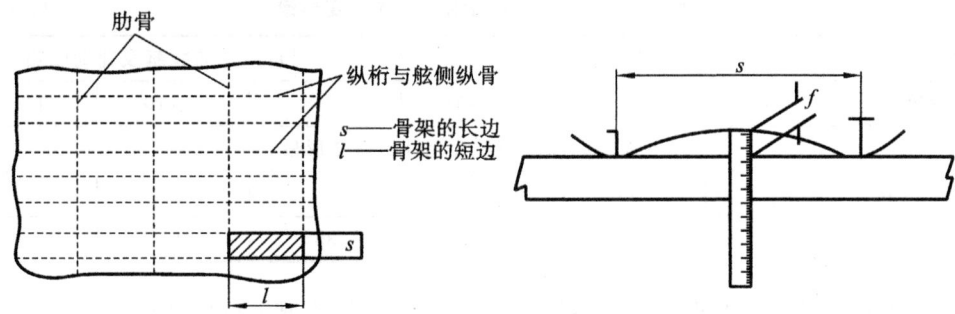

图 7-4-3　骨架间钢板相对变形 f/s 的测量

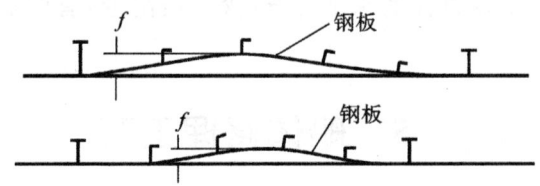

图 7-4-4　骨架间钢板的绝对变形值的测量

积水问题。与此同时再适当照顾到舰容舰貌。

对变形的修理方法,通常都是火工矫正,即把构件加热至一定温度后,用锤击或凉水激,使构件恢复原来形状。只有无法矫正的才予以换新。由于火工矫正要在钢板上反复加热冷却,甚至用凉水激。一般来说,将使钢材的延伸率、冲击韧性等性能有所降低,如果加热温度控制不好还会影响到金属的内部金相组织,就外观来说矫正后也会留下一些明显的"疤痕",而且有时还要涉及绝缘材料等一些牵连工程。因此对于不是严重影响舰体强度或舰容的一般变形,就不必进行矫正。

下面介绍具体的修换标准。

1) 小修

钢板和骨架的一般变形,原则上均不予处理,仅对影响舰容与强度的舰体严重变形部位进行矫正。局部硬折变形无法矫正的,进行挖补或割换。

2) 中修

舰体骨架间钢板的凹凸变形,其相对变形量达到表 7-4-3 所列数值时,应进行矫正。

表 7-4-3　船体结构间钢板相对变形量　　　　　　　　　　　　单位(mm/m)

舰艇类别	战斗舰艇				扫雷、登陆舰艇及辅助舰船			
钢板厚度	3～4	5～7	8～12	13～16	3～4	5～7	8～12	13～16
以下为不同部位的最大允许相对变形量								
强力甲板、外板	30	40	45	50	35	45	50	55
上层建筑围壁	25	35			30	40		
水密舱壁	35	40	50		40	50	55	

舰体骨架和钢板一起变形时,其绝对变形量达到表 7-4-4 所示的数值时,应进行矫正。

表 7-4-4　船体骨架与钢板的绝对变形量　　　　　　　　　　单位(mm/m)

舰艇类别	战斗舰艇			扫雷、登陆舰艇及辅助舰船		
钢板厚度	3～6	7～10	11～16	3～6	7～10	11～16
以下为不同部位的最大允许绝对变形量						
强力甲板、外板	25	35	45	30	40	50
水密舱壁	30	40		35	45	

凡舰体钢板和骨架有严重硬折而不能矫正时,可视具体情况进行局部割换或换新。

强力甲板有弹跳现象时,应进行矫正或采取其他加强措施。

凡高速舰艇在修理时发现首柱的水下部分(含水线附近)有明显变形的,应给予矫正或割换。

7.5　船体修理工艺

1. 船体主要修理方式及常用的工艺符号

1) 船体主要修理方式

根据勘验结果及相应的修换标准,即可确定修理范围和修理方式。船体修理方式主要有如下三种。

(1) 现场修理。

现场修理又称原位修理,即不拆卸要修理的构件,只在原位进行修理。常用符号"△"表示。现场修理的主要内容有消除渗漏,消除局部的凹凸变形,消除裂缝和安装补板等。

(2) 取下修理。

取下修理是指把要修理的构件拆下,整修后再安装上去。常用符号"□"表示。

(3) 换新修理。

换新修理就是把要修理的构件完全拆除,换上一新的构件。常用符号"⊗"表示。

此外,在修理过程中,为了施工方便和供施工人员出入相邻的舱室,可能要拆割部分的外板或舱壁(被拆割的部分并不需要修理)。这样的工艺操作常用符号"≠"表示,施工完成后,拆割下的结构再原件装回。

2) 船体修理中的常用工艺符号

在船体修理实践中,为了便于施工作业,通常都将勘验结果、修理范围和修理方式、方法,用一些简明的工艺符号标记在船体待修部位和相应的图纸上(如外板展开图、甲板结构图和舱壁结构图等),以及待加工的构件上,作为船体修理或加工的依据。这些常用的工艺符号主要如图 7-5-1 所示,它们共分四种,即

(1) 文字符号。把两个字合并成一个字。例如一张外板,向首端的称"头",若此板在左舷,则在此板下料时,在船头端上写上"左"的符号。又如某构件拆下后仍要用,则写上"有"。

(2) 定位符号。在装配时作为定位的基准及依据。

(3) 加工符号。作为加工的依据,如辊圆、切断、折边等。

(4) 其他符号。用一个简单的符号,表示修理的内容或方式方法。

船体修理中的这些工艺符号,简单明了。一看就懂,是无声的语言,在修船过程中应用很广泛。

1.文字符号
船体首部
船体尾部
船体中部
船体左边
船体右边
船头右边
船头左边
有用
2.定位符号
分中线
中角尺线
边角尺线
对合线
理论线
钢板厚度线
角钢安装线
龙骨线
3.加工符号
合缝切线
单边切线
断线
轧角线
轧圆角
轧开尺
轧拢尺
反轧圆弧
正轧圆弧
外锪边
内锪边
轧叠边
铲割斜线
压筋
车刨加工
4.其他符号
就地敲平
拆下装复
换新
拆去不用
电焊
碳弧气刨
风铲
拆下供进出

图 7-5-1 船体修理中的常用工艺符号

2. 船体渗漏修理工艺

1）船体渗漏的产生原因及部位

船体渗漏一般是发生在钢板的接头处，即发生在钢板或构件的焊缝处，铆接的接缝和铆钉处。这些部位由于受到严重的腐蚀，其结构完整性就会逐渐遭到破坏，局部强度逐渐下降，加上舰船在航行时，经常受到水的压力和波浪的冲击，以及由舰船动力、推进器等设备引起的舰船振动和舰船在波浪中时而中拱、时而中垂的外力作用，使船体产生弯曲和变形，在腐蚀严重的地方就容易造成焊缝纹路增大，铆钉松弛，从而出现渗漏现象，这在船体甲板、外板和水密舱壁的接缝处常可见到。

2）船体焊接接缝渗漏的消除

船体焊接接缝出现渗漏的地方，大多数是因为这些地方在焊接过程中有夹渣、气孔、裂纹、未焊透等缺陷；或者是由于施焊工艺程序不合理造成了应力集中，又或者是在使用过程中受到各种外力的作用而产生裂缝，出现船体渗漏。这时，一般采用刨掉或铲除该处原焊缝，然后重新补焊的办法来消除。为了使新旧焊缝接头过渡良好，在刨掉漏水焊缝时，所刨长度一般比原漏水焊缝长 50～75 mm。

如果渗漏的程度严重,或漏水焊缝周围板损坏严重,也可采用补板或换新的办法。补板又分挖补和贴补两种,即在漏水焊缝处挖补或贴补一块比漏水焊缝长的钢板,四周连续对接焊或连续搭接焊。在漏水情况严重而采用补板又不可能的情况下,就应采取换新的办法,即将漏水焊缝两侧的钢板全部割除换上新钢板。挖补和换新又称作外板拆换,它们仅在大小上有区别,其工艺过程如下。

(1)划线。根据勘验结果和修理范围,用粉线划出需拆换(或控补)的外板边缘线,并用镜印作出切割标志。在换新时,一般将原有的电焊缝都割去,所以切割线应在焊缝外边。

(2)制作下料样板与加工样板。通常是在现场取样,若修换部位损坏严重,可在另一舷对应部位取样。下料样板如图7-5-2所示,它是用木板条沿修换板的切割线和肋骨线围成壳板形状,钉牢后取下,将其摊平即可在钢板上下料。加工样板是用木板条沿修换范围的肋骨,画出肋骨弧形线,并刨出肋骨弧形,用来加工壳板的形状。

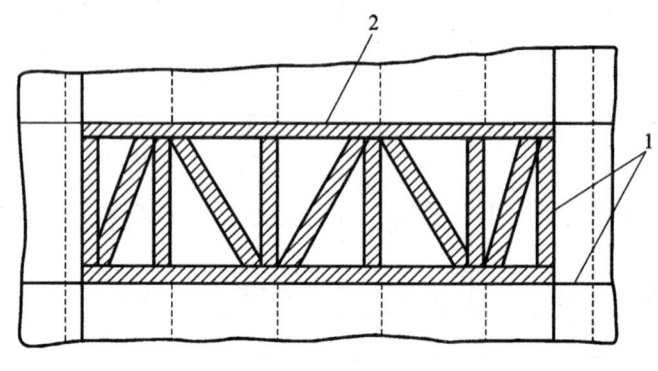

图 7-5-2　下料样板的制作

1—切割线;2—下料样板

(3)根据现场测得的数据加放适当余量(一般每边加放 20~50 mm 余量)后号料切割,并在车间内加工成形。

(4)在待拆除的外板上按预先画好的切割线切割外板(在适当位置保留 4~6 个小段的板缝暂不切割,约 50 mm 长),切割时必须注意不要损坏骨架。

(5)割除外板与骨架的角焊缝(注意,须使内部骨架完好无损)。在适当位置上焊上吊环并挂上葫芦钩住待拆钢板后,割去保留的小段板缝,随即将外板卸下。

(6)修顺切割边缘,清理氧化物后,将预先加工好的新板吊至安装部位,先使钢板大致与骨架紧贴并检查其四周余量是否均衡,合乎要求后,由钢板中央向四周呈放射状地逐格定位外板。随后割除钢板四周余量,并装配端缝和纵缝,由中间向两端对外板对接缝施以定位焊。

(7)在接缝外面,用梳状马加固,以防焊接时产生变形。装配后按规定开坡口,主焊缝坡口一般开在靠骨架一面,先焊外板在舱内的对接缝,其施焊程序如图7-5-3所示,一般采取分段逐步退焊法进行焊接,以避免焊后产生较大的内应力,然后再焊外板与内部骨架的角焊缝。最后在船体外面,将外板对接缝开槽后进行封底焊,焊接时,仍采取分段逐步退焊法。

(8)焊好后,拆去梳状马,铲去焊疤,对焊缝进行质量检查。

为了防止产生过大的焊接残余应力,避免焊缝出现裂纹,还应注意下列问题:

(1)补板或换新板以及割除部位的四角应做成圆角,其曲率半径不得小于板厚度的三倍。因为曲率半径越大,则应力集中系数就越小。

(2)装配时,应注意新、旧板对接间隙不得大于 1 mm,使其严格接触。为了施焊时有收缩

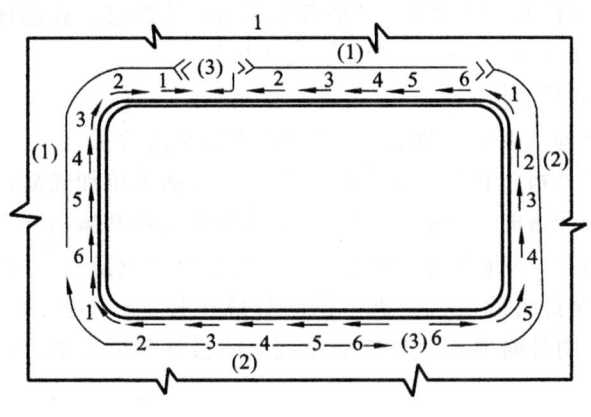

图 7-5-3 施焊程序

余地,一般应采用梳状马固定。

(3) 具体施焊时,先焊收缩量大的焊缝,后焊收缩量小的焊缝。即先焊对接缝,后焊角接缝或搭接缝。焊对接缝时,则先焊端接缝,后焊边接缝。焊角接缝时,则先焊连续角接缝,后焊间断角接缝。

3. 船体变形修理工艺

1) 船体板变形原因

船体板变形是指内应力超过了船体的局部强度时,使船体板的局部产生了永久性变形。例如,在舰船停靠码头、拖驳绑带时发生相互碰撞、行船搁浅、触礁等产生的各种外力作用下,船壳发生局部变形,这样导致船体局部强度削弱,增加了壳板变形的趋势。尤其是变形发生在水下部分时,还会大大增加航行阻力,使舰船不能保持原有的正常技术状态。

2) 船体板变形修理工艺

(1) 就地消除变形。

当变形尺寸小,而且弯度不大,其位置又是在主要构件和接缝线以外的地方,例如非水密舱壁、舷墙等处,可采用以下办法予以就地矫正:

① 加热后,用千斤顶加以矫正,钢板温度加热到 850 ℃左右。

② 利用加热进行锤击,加热温度为 1000～1100 ℃,宜用木锤。

③ 利用门型马板打入铁楔来压下凸起钢板,适用于薄板。

(2) 在车间内矫正变形。

当变形比较大时,可拆卸下来送到车间内,利用矫正机械或者在平台上加热锤击矫正,然后用原位样板或卷尺进行测量,划线切割或加工后上船复位。

(3) 补板。

经过检验,钢板在局部范围内损耗严重时,将变形部位切除,补上新板,或者就在变形区贴补一块钢板。补板四周做成圆角,贴补钢板的厚度一般为基本钢板的 3/4。

(4) 换新板。

当钢板损坏相当严重而无法挽救时,就应将变形的整块钢板全部换新。其方法及工艺与前述相同。

3) 船体骨架变形原因

根据力的传递原理,作用在外板上的力,也就同时作用在与外板相连接的骨架上,因此,就其本质而言,弯曲与变形没有什么区别,只是弯曲多指骨架而已。在船体上容易产生弯曲的部位有:桁材、肋骨、舱壁扶强材、桁架、首尾柱及其他构件。

4)船体骨架变形修理工艺

船体骨架弯曲的修理主要有两种方法:就地矫正和车间矫正。

就地矫正骨架通常外板已预先拆去。用氧炔焰对弯曲部位加热后,再用锤敲击,使其恢复原来的形状。如弯曲较严重时,加热后用千斤顶、马和铁楔对其施加外力。

弯曲特别严重的肋骨,应拆下到车间进行矫正后再装复或换新,在拆除前应根据肋骨受力情况,采取分批拆除或全部拆除工艺。拆下的肋骨应在其弯曲部位到完好形状处多割去100～200 mm,以便安装新肋骨时能正确地连顺型线。肋板弯曲可采用变形范围局部割换或拆除换新的方法来修复。

4. 船体裂缝修理工艺

1)船体裂缝的产生原因和部位

船体裂缝产生的原因很多,如:船体在装配过程中,各构件没有达到规定的配合就进行了焊接,结果造成弯曲而产生应力。这种应力潜伏在船体板架上,当它和舰船工作时受到其他外力叠加时,便会产生船体裂纹;船体结构所用的材料质量不高,以及在加工制作中,操作不当或加热不足,焊接过程中存在夹渣、气孔、裂纹、未焊透等缺陷,加上不合理的施焊程序造成了应力集中,这些都是产生裂缝的隐患;再就是金属遭到腐蚀和舰船在波浪上反复受到交变应力的作用及推进器、主机、辅机等工作时产生的舰船振动而引起金属的疲劳。在外力作用下,只要超过了理论计算时的舰船纵向与横向强度,便会产生船体裂缝。因此,必须掌握其规律,找出船体上最容易产生裂缝的部位,做到有的放矢地消除和预防。根据理论分析和多年的工程实践经验,一般最容易产生裂缝的部位有:

(1)凹陷和弯曲处,特别是接缝部位。因为产生凹陷与弯曲时,在接缝处会产生较大的应力。

(2)首柱和尾柱处,特别是被冲击而受损害的地方。这是因为首、尾柱的加工程度深,金属内部结构被迫改变,具有了不同的电位,因而特别容易遭受腐蚀。在冲击力的作用下易受到损害而产生裂缝。

(3)遭到严重腐蚀的螺旋桨舰船的轴架处。因为该处在受到严重腐蚀的同时,还不断地遭到螺旋桨的振动作用,久而久之便产生了裂缝。

(4)主机、辅机和锅炉下面以及不能进行清洁的水舱、油舱、煤舱等处的外板。

(5)铆接舰船的接缝处(常发生于外板边缘与孔之间,孔与孔之间,孔的里面),尤其在曲度最大的地方,如尾部、舭部等接缝处。

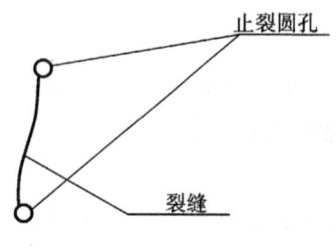

图 7-5-4　止裂圆孔

2)船体裂缝的修理工艺

消除裂缝的基本方法就是补板:挖补或贴补。通常采用贴补的方法,在贴补之前,必须做好以下准备工作:

(1)限制裂缝的发展　在裂缝的两端钻直径5～8 mm的圆孔,圆孔深度应与裂缝深度一致,如图7-5-4所示,这是因为形成圆孔后,可以减小应力,起到止裂作用。

(2)检查裂缝　对于裂缝的长度可以用煤油试验,对于裂缝的深度可以通过钻孔来测定。

(3)在裂缝处按照焊缝的要求和标准开出坡口,此处坡口深度必须大于裂缝的深度,否则焊完之后,金属内部仍留有裂缝,易造成隐患。另外,对于限制圆孔要进行塞焊。

当上述准备工作做完后,就可按前述之补板方法进行贴补了。

5．船体腐蚀修理工艺

根据船体腐蚀勘验结果,对照修理技术标准,决定是否需要修理。船体腐蚀修理一般视情进行焊补、挖补或割换。

焊补只限于分散的个别坑点腐蚀。修补时,先用砂轮或风铲除锈后再行补焊,补焊后用风铲批平,再用砂轮磨光,使之与钢板光面齐平。用外部观察法检查焊接质量,平面应平滑,不应有气孔、裂缝、咬口、焊瘤和夹渣。

对腐蚀坑点较多、区域较小或局部腐蚀区域较小时,可进行挖补修理。达到修换标准且范围较大时,可进行整块板割换或部分割换。割换和挖补的方法同钢板修换中的有关工艺。

对于腐蚀不太严重尚未达到修换标准的腐蚀船体,平时采取局部除锈重新油漆,修船时则采取整船除锈并按油漆工艺要求重新油漆。

6．船体破洞修理工艺

舰船在使用过程由于自然因素或由于人为原因引起舰船触礁、碰撞,或在战斗中被各类雷弹击中,使船体局部强度遭到破坏而出现破洞,破洞位置可在首、中、尾,也可在水上或水下。

船体破洞的修理一般采用下述两种方法进行修理。

(1) 单件散装修理工艺。

当修理单位起重能力小时,常采用这种方法进行修理。

①割除损坏结构。用气割方法将破洞处的外板及内部骨架割下,但必须保证船体不发生变形。对留下的部分进行修边和开坡口,骨架与骨架的接缝和板与板的接缝应错开,但不宜过大,以利于以后装配。

②按前节讲的方法制作原位样板,局部测绘施工图。

③进行各构件的号料与加工。

④安装骨架。先装横向骨架,如横梁和肋骨以及它们之间的肘板,然后安装纵向骨架,如舷侧纵骨等。进行新装骨架与原骨架间接缝的焊接和新装纵、横骨架之间接缝的焊接。

⑤安装外板(或甲板,或底板,或几种板的组合)。先安装能使骨架增强刚性的板(如甲板边板、舷顶列板等),再依次安装其他列板。先焊板与板的舱内对接缝,后焊骨架与板的角接缝,最后焊板与板的外表面开槽后的对接缝。焊接时采用对称焊法和逐步退焊法,以减小焊接变形。

⑥最后进行火工矫正,并进行质量检验和密性试验。

(2) 预制分段修理工艺。

①割除损坏结构,方法同前。

②预制损坏分段。根据就地侧绘的施工图及放样资料,进行破洞分段的预制,其程序与造船时的分段建造工艺相同。

③分段吊装与焊接。将预制好的分段吊运到安装部位,用马板、松紧螺丝等将分段固定住(与造船时分段吊装相同),套割余量后定位焊,施焊程序与造船时一样。最后进行火工矫正。

④进行质量检验和密性试验。

船体修理中,还可能有整个立体分段的换新修理,如整个上层建筑的换新修理,改装加长时增加中部立体分段等。在这种情况下,通常是根据设计图纸或舰艇的具体要求,建造好新的立体分段,然后进行装配和焊接,其工艺程序与造船时的相同,这里不再详述。

由于船体破损的部位不同及破损的程度不同,修理的范围及采用的方法也不尽相同。为了保证修理质量和提高生产效率,应尽量采取预制分段修理工艺,如果起重能力允许,也可采取总段修理工艺。

7. 船体折断的修理

由于设计不合理或因凹陷、弯曲、裂缝、腐蚀、破洞等原因,使船舶总纵强度降低,当其受到了超过船体总纵强度的弯矩作用时,便会折为两段。

断船接拢是修理中较复杂的工程,通常是在坞内修理。它可以是原船接拢,也可以是类型相同或大小相当的两条船的某两段接成一条船,也有的在原船上接一段新船体。

(1)确定工艺措施。

①大接缝的选择。根据原船结构及断裂部位,尽量把艏、艉段原有焊缝协调起来,且选在靠近平行中体的这一段上。

②施工原则的确定。为保证断接处的型线光顺,需拆去断裂处的一部分外板、甲板及其内部骨架,依照光顺后的型线重装;对正常检修拆换的部位应在接拢工程中给予拆换;轴系在大合拢时应保证质量,若有偏差,在安装主机时做调整。

(2)断船接拢修理工艺。

①损坏部分的修复。艏、艉段的修复工作分别进行,如拆换外板、甲板,内底板拆下矫正后复原,为保证强度与安全,应分区分批修复,一般逐舱进行,为防止变形,适当加墩加撑,舱壁处一定要支撑牢靠;底部结构修好后再修复舷侧结构。修复过程中应随时测量变形情况,随时予以纠正。机舱修理时要将主机吊出,垫好龙骨墩再拆装。同一修理区内不可同时进行船底、舷侧和甲板的拆装修复工作,以防止变形。

②对接工艺。确定一个奠基段如艉段,将艏、艉两段的甲板、外板上适当位置画好对合线,拉拢对齐,测量中心线、水平线、舱壁垂直度等是否正确,然后将内部骨架(纵向)定位,套割艏段板材余量,进行焊接。整个对接工艺与总段建造法的船台装配方式类同,施焊程序也是由远离中和轴的地方逐步退焊至中和轴附近,且左右对称进行。在对接装焊过程中,尽量应用一切方法如马板、松紧螺旋扣等来保证安装正确、型线光顺和控制焊接变形。最后进行火工矫正与密性试验。

此外,也有的利用折断处进行接长工艺,或对原有船舶切断后接长,这种工程与造船方法相类同,比较麻烦,同时成本也比较高,现已不用。

7.6 船体变形的预防和测量

舰体在修理的过程中,尤其是中修,舰体上将会有许多构件拆换,并引起舰上装载有较大的变动,加之修理过程中墩木、支撑等也会有许多变动。如果这些问题处理不当,往往会导致舰体产生较大变形,影响修理质量。所以修船过程中对舰体变形的预防和测定,将是厂方、舰方共同关心的问题。

1. 坞修中产生船体变形的原因

舰艇进厂修理,往往都是先停靠在码头上修理水上部分,然后再进坞(或上排)修理内部结构和水下部分。在这里只着重介绍坞修中产生舰体变形的原因和预防措施。

坞修中产生舰体变形的主要原因有:

(1)舰艇在进坞前,舰体有变形,而坞墩仍是按原设计线型布置的,当舰船坐墩后,又未及时采取措施；

（2）舰船在坞外修理中，拆卸了许多构件，还未完全修复，致使舰体保证强度的构件太弱，入坞坐墩后，会引起舰体变形；

（3）墩木布置得不合理，墩木质量不好以及修理中墩木拆换而未及时采取措施，或支撑布置得不合理等；

（4）舰体结构同时大面积拆换使舰体结构强度严重削弱，装焊、切割、火工矫正等过分集中；

（5）舰艇内部舱室修复后，一般均需灌水进行紧密性试验，试水次序安排不当，试水区域太集中，或试水区域未增设墩木或支撑等；

（6）由于太阳照射、气温变化等原因。

2. 坞修中预防变形的措施

针对上述坞修中产生舰体变形的原因，在坞修中应从下列几方面采取措施：

（1）舰艇入坞前，应尽量完成坞外修理工程，特别是保证舰体强度中的重要构件，如甲板铺板、舷顶列板以及主横舱壁等。若未修复即需进坞，必须临时加强，而且在入坞前应严格检查。

（2）舰艇坐墩后，应立即检查坐墩情况，并对接触不紧密处，应用楔木打紧；吃力过大处，要增设墩木或支撑。修理过程中，应经常检查舰艇坐墩情况，及时采取措施。若因修理构件而要拆除墩木时，必须在附近增设墩木或支撑。在灌水试验区域应增设墩木，试验完毕后即拆除。

（3）定期进行变形测量，及时掌握变形趋势，分析变形原因，及时采取措施。

（4）舰体构件的拆换应分期分批有计划有步骤地进行。工厂对舰艇坞修都应订出坞修计划，把舰体要拆卸的构件分期分批进行拆卸。以免由于大面积集中拆卸施工引起舰体变形。通常舰体构件的拆装顺序如下：

①舰体在更换外板、甲板、舱壁、内底、纵横构架时，不能同时施工，需要分期，首先修换甲板。

②当甲板装复后，才能拆换外板、内部构件。

③在修换甲板、外板、内部构件时，也需分期分批地进行。如某艇的外板有 K、A、B、C、D 列板（见图 7-6-1），在拆换时可在某肋骨区域，先拆换 K 行和 A 行板，B、C、D 行板暂不拆除，而在另外的肋骨区域内，先拆换 B、C、D 行板，K 和 A 行板暂不拆，即分为两期，待第一期装妥后，再更换第二期外板。又如肋骨的拆换，若某区域内需要拆换多挡肋骨时，不能同时拆割，通常一次仅能拆割两根，可以隔一根拆一根，而且在拆换肋骨区域可适当加设支撑。对于舱壁如果整个舱壁都要拆换，则必须在舱壁前后，先加支撑，拆板的顺序是先拆左右 1/3，修好后，再拆中间的 1/3。当几个舱壁都需要修理时，可采用错开的办法。如果该舰尾轴架须拆装或换新，须在艇体变形矫正并进行水密试脸后，才以拉线安装尾轴架。

④这样分期分批地修理，也不至于使装焊、气割等工作过于集中而造成舰体变形。

⑤在修理中应严格按照工艺规程进行，尤其是焊接工作。焊接时由于不均匀加热，会引起结构的变形，如果焊接工艺程序不当，会使结构产生较大变形，甚至会出现裂缝，势必引起过多的火工矫正或补焊等，这一方面会影响修理质量，另一方面也会引起舰体变形。通常要求在薄板焊接时尽量能采用小电流和小直径焊条，并用较快的焊接速度，采用逐步退焊法，以减小焊接变形。

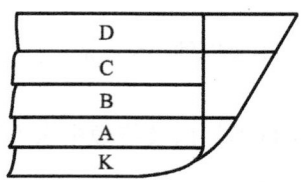

图 7-6-1 某舰的外板简图

3. 船体变形的测量方法

为了能及时掌握舰体变形的情况,必须定期地对舰体变形进行测量。下面介绍用甲板钢丝线和船体监督线测量舰体变形的方法。

1) 甲板钢丝线

建立甲板钢丝线,是为了测量进坞(上排)前后的舰体变形。

舰艇进坞(上排)前正浮于水中时,在甲板上两舷首尾两端各选定一个舱壁处,安装拉线支架(为了保证测量的准确性,支架尽可能低一些),然后在首尾两支架间拉一根钢丝。左右舷各拉一根。进坞(上排)前,在钢丝间选定若干肋骨和舱壁处作为测量点,垂直量取各点处钢丝线与甲板间的距离,做好记录。以此作为初始状态。舰艇进坞(上排)后,复测甲板上各点到钢丝线的距离,作出记录,然后与初始数值比较。要求各定点两次测量值相差不超过±3 mm。若不符合要求,则表明已有变形,就应调整坞墩木,使舰体恢复到初始状态。但应注意,在每次调整墩木后,必须停20分钟之后才能复测。为了避免日照对舰体变形的影响,每次测量均应在同样的或接近的环境和气温条件下进行,通常都要求在早、晚进行。

2) 船体监督线

建立船体监督线,是为了测量船体在修理过程中的变形。

当舰艇进坞(上排)后,调整好墩木,使舰艇的纵倾不大于1°,横倾不大于0.5°。在舰艇水线附近任意确定一个高度,用软管水平仪,将此高度量到每道舱壁或选定的肋骨的两舷外板上,使这些点都位于同一个水平面内,并用中心铣打上记号,用油漆圈好,以此为基准来测量修理过程中舰体的变形。

图 7-6-2 甲板钢丝线

在舰体修理过程中,监督线应至少每周测量一次,以便及时掌握舰体变形情况。此外,在一些重大的工序前后,如拆装外板、甲板、轴系拉线测量等均须测量船体监督线。各次测量的数值均应做好记录,以便进行比较。

测量时也应避免日照对舰体变形的影响,并应分析产生变形的原因,及时采取措施。

甲板钢丝线和船体监督线是用来测量舰体变形的基本方法,比较简单。目前各修船厂采用的方法虽不完全一样,但基本原理是类同的。

随着新技术新工艺的不断发展,测量修舰中舰体变形的方法日益先进准确,目前生产中常用激光经纬仪、激光全站仪和激光跟踪仪等高精度测量设备进行三维测量,在此不详细叙述。

思　考　题

1. 舰船维修一般分为哪几类？其主要任务各是什么？
2. 舰船等级修理组织实施主要包括哪些过程？
3. 如何确定船体结构腐蚀和变形的程度？
4. 叙述舰艇进出坞和上下排的主要过程。
5. 舰艇上排过程中船与墩木定位的方法有哪些？分别如何实现？
6. 坞修中产生船体变形的主要原因是什么？
7. 如何测量船体修理时的船体变形？
8. 简述船体损坏的原因。
9. 船体损伤按形式分成哪几类？
10. 什么是勘验？勘验有哪几种形式？
11. 船体渗漏的修理工艺是什么？
12. 船体破洞的修理工艺是什么？

参 考 文 献

[1] 魏莉洁,杨海燕.船舶建造工艺[M].哈尔滨:哈尔滨工程大学出版社,2017.

[2] 朱志洁,王中,黄祥兵,等.舰艇修造工艺[M].武汉:海军工程大学,2014.

[3] 应长春.船舶工艺技术[M].上海:上海交通大学出版社,2013.

[4] 黄浩主.船体工艺手册[M].3版.北京:国防工业出版社,2013.

[5] 刘玉君.船舶建造工艺学[M].大连:大连理工大学出版社,2006.

[6] 曹雷.舰艇建造工艺[M].北京:海潮出版社,2003.

[7] 殷沐德.舰船建造与维修[M].武汉:海军工程学院,1991.

[8] 陆俊岫.船舶建造质量检验[M].哈尔滨:哈尔滨工程大学出版社,1996.

[9] 中国船舶工业总公司.现代造船模式研究报告.1999.

[10] 中国舰船研究院.舰船概论.1983.

[11] 朱晓军.舰船维修与管理[M].武汉:海军工程大学,2007.

[12] GJB 4000—2000.舰船通用规范.

[13] 王鸿斌.船体修造工艺[M].北京:人民交通出版社,2007.

[14] 华乃导.船体修造与工艺[M].大连:大连海事大学出版社,2000.

[15] 冯文山.水面舰艇结构与修理[M].武汉:海军工程学院,1991.

[16] 叶家玮.现代造船技术概论[M].广州:华南理工大学出版社,1999.

[17] 高介祜,等.现代造船模式概论[M].哈尔滨:哈尔滨工程大学出版社,2002.